传播策划

—— 综合路径 ——

Communication Planning
An Integrated Approach

[加] 谢瑞·德弗罗·弗格森（Sherry Devereaux Ferguson）/ 著

柯 泽 等 / 译

中国传媒大学出版社
·北 京·

译丛总序

与西方传播学理论的相遇,是中国思想解放的一个重要事件。面向交往、交流、沟通、共享,无疑是抗拒思想僵化的解毒剂,而通过译介、分析、转化西方传播学理论,中国新闻传播学者一般以此作为走出理论封闭圈的一种路径。只是结果并不令人满意,常常是旧有的理论封闭圈还没有完全打破,就被新的理论封闭圈"套"住,生活在传播学"诸神"的阴影里,不能面对中国的传播问题进行自主创造,从而让知识习气障蔽、阻碍了传播研究的智慧。这种尴尬与我们如影随形,以至我们不得不重新思考一个问题:我们如何面对西方传播学?

在面对外来的东西时,我们喜欢说"他山之石,可以攻玉"。这句出自《诗经·小雅·鹤鸣》的话,早已脱离赞美园林池沼之意,转向实用的立场。这样一来,从理解自然到模仿自然、创造自然的精神失落了,只剩下"攻玉"的现实之用,而不顾他山之石来源于何处,在什么环境下生成,所谓"用"就显得盲目起来,"他者"亦被悬置起来。这种拿来就用而非基于系统理解的态度,实际上使我们失去了面对西方传播学理论的可能性。

长期以来,"体用论"的"幽灵"缠绕着我们,排除保守与激进的论争,"体"所呈现的概念化思维(本体、实质、原则等),"用"所表达的功用化思维(运用、功能、使用等)都阻碍了我们面对西方的理论。李泽厚对"体""用"的新解似乎为我们打开了思路。在他看来,"学"不能作为"体","体"应该指社会存在的本体,即人民大众的衣食住行、日常生活,因为这才是社会生存、延续、发展的根本,"学"不过是在这个根本基础上生长出来的思想、学说或意识形态,"用"的关键在于"转换性的创造"(《说西体中用》)。显然,面向西方传播学,就是面向作为社会存在的交往实践这个"体",进行西方知识的语境化理解。

从一般意义上讲,西方传播学的各种努力可看作是为建构并修正资本主义交往体系提供理论资源,其中所包含的交往的现代精神与资本主义精神具有某种普遍性,但说到底,这种交往的现代精神与资本主义精神又植根于各个民族、国家和特定时代的交往实践,具有特殊的经验与理论思维,是西方传播学家对特定的现实问题的回应。因此,面向西方传播学就是面向其特殊的经验与问题。

进一步地,我们需要面对西方传播学的经典,因为经典在时光之流中留下了社会变迁和学科演化的路标,它带我们穿越时光,回到特定时空中的特殊经验,回到作者所提出的社会问题,回到他所面对的社会境遇与社会体验之中。研读这些作品时,我们不妨问问,作者写作时面对着什么问题?这个问题为什么重要?问题背后预设了怎样的认知方式？比如，同样是研究群体从众心理的成因，19世纪末勒庞的《乌合之众》有着欧洲大陆精英情结以及大众革命时代背景，而20世纪50年代里斯曼的《孤独的人群》则有着美国式个人主义和后现代社会崛起的缩影。我们还要问的是，如何分辨不同作者所提出的不同源流？每一种源流反映了什么样的社会思潮及个人际遇？这对学科发展产生什么影响？比如，施拉姆出版《大众传播》时把拉斯韦尔、拉扎斯菲尔德、勒温和霍夫兰定为传播学奠基人，这是美国传播学科建制的源流；罗杰斯的《传播学史：一种传记式的方法》回到进化论、精神分析理论和马克思主义，则建构了传播学欧洲思想的源流；彼得斯的《交流的无奈》回溯到柏拉图、苏格拉底，这是传播问题的源流。

  溯游从之，又见河流。经典之所以历久不衰，往往是因为它提供了对话与创造的资源。它以遗产的方式滋养着继承者，而继承者又通过续写家谱的方式再生产了经典的权威性，乃至思想的河流川流不息、渊澄取映。这给我们亲近理论之源提供了一种有益的方式，即思考它如何呼应每一个时代的特殊境况。库利在20世纪初用"首属群体"的概念来表达重建传播社群的理想，卡茨和拉扎斯菲尔德在20世纪50年代回到"首属群体"分析二级传播流时，则默认传播社群已然存在，当代人们再思考"首属群体"时，则表达了互联网世界对传统民主的乡愁。正是因为经典总是处在生产与再生产的循环中，我们还要注意它的回溯性效应，也就是说，经典可以重组过去创造源流，某些"经典"被选中的同时，另外一些"经典"被人遗忘，乃至思想之流被迫改道。诸位读者不难从本译丛收入的各部著作中读到这类故事。

阅读经典为的是产生新知,而任何新知都是通过批判产生的,而唯有批判才能使我们保持与西方传播学对话的姿态,进入"转换性的创造"的过程。

行舟源流,清泉可鉴。我们读西方传播学,同样也是在读自己。我相信,翻阅这套书系的读者,不仅对西方传播学理论感兴趣,更对本土社会中生发出的问题感兴趣。读者诸君不妨通过浏览本译丛来想想,过去借鉴西方传播学的过程中,有哪些是缘木求鱼,有哪些是涸泽而渔,想想我们的经验与问题在哪里。

徜徉于西方传播学思想之流,不免产生远行客"生有涯而知无涯"的慨叹。传播学"源流·新知"译丛试图为这块知识地图做点增补工作,窥见传播学"青青陵上柏,磊磊涧中石"之景。倘若同道学友读之有所得,并产生和西方理论对话的乐趣与快感,那是一种莫大的幸福。

是为序。

单　波

2016 年春于珞珈山

译　序

2010至2011年我有幸获得机会在加拿大渥太华大学传播系做访问学者，邀请人之一便是本书作者谢瑞·德弗罗·弗格森教授。记得与谢瑞教授的首次见面是在渥太华大学校内食堂二楼的自助餐厅，为了表示对我到来的欢迎，谢瑞教授特意请我在那里吃自助餐。我向她表示，希望将她的著作翻译成中文，介绍给中国的读者。后来我通过查阅得知，谢瑞教授至少出版了六七部著作，当我告诉她决定首先翻译《传播策划：综合路径》这本书时，她说，在她出版的著作中，这本书在美国和加拿大最受欢迎。经过多年蹉跎，这本书终于问世，也算了却了我的一桩心愿。

正如作者在绪论中所说："本书是目前市场上唯一一本全面提供传播战略策划、传播操作策划以及传播工作策划等相关内容的著作。"这部著作出版于1999年，在十几年前的美国和其他西方国家学术界，传播策划还是一个刚刚兴起的研究领域，谢瑞教授这部著作在当时的出版可谓得风气之先，具有无可置疑的开创意义，即使在今天看来，这项研究也不失其前沿地位。

《传播策划：综合路径》的最大贡献在于开创了一个新的传播学应用领域。美国传播学经过差不多半个世纪的孕育，大约在20

世纪50年代最终在大学体制内形成并获得相对独立的学科地位，但是以拉斯韦尔、卢因、霍夫兰、拉扎斯菲尔德、施拉姆等为代表的美国传播学研究，其对象主要是大众传媒，研究重点是受众和传播效果。传统传播学研究所确定的研究对象过于狭窄，对于受众的理解最多也不过是强调受众年龄、性别、职业、教育背景、群体归属等自然属性和社会属性方面的基本差异。传统传播学未能看到所谓现实生活中的传播绝不仅仅限于大众传播，其实人际传播、组织传播、健康传播、政治传播等都属于传播中的一些特定领域，传播学的研究触角必须延伸到这些活生生的领域才能获得生机与圆满，才能体现出它服务于现实的强大生命力。

另一方面，传统传播学研究对于受众的理解过于简化，受众的差异绝不仅仅体现在年龄、性别、职业、教育这样简单的自然属性和个体差别方面，也绝不是社会属性差异这一简单概念就能够概括的。事实上，并不存在抽象意义的受众，受众更本质的属性是社会属性；更具体地说，任何受众总是归属于社会中的某一具体阶层、具体组织、具体机构、具体群体，其中政府、企业、商务等组织机构是现代受众最主要的组织单位，传播学研究中的受众概念必须明确指向这一群体。从社会学的角度来看，这一层面的受众体现的主要是社会群体意义，而非社会个体意义，在传播中这样的受众主要是群体受众，而不是个体受众。这种组织中群体受众的基本特点体现在高度的现代组织性、高度自主的利益诉求以及在人际传播、组织传播网络基础上与大众传播媒介的高度融合的趋势。当代传播学研究正在向这一更为具体和重要的受众群体领域渗透和延伸，这体现了西方传播学研究自我创新的能力，由此形成了组织传播这一传播学发展中的新的应用研究领域。谢瑞教授的这本著作应该说具有这一应用研究的所有特点。

《传播策划：综合路径》的另外一项贡献是全面论述了传播策划在组织机构中的实施与运作，包括原理、原则、基本理论、战略、策略以及步骤等。将传统传播学研究引入到组织传播这一新兴的领域诚然重要,但是能否在这一新兴领域架构起一套行之有效的应用理论体系则更为重要。可喜的是,谢瑞教授集长期理论教学和为高层管理人员提供咨询培训之功,成功架构了传播策划这一全新的应用传播学理论体系。作者不但论述了传播策划的当代发展趋势,提出了综合性传播策划这一重要概念,阐述了传播策划的理论基础,更重要的是作者还详列了各类传播策划的撰写方法、撰写步骤、撰写要点,并提供了大量案例,这些内容构成了全书的主体,也最能体现本书的创新之处。

由于本书是一项高度原创性的科研成果,书中随处可见作者独创的专业术语,例如 strategic planning culture(战略策划文化),integrated communication planning(综合传播策划),multiyear or annual operation and work plans(多年度或年度操作及工作策划),communication support plan(传播支持策划)等,作者在建构这一理论体系时付出的巨大学术努力可见一斑,当然大量专业术语的创造也为本书的翻译带来了一定困难。

传播学在中国的发展已逾 30 年,如何结合中国具体的国情,结合现实中的实际问题建构真正属于中国自己的传播学理论体系已成为影响和制约中国传播学建设发展的瓶颈,相信谢瑞教授这本著作在中国面世后能够为中国传播学研究者提供一些启示。北美传播学者能够结合组织传播这一具体问题开拓出组织传播策划这一新兴研究领域,我们是否也能够结合自己的问题开垦出一片新土?

我们也相信这部著作对从事新闻传播、组织管理、企业策划、商务营销、公关宣传工作和学习的人士会有所助益。

西北政法大学新闻传播学院教授　柯泽

献给斯图尔特(To STEWART)

飞行员、工程师、艺术家、教授、丈夫、父亲、朋友……

目 录

译 序 / 1

绪 论 / 1

第一部分 战略策划文化

1. 构建战略策划文化 / 7
   战略策划准备 / 8
   实施战略策划 / 12
   结 论 / 14

2. 综合传播策划的作用 / 15
   策划的紧要性 / 16
   传播策划体系 / 17
   不同类型的传播策划：目标和内容 / 18
   结 论 / 20

第二部分　综合策划过程

3. 撰写战略传播策划（多年度或年度）　/ 25
策划过程：谁策划、如何策划以及何时策划？　/ 25
撰写策划的原则　/ 27
撰写策划的步骤　/ 28
结　论　/ 46

4. 撰写多年度或年度操作及工作策划　/ 54
操作传播策划　/ 54
传播工作策划　/ 59
结　论　/ 65

5. 撰写传播支持策划：基于特殊事件、运动以及问题的策划　/ 67
支持策划的目标及特点　/ 67
支持策划的构成　/ 69
结　论　/ 86

6. 撰写危机应急策划　/ 90
撰写危机管理策划　/ 91
传播构成　/ 99
结　论　/ 109

第三部分 传播理论:策划基础

7. 理解受众心理:信念、态度、价值观以及需求 / 113
  信念、态度、价值观对受众接受信息的影响 / 113
  需求与人格 / 126
  结 论 / 129

8. 信源可信度的基础 / 130
  信源可信度对传播的影响 / 131
  信源可信度的构成因素 / 132
  电视语言:对信源可信度的影响 / 139
  结 论 / 145

9. 信息设计:知觉、认知以及信息获取 / 146
  渗透知觉屏幕 / 146
  选择性暴露、感知和关注 / 150
  信息理解 / 156
  信息保持与信息回忆 / 157
  学习理论:工具性、操作性以及社会学习型 / 159
  结 论 / 162

10. 信息设计:劝服理论 / 163
  信息内容 / 164
  信息的组织 / 170
  信息策略 / 173
  结 论 / 178

11. 选择渠道：经验总结 / *179*
  人们如何使用媒体 / *179*
  媒体在提升意识、影响态度和行为方面的成功 / *180*
  媒介效果的局限：影响的可变性 / *182*
  改善媒介效果 / *184*
  议程设置 / *186*
  结　论 / *193*

第四部分　战略路径

12. 问题管理策划的战略路径 / *197*
  问题的责任人：单独的还是多方的？ / *197*
  谁来分担问题管理的责任？ / *201*
  问题特性 / *203*
  问题的可控性 / *212*
  帮助公众对问题作出社会判断 / *218*
  结　论 / *220*

13. 战略合作策划：合作、协商与谈判 / *221*
  合作与资源共享趋势 / *221*
  将协商策略纳入策划中 / *223*
  谈判策略 / *226*
  结　论 / *226*

参考文献 / *227*

后　记 / *265*

绪 论

《传播策划:综合路径》旨在揭示综合性传播策划在现代组织中的功能和作用,本书的阅读对象包括学生、策划者以及组织机构中的各类顾问专家等。

本书力图呈现几种汇流的趋势。其一,本书揭示了包括业务策划在内的综合性传播的重要性;其二,本书阐释了传播策划多功能、多样化的当代发展趋势,试图将公共关系、营销传播以及广告战略(整合营销传播,IMC)融为一体;其三,本书强调了战略策划文化在组织中的重要性;最后,本书系统揭示了传统意义上的组织传播和公共关系在传播策划过程中相互融合、一体化发展的趋势。

本书分为四部分,即战略策划文化、综合策划过程、传播理论以及战略路径。

第一部分讨论了在组织中建立战略策划文化的必要措施以及在战略策划文化中传播的作用,并分析了公司策划(corporate planning)、业务策划(business planning)以及传播策划(communication planning)之间的关系。传播策划者与公司策划者之间的密切协作确保了传播策划最大程度地体现出公司层面的优先性。

第二部分阐述了综合策划过程,并详述了如何撰写各类传播

策划方案,包括:

- 多年度或年度策划方案,涉及公共关系、营销传播以及广告等广泛领域中的传播战略。
- 多年度或年度操作策划方案,具体解释各种战略如何贯彻实施。
- 工作策划方案,包括确定责任范围、设立日程和绩效指标、拟定评估方法以及分配预算。
- 支持性策划方案,涉及宣传活动(information campaigns)、广告和营销传播活动、问题管理以及其他行动策划。
- 用于危机传播管理的其他策划方案。

第三部分阐述了传播策划的理论基础,包括受众心理学、媒介使用及影响理论、信源可信度、涉及信息制作的学习与劝服理论,以及对选择传播渠道的考量等。这部分内容综合了有关公共关系、营销传播、广告、雇员传播行为等方面的知识,同时也与传播策划的具体制定和执行密切相关。

第四部分阐述了有关问题管理策划的战略路径和方法,以及各类组织之间共享资源、互利合作的发展趋势。

本书对于公共关系、营销传播、广告以及组织传播专业的学生具有参考价值。在过去十年中,传播者的工作性质已经由服务导向型向管理导向型、战略功能型急剧转变,虽然传播者仍然提供诸如准备演讲稿、广告文案、新闻稿,以及为企业杂志和雇员报纸写作文章之类的服务,但是越来越多的传播管理者开始进入到组织管理层,为首席执行官(CEO)以及企业副总裁提供决策和咨询服务,还有一些传播管理者在诸如媒体议题跟踪、与利益相关者协商(包括组织内部和外部)以及效果评估等方面扮演着战略角色。那些介入到传播过程中的人常常协同工作,以确保他们的努力富有成效,即确保他们最大程度地利用了组织资源。本书试图呈现20世纪末现代组织机构中传播者角色变化的最新观点。

目前,市场上还没有任何一本书如此全面地研究策划问题,一些涉及公共关系的教材往往仅用一章的篇幅(有时仅仅十几页)讨论策划及其过程,大多数作者所说的"策划"仅仅指公共关系、传播营销以及政治和健康传播领域中的策划活动。事实上,这类策划仅仅是策划实践的一种类型,上述研究未能覆盖策划的全部含义。本书是目前市场上唯一一本全面提供传播战略策划、传播操作策划以及传播工作策划等相关内容的著作,它不失为传播策划研究领域中的典范作品。

迄今为止,很少有学者意识到基于信息传播的策划的重要性——这里所说的策划是指那些以舆论、态度、行为研究作为理论基础的传播战略。没有人讨论如何建立绩效指标以确定传播群体何时取得了何种成效。与此同时,很少有书籍讨论传播者所扮演的战略角色以及传播策划与业务策划、公司策划融为一体的重要性,大多数作者未能将传播策划明确定位为一项关键性的组织传播功能。本书试图纠正这些偏颇。

当前,组织内部日益强调整合促销推广、广告活动以及营销传播的重要性,这确实弥合了它们彼此之间相互隔离的状态。但是,市场领域中的这些变化以及一些传播研究者新的洞见并没有及时反映到文献中去。本书试图综合上述三个研究领域的观点,提出作为一般组织功能的传播策划理论。事实上,我们越是将系统理论运用于对组织机构的分析,有关学科属性边界的争论就会越发失去意义,尤其是在那些与传播相关的功能领域。正因如此,本书的书名确定为《传播策划:综合路径》。

总而言之,《传播策划:综合路径》一书的贡献体现在以下八个方面:

其一,本书阐述了策划中整合营销传播的当代趋势,这是一种将公共关系、营销传播以及广告融为一体的路径和方法。

其二,本书在大型组织机构语境中建立了上述理论,为此,本书确立了传播策划的框架,定义了不同策划之间以及传播策划与业务策划之间的关系。

其三，本书认为传播策划体现了基本的组织功能，这一功能包括为内部受众与外部受众提供策划。策划既体现了管理功能，也体现了组织传播功能。

其四，本书界定了各种传播策划的构成元素，这些构成元素产生于组织内部。本书详述了如何撰写适用于公司或业务层面的年度或多年度策划，如何撰写体现战略意图的年度或多年度策划，如何撰写适用于各类传播活动的年度工作策划以及支持性策划，如何撰写适用于危机传播的应急性策划。

其五，本书发展了若干有关策划产品及其过程的术语，目前尚没有公认的术语描述这一传播策划过程。

其六，本书在阐明传播战略设计时详述了许多相关理论，例如受众心理学、媒介使用与影响理论、信源可信度以及学习与劝服理论等。

其七，本书强调研究舆论、态度、行为环境对于发展信息战略十分重要。

最后，本书探讨了建立绩效指标，并应用于实际以评估传播战略效果的必要性。其中一些绩效指标与结果相关，另外一些则与生产、影响、过程以及伦理相关，本书列举了这类绩效指标。

在过去十几年间，本书作者为来自公共事务、营销传播以及广告业中的管理者或行政主管讲授传播策划课程，本书的写作正是建立在这一丰富的实践经验基础之上。在过去几年中，本书的材料经受住了市场的检验，也经受住了政府官员以及企业经理们的检验，这些材料也不断得到完善。本书最初的构想出现在作者的另外一部著作《驾驭公共舆论挑战》(*Mastering the Public Opinion Challenge*)中，该书因为研究方法的创新获得了1994年度NCA公共关系创新·发展·教育(PRIDE)奖。

第一部分

战略策划文化

1
构建战略策划文化

在管理者们的世界中,一些响亮的词语开始流行,那就是持续策划(continuous planning)和综合策划(integrated planning)。持续策划指在组织机构的各个层面展开的持续不断的策划活动,这些活动确保组织机构不断调整自己,以适应内部环境和外部环境(Redding & Catalanello,1994)。在管理学文献中,对长期、中期以及短期策划区别的讨论一直存在,但是随着诸如学习型组织(learning organization)、战略准备(strategic readiness)、体制化改变(institutionalization of change)以及主动性(proactivity)这类术语开始主导有关策划问题的讨论,前者已经消失(Kaufman,1992;Morgan,1992)。今天,组织机构严守十年(甚至五年)战略策划的时代已经一去不复返,组织机构必须不断对相对长期的战略策划进行更新调整,以适应技术、经济、政治、人口以及其他方面的变化所带来的威胁。随着新千年的到来,各种社会变化以几何级数的规模汹涌而至。从人口角度来看,劳动力结构在迅速发生变化:老龄化不断加剧、文化和种族日益多元化。与此同时,与过去相比,劳动力人口中女性比例日益增大。技术的快速发展导致知识的空前繁荣,以至于人们很难及时消化并传播这些知识;随着公众领袖人物的减少,公众获取信息的能力也相应急剧降低至前所未有的水平,而那些政治家、首席执行官以及行政官僚们却开始主宰这个时代。尽管"应对变化策划"这类说法看起来矛盾百出,就像人们说"以战争换和平"一样,然而许多组织管理者仍然相信,预知变化对于组织的生存和繁荣来说至关重要。

战略策划准备

为了实施战略策划,组织必须完成三项任务(Bryson,1988)。其一,组织必须审视自身的使命;其二,组织必须完善或阐明其任务陈述;其三,组织必须进行相关审计。

审视使命

使命(mandate)特指组织机构的责任及其实施。使命通常包含在法规、公司文件以及章程之中,它们是组织机构必须履行的职责。下面是一则有关使命的陈述:环境保护局(Environmental Protection Agency)通过制定政策和实施行动,以维护并提高环境质量,增加美国公民及其后代的福祉。

近些年来,无论政府部门还是企业,它们的使命都发生了重大变化,许多机构开始涉足新的业务领域。例如,许多电影公司开始生产其他视频产品,百货商店开始销售保险和护眼产品,出版商开始经营图书、计算机软件以及光盘。其中一些组织还彻底抛弃了它们从前经营的产品,进入到全新的市场领域。随着州政府以及地方政府接管并执行各类任务,联邦政府越来越多地涉足商业协商及沟通事务。换言之,这些组织已经更新了它们的使命——即使这类变化并非总是诉诸文字。

完善或阐明任务陈述

组织要想成功实施战略策划,就必须撰写或更新其任务陈述

(mission statement)(Kaufman,1992)。任务陈述是指"组织机构的最终目标以及达到这一目标的最重要的战略"(Ingstrup,1990)。正如使命一样,任务陈述是对一些最基本问题的回答,例如"我们业务的性质是什么?"任务陈述还包括对目的、战略、价值观、行为标准以及指导原则等相关方面的说明。列维·斯特劳斯(Levi Strauss)在20世纪80年代发表了一篇题为《金针十字军》(*Crusaders of the Golden Needle*)的文章,阐明了任务陈述的四个组成部分,内容如下(Ireland,Hitt,& Williams,1992):

> 我们生产并销售牛仔裤,这一追求建立在利润与责任兼顾的基础上(目的)。我们通过提供高质量的产品和服务实现上述目标,并且通过我们的努力成为行业领袖(战略)。对于我们来说,"做什么"是重要的,"如何做"同样重要(价值观)。我们将如此行动(行为标准):恪守诚信。在我们赖以生存的社会、社区中,我们做诚实的人。我们营造一个安全而富有活力的工作环境,在此人们协同共进,畅所欲言,肩负责任,提高技能。(p.35)

任务陈述中的目的陈述需要提出组织想要实现的种种目标。例如,戴姆勒—奔驰(Daimler-Benz)公司的目标是生产一流的小汽车;大学的目标是为社会贡献知识,同时将知识传授给学生;警界的使命是保障社会安宁;医院致力于消除病患者的痛苦,同时救死扶伤。美国卫生及公共服务部(The U.S. Department of Health and Human Services)如此阐述其使命:"通过提供有效的卫生和公共服务,通过推动建立在医学、公共健康以及社会服务基础上的科学研究强劲、有力、持久地发展(战略),由此增进美国公民的健康和福祉(目标)。"

战略陈述提出组织机构达到目标的方式和手段。例如:沃尔玛公司(Wal-Mart)通过其低成本的仓库储存系统(战略),提供高质量的打折商品(目的);大学通过雇用一流的讲师和研究人员(战略)传授知识(目的)。

任务陈述还包括价值观方面的表述。美国司法部(U. S. Department of Justice)的任务陈述中的核心价值观涉及公正、诚实、正直、追求卓越、友好合作、个人至上、政务公开等。贝尔大西洋公司(Bell Atlantic)的1400名管理者经过长时间讨论,最终在五类价值观方面达成了共识,即正直、自尊与信任、卓越、自我实现以及利润增长,随后该公司付诸行动,以实现这些价值目标(Kanter,1991)。为了阐明公司的价值观,华盛顿互惠金融集团(Washington Mutual Financial Group)成立了一个专门委员会,集团总裁卢·佩伯(Lou Pepper)委派一位中层主管到企业基层去了解"说辞与现实之间"存在哪些冲突的地方(Tregoe & Tobia,1990,p.20),这位中层主管回来后向佩伯报告说,二者实际上背道而驰。许多关于任务陈述的批评集中在企业往往无视价值观与行为标准间的不一致。

任务陈述中的第四项内容是行为标准。政府部门和企业常常需要阐明它们基于伦理或社会责任而坚守的行为准则。列维·斯特劳斯将有关行为标准的内容归入任务陈述中,他认为不仅仅"做什么"是重要的,"如何做"同样重要。此外,他还详细列出了各种具体行为。

还有一些组织机构将指导原则也放进了任务陈述中。加拿大惩教署(Correctional Service of Canada,1990)的任务陈述中详列了相关内容,其表述如下:"作为刑事司法制度的一部分,加拿大惩教署采用合理、安全、可靠以及人道控制的方式(行为标准),积极鼓励并协助罪犯转化(战略),为保护社会尽职尽责(目的)"(p.4)。该机构的价值观如下(p.4):

> 核心价值1:"我们尊重个人尊严,尊重社会所有成员的权利以及人类发展的潜力。"

核心价值 2:"我们同意罪犯也具有作为守法公民而生活的可能性。"

　　核心价值 3:"我们相信达致目的的力量和主要资源是全体成员,人际关系是我们努力的基础。"

　　核心价值 4:"我们相信在国内及国际范围内分享观念、知识、价值观以及经验对于实现目标至关重要。"

　　核心价值 5:"我们信奉公正廉明,遵纪守法。"

指导原则与核心价值观密切相关(Correctional Service of Canada,1990,pp.8—16)。对应于核心价值观 1 的指导原则是:"我们将在法律、文化、个人以及少数群体宗教利益许可的范围内保障当事者免受侵害的权利";"惩教的实施必须建立在公正、及时以及具有积极意义的基础上";"作为社会成员的罪犯享有权利和特权,除非因为监禁而使这些权利和特权被剥夺或者被限制"。对应于核心价值观 2 的原则是:"我们确信应该合理安置罪犯";"我们相信良好社区以及家庭关系的建立和维持有助于罪犯改过自新";同时"应该积极鼓励罪犯参与社区活动,充当志愿者,参加各种转化培训"。对应于核心价值观 3 的原则是:"我们在工作场所中将充分考虑全体成员的个人需求、兴趣爱好、能力、价值观以及抱负志向";"我们平等对待候补雇员的需求,这体现了加拿大社会的多样性";同时"我们相信与工会的关系具有开放性、相互尊重以及务实等特征"。与核心价值观 4 相对应的指导原则是:"我们相信我们必须致力于新知识的收集、创造、应用以及传播,只有这样才能够在国内以及国际范围对惩教事业有所贡献"。与核心价值观 5 相对应的指导原则是:"我们在公共生活中严守操行,使自己的德行符合社会、文化和经济发展的需要";"我们保证一定数量的公民能够参与到惩教服务处关键、重要政策的制定过程中";同时"我们认同民主社会中媒体的作用,我们将与之携手共进以此证明我们是开放而负责任的"。

总而言之，任务陈述体现了组织机构的个性特征，并使自己区别于其他组织。一些人声称任务陈述过于宽泛，毫无意义，这些人应该仔细体会加拿大惩教署任务简报中的那些内容。

显而易见，诸如泰国等国家的惩教系统具有非常不同的价值观和指导原则，在泰国，贩毒者至少要被监禁25年，这些人在监狱里平均只能存活几年。在泰国，极少有贩毒者能够活着出监狱，中国还对贩毒者处以死刑。全世界许多国家都不相信罪犯会改过自新，它们的司法系统也没有与之相配套的政策设计，这些国家确定的任务陈述与美国、英国、加拿大十分不同。

8 实施相关审计

制定了组织使命，撰写好了任务陈述（目的、战略、价值观、行为标准以及指导原则）之后，组织还必须实施相关审计，内容如下：

- 组织机构以往的业绩表现（成绩、缺陷、产品及服务趋向、利润以及其他指标）。
- 组织所处环境中的各种力量（经济、社会、技术以及人口统计等）。
- 利益相关者的身份、偏好以及忠诚（客户以及在成功或者失败企业中的持股者）。
- 组织资源。

至此，组织机构完成了实施战略策划的所有必备步骤。组织机构审视自身使命，完善或阐明其任务陈述，实施相关审计。有时传播策划小组还会撰写一部分涉及利益相关者的审计材料。由此，组织机构做好了战略策划实施前的一切准备工作。

实施战略策划

战略策划的功能在于帮助组织机构确立长期的发展方向。从政策角度看，战略策划就是组织机构应对变化、不断完善的领航图,它展示了组织机构所追求并期待实现的未来目标(Ingstrup, 1990)。战略策划展示了组织机构未来发展的广阔前景。

策划周期依据不同的组织及不同的阶段而发生变化,不存在一个一成不变的策划周期。近期的《全国绩效评论》(National Performance Review,1997)显示,大部分组织机构将策划视为"常青常绿,没有始终"的过程(p.4)。它们认为策划过程本身比策划的公布与发表更为重要,它们同时认为策划过程本身是灵活机动的。以往战略策划周期一般为三到五年,现在越来越多的组织每年都要更新自己的策划(Brooker,1991)。

与撰写任务陈述相类似,战略和操作策划是一项团队协作实践,策划中所含的各类承诺和条款是组织中大量成员,包括最高领导层共同协商的结果,这意味着策划本身具有极高的参与度(Burkhart & Reuss,1993)。在1990年的一次演讲中,英斯特拉普(Ingstrup)说道:

> 究竟由谁来策划至关重要,高级主管诚然应该承担策划的重任,但是仅由少数人参与的策划与通过一小块服务窗口向人们展示的结果没有什么区别。从好处说,这样的结果极少能够引起人们的注意;从坏处说,这样的策划会被领导层认为是华而不实、毫无信用以及不切实际的。

美国政府十分看重高层主管参与战略策划的过程:"高层主管应该主导战略策划过程,一流的组织意味着高级主管明白无误、自始至终全程参与到战略策划的制定以及实施过程中"(National Performance Review,1997,p.4)。另外一些人认为,一流的策划努力体现为"简易明了、富有成效"(Benveniste,1989,p.168)。

有效的策划需要协同努力。20世纪80年代通用电气公司(General Electric)组建了一个级别高于业务部门的战略管理部门,以确保战略策划在各业务部门之间以及整个公司内部协同实施（Andriole,1985）。美国政府认为,通用电气堪称一流水平,并做出以下评论（National Performance Review,1997）：

> 有效的策划受益于各部门之间的协调一致、有效配合。尽管合作伙伴不同、具体策划有别,但是合作者都认同相互合作及相互理解的重要性。战略策划自上而下贯穿于整个业务范围,从公司层面到业务层面,每一个合作方都成为整体战略策划的有机组成部分。(p.4)

各级合作者知晓策划过程,知晓各个层次的预期目标,同时也知晓如何协同行动。传播策划根据同样的方式紧随公司及业务策划展开。

10 结 论

在过去缩减规模以及战略重组的十几年间,许多组织机构放弃了战略策划,许多人认为在一个变化的时代战略策划毫无意义。然而现在尘埃已经落定,目前许多组织机构站在一个信守承诺的新高度谈论着战略策划。在一个环境急剧变化的时代,它们呼吁通过持续的策划来适应变化。美国政府编制完成了《全国绩效评论》（National Performance Review,1997）之后,要求所有政府部门将各自的战略策划公布于互联网上,这凸显了策划及其功能的重要性超过了历史上的任何时期。本章为传播策划奠定了基础,传播策划是紧随公司及业务策划之后发生的策划活动。

2

综合传播策划的作用

在过去五年间,学术界不断呼吁传播人员参与战略策划的制定过程(Ferguson,1993,1994;Hon,1998;Reddin,1998)。其一,我们生活在信息时代,要求企业和政府就它们的意图与传播人员进行交流。其二,由于环境因素,许多组织呈现出的问题导致传播策划成为策划体系中不可或缺的一部分。据美国经济咨商会报告显示,在战略策划过程中公司对战略发展的"软件"进行评估时涉及传播人员行为(Kinkead & Winokur,1992)。在像道格拉斯飞行器公司(Douglas Aircraft)和约翰·汉考克公司(John Hancock)这样一些公司中,传播人员在组织策划中扮演着重要角色。一位公关专家对自己所在的公司进行观察,他发现传播团队在战略策划中扮演着这样的角色,"我们帮着策划展览,并不只是事后清理现场这么简单"(Kinkead & Winokur,1992,p.23)。认同这个观点的人把传播策划看做大型战略策划的一部分,而非孤立地存在着。

不同的人和团队参与不同阶段的策划,就像乌克兰套娃虽然一个套在另一个里面,但整个过程是完整的。首要的和最高层次的策划是战略策划,操作策划源于战略策划,而工作策划又源于操作策划,最终,策划的主题回归战略策划和操作策划,并通过工作策划显现出来。这个过程是顺理成章的,因为在第一阶段,战略策划会讨论接下来的每件事情。本章将论述策划的紧要性、传播策划体系以及不同类型的传播策划的目标和内容。

策划的紧要性

为了完成策划工作,传播人员必须清楚策划的任务、要求以及组织的战略目标。在按照组织的策划方案操作之前,传播人员应通过直接或间接的渠道把一些信息传达给公众。作为直接角色,传播人员需要撰写新闻稿、专栏和其他宣传物;作为间接角色,他们构思和撰写组织发言人的演说和简报内容。除此之外,他们还需要加工信息、策划市场宣传和广告活动。当演讲撰稿人和媒体公关人员无法接触到组织的战略文件时,他们可能被迫自己制作信息,如果这些信息不合时宜,评论家们就会说传播人员对组织的政策和计划了解得不够充分或过于肤浅。

更糟糕的是,传播管理人员脱离对战略目标的认识,会失去对提案的基本否决权。在这种情况下,主管人员将别无选择,只能按照提案配置人员和资金,而这些提案可能只是部门经理的一时构想(这些提案对于战略、传播时效以及产品来说,一点也不必要)。在职责清晰的组织中,传播策划不应该为个人服务,也就是说,传播活动不因个人私利而存在。在理想情况下,个人应该支持组织为完成战略目标和任务而努力。

组织运营环境的多变性和运营自身的特性决定了策划的适用期限为一年或者几年。高新技术公司(如计算机和电子产品公司)或者对金融市场稳定有一定要求的公司(如建筑行业)制定的策划方案通常会在短时期内发生变化,令人难以预测。这种外部环境变化之快,使得组织根本无法用三年时间来调整传播重点(Redding & Catalanello,1994)。当然,对外部环境依赖较少的组织不需要经常调整策划方案。

传播策划体系

在策划团队制定出方案后,传播团队才能进行实地操作,因为传播活动需要策划方案提供理论支撑和方向指导,传播活动不可能先于总体策划而存在。在构建战略策划体系时,传播团队应该考虑以下基本要素:

- 传播管理负责人应该既参与传播策划又参与传播活动。
- 传播管理负责人应该积极参与传播策划活动并且设定战略目标。
- 传播管理负责人应该能够扮演首席顾问的角色,了解任何与传播相关的信息。
- 从理念上来说,战略传播策划应该与公司及业务策划紧密关联。
- 在战略传播策划中,组织资历较深的成员应该与其他人共享社交关系。
- 完整的传播策划需要公关人员、广告人员和营销人员紧密配合。

甚至当组织出现临时的人员调整时,上述操作事项仍然应该能支撑原来的策划方案(Benveniste,1989)。反之,如果传播策划拘泥于局部,策划方案就无法顾及整个蓝图(Hiam,1990,p.25)。

操作策划同样应当体现出协作精神。就像传播管理者理应与公司管理团队或业务管理者密切协作制定战略传播策划一样,中层传播管理者也应该与业务策划者密切协作,制定多年度或年度操作策划和工作策划。当然,大量的支持性策划一般由公共关系、公共事务、营销传播以及广告业务等较低层级中的传播人员撰写。比较而言,危机管理策划由组织的高层人员负责,传播管理人员是危机管理团队中较为活跃的成员。

不同类型的传播策划：目标和内容

下面将论述不同类型的传播策划的目标和特征：战略策划（公司或业务层面的多年度或年度策划）、操作策划（公司或业务层面的多年度或年度策划）、工作策划（公司或业务层面的年度策划）、支持策划（项目层面）和危机传播策划（公司层面）。对于实现公司和业务目标而言，传播策划能够发挥很大作用，工作人员不再感到孤立无援或徒劳无功。

战略策划(Strategic Plans)

无论是多年度的还是年度的，战略传播策划对公司或业务/职能性策划(a corporate or a business/functional plan)都起到了很好的补充作用。一般来说，战略策划包括背景陈述；公司或业务/职能性的目标；政策问题；外部环境；内部环境；机遇期；传播目标；事件主题和信息；传播优先项；战略思考；协商、合作及谈判要求；绩效指标和预算资金。这些将在第三章深入探讨。

操作策划(Operational Plans)

同战略策划一样，操作策划仍然包括以上环节。操作策划将详细说明组织在不同阶段如何完成战略目标和实施资金分配。当策划人员根据传播优先项的排序做出部署、在战略策划中说明与传播目标的关系、确定目标客户群、简要说明操作过程中需要补充的事项，并且详细说明如何对这些事项所需资金进行分配后，策划内容将变得更加具体。

工作策划(Work Plans)

作为操作策划的扩展（经常与操作策划在同一阶段实施），工作策划更加具体详细。工作策划确定拟交付的产品和服务,指定交付产品和服务的责任人,确定绩效指标,设置日程,定义评估方法并且为具体产品、服务和活动调配资源。图2.1阐释了战略策划、操作策划、工作策划以及整体策划之间的关系。第四章将对操作策划和工作策划进行详细讨论。

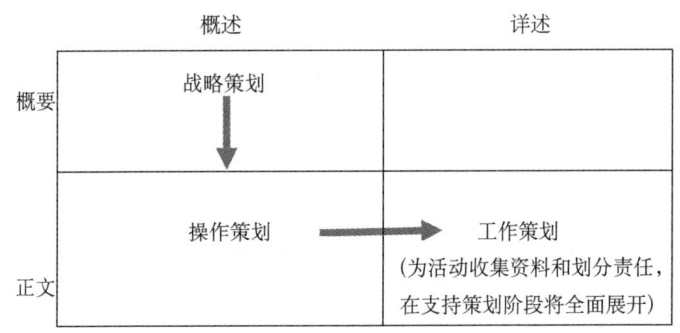

图2.1 整合策划模型

(该图表最早出现在Ferguson,1994年重印版图书的第291页,Robert Czerny后来发展了该图表)

支持策划(Support Plans)

支持策划涉及一些最普遍的传播策划——应对具体活动的策划(例如新闻发布会或讨论会)、产品发布会(例如动员人们购买新产品的商业活动),或公众关注的信息(例如安全问题的传达)。此外,也会涉及一种特别的支持策划"为社会进步开展的宣传活动",它旨在提供必要信息以使人们过上更好、更健康的生活(Salmon,1989)。在战略策划运行良好的组织中,传播策划人员在一年中可能完成多于三十个支持策划。有时,策划人员会根据不同情形创作两个或三个策划方案。这种情况经常发生在政府,因为在政策初始阶段领导层经常临时改变决定。

一个支持策划可能非常简短(召开一个新闻发布会或发表一

份新公告只需要一页的篇幅),也可能特别详细(一项重要的政府活动或商业传播活动,支持策划可能长达十页甚至更多篇幅)。一般情况下,支持策划的篇幅大约为五页。支持策划的篇幅主要取决于事件本身。一个思虑成熟的支持策划由战略和操作两部分构成。策划中的战略要素包括:建立情境的背景陈述;危机指标(与问题管理策划尤为相关);舆论、态度或行为环境;传播目标(结合前面的公司或业务策划);信息;目标受众;战略思考和协商要求。操作要素包括策略思考和资金预算。一个完整的具有发展前景的支持策划也应该包含绩效指标和评估方法。第五章将对支持策划进行详细介绍。

危机传播策划(Crisis Communication Plans)

据说,生命历程存在"长时间的厌倦期和短时间的恐怖期"(Gould as quoted in Meyer, Brooks, & Goes, 1990, p.93)。对于组织来说,这些短暂的恐怖期是危险的。突发性、直接性以及决策时间的紧迫性刻画出危机的特征。随着时间的流逝,危机面临的风险系数可能攀升。基于这个原因,许多组织试图预测危机出现时可能发生的状况。于是,危机传播策划就成为危机事件应对过程中不可或缺的部分。完整的危机管理策划包含这些要素:开篇致辞、引言、危机概述、危机管理团队、决策选择、必要的支持系统以及危机管理名录。传播策划部分包含这些要素:危机指标、传播团队成员、传播战略、反应和控制机制、操作评估、带有对不同传播活动(如新闻发布稿、活动日志)的指导方针和大体安排的附录。想要了解危机传播策划的更多知识请参见第六章。

17 结 论

我们生活在一个需要履行义务的时代,义务也意味着责任。义务表明,个人或团体的长期存在对他人来说是必要而且正当的。

组织经常生产和销售产品,并且为之承担相应的法律责任。如果一家工厂生产过多的问题产品或者律师团队输掉所有官司,那么新的组织将替换掉这些组织。到目前为止,公司和政府传播人员对此还持有不同的标准。组织投资公关和宣传活动后并不对相关管理人员的业绩进行测评。这种情形在近几年已经有所改变,虽然缓慢但是确实存在。私营企业和国有企业都要求为所有的雇员建立新的责任机制,包括专门从事传播活动的人员。这些人员同组织中的其他人员一样,如果想要工作有保障就必须用他们的成绩加以证明。战略、操作和工作策划要求传播人员积极应对这种评判标准。但是如果组织不设置目的或目标,就无法衡量传播策划人员是否达到了标准。面对支持策划层面中如此多的限定条件(广告或营销传播活动),传播人员无法确保帮助组织实现最终的战略目标。为了确保实现战略目标,组织必须建立一个战略运行框架。如果没有这个框架,传播人员就会缺少评估策划效果的参照点。

全面性是衡量传播策划的新指标——战略功能对于组织的传播策划体系来说必须是综合、全面的。因而,这一章主要论述了危机公关策划、传播策划体系、不同类型策划的目标和内容。接下来的章节将深入探讨不同类型的策划实践。

第二部分

综合策划过程

3

撰写战略传播策划(多年度或年度)

第一章论述了组织建立战略策划文化的措施。第二章考察了综合传播策划过程。本章将探讨在传播过程中"谁""如何""何时"制定战略策划,还将讨论撰写策划的原则以及步骤。

策划过程:谁策划、如何策划以及何时策划?

多年度或年度传播策划应该由传播管理者统筹安排,因为作为管理团队中的一员,他更能统领全局,抓住公司的当务之急。在制定策划时,传播管理者有必要咨询公关人员、营销传播人员以及广告人员的相关建议,并与其他管理团队成员进行磋商以达成共识。最后,再由组织高层拨付专项传播经费。这显示了公司最高层拥有策划的最终解释权。传播策划的信度在很大程度上取决于传播首席管理者的信度。一些能够突破自身研究领域、接受组织多元文化的人最适合参与制定传播战略策划。他们易于在某些领域得到广泛认同,同时这些领域也对组织内部环境和外部环境产生影响(Kinkead & Winokur,1992)。

传播策划一经上级通过,应立刻将内容告知相关执行人员。

然而，在许多情况下组织却隐瞒它们的策划结果（Benveniste，1989；Redding & Catalanello，1994）。"告知"这一做法的益处在传播策划案例中体现得尤为明显，传播活动中的所有信息应当保持一致，包括演讲、媒体采访、新闻稿、宣传手册和展览会等。

那么，一名策划执行人员如何获知相关信息，或者将标记着"情报"或"最高机密"之类的信息传递给那些不知情者呢？要知道，不仅首席执行官（CEO）、助理及亲信应该为战略的实施付出努力……甚至整个组织人员都应该这样做（Tregoe & Tobia，1990，p.20），因为几乎没有哪一个员工可以依据不够明确的目标而努力工作。一位来自新泽西州某公司的中层领导说得好，"请不要让我费尽心思地去猜测他人的想法"（p.20）。在一定意义上，所有组织成员（特别是那些传播组织观念的人）的办公桌第一层抽屉内都应该放有一本战略策划书。例如，加拿大房屋抵押贷款公司（Canada Housing and Mortgage Corporation）将其战略策划书打印出来并分发给员工和公众阅读。

同样，传播者在制定传播战略策划前需要先了解相关文件信息。最有价值的文件是近期公司或业务部门的策划（取决于传播策划的层次），如果传播者无法获得这些文件或压根就没有这样的文件，那么他就需要获知以下补充支撑材料：多年预算分配计划；使命、任务和前景陈述（包括组织价值陈述）；年度报告；管理层会议纪要；以及能够表明公司或业务部门近期发展目标和重点的文件。后面这些文件因组织需要而异。例如，美国政府撰写策划时需要参阅国情咨文和总统、高级顾问、内阁成员（他们确定国家要务、制定发展政策）等人发表的言论。相似的公司文件有每年一次的股东大会陈词、行政领导的重要讲话、关于公司发展方向和重点的新闻发布会。如果在公司或业务部门的策划周期与传播策划周期之间存在时间差，传播者则需要参考更多的信息，而不仅仅是公司或业务部门的策划。

撰写策划的原则

作为公司策划的补充,多年度或年度传播策划的撰写应遵循以下指导原则。第一,秉持国际思维和全球思维,立足于更广阔的组织立场来撰写策划。当策划对象是整个公司时,策划的撰写不能偏向于那些仅仅适用于业务部门的标准。就像在第一章中提到的,战略策划应立足于大背景。政府各部门可能力图扩大影响力和提高社会地位,公司的业务部门可能力图提升信誉和销售额,然而,每年公司层面的策划不应反映出这些偏向。公司策划者应该超越个人利益和偏见,为实现公司目标而努力;公司策划者应该熟悉公司外部环境的运行和变化,还要熟悉本公司的优势和劣势。大多数传播策划者具备这种意识和应变能力,因为他们置身于一种发展的状态中,他们的一些工作本来就涉及业务咨询和建立合作关系。然而,业务或职能部门的战略策划反映了公司重点,所以该策划仍以业务或职能部门的发展目标和发展前景作为开端。

就篇幅而言,战略传播策划应做到简洁明了、中心突出、可读性强。大多数策划包括文章体(essay style)与子弹图(bullet format)两种形式。阐述传播目标时通常采用子弹图,比较而言,阐述相关问题和背景材料时通常采用文章体,两种形式各有千秋。子弹图便于定期更新,因为策划者不必整体编写,只需对原有内容进行部分增删即可。此外,子弹图还具有占用较少页码的优点——这受到了最高行政人员的青睐,因为他们一周内经常需要阅读数百页文章。文章体具有更加连贯的优点,能够对要点进行详细阐释,这一点是子弹图无法比拟的。不过,策划人员应该明白,传播策划的读者往往是公司业务部门或政府部门的专家人士,因此,细节性的解释内容是不必要的。如果策划人员希望其他人阅读并在日常采用其传播策划,那么这个传播策划的内容不应该多于十页。

撰写策划的步骤

作为独立文件,公司或业务部门的战略传播策划主要包含十三部分:背景陈述;公司或业务/职能部门的目标(取决于策划层面);政策问题;外部环境;内部环境;机遇期;传播目标;主题和信息;传播优先项;战略思考;有关协商、合作和谈判的要求;绩效指标;财政预算。如果传播策划符合公司或业务/职能部门策划,策划者可以直接从政策问题的背景陈述入手,而不必从一般背景陈述或公司目标入手。以下内容适用于撰写或更新公司整体或内部业务/职能部门的多年度或年度传播策划。

背景陈述

背景陈述为其他策划内容建立某种情境,用一到两个段落介绍组织或业务部门的性质就够了。如果是在更大的环境范围内撰写背景陈述,就应该关注公司或业务部门的最新发展情况,关注总体战略诉求,并且关注工作重点。如果仅仅是为公司或业务部门撰写传播策划(非独立文件),那么这部分背景陈述就没有必要了。

目标(公司或业务/职能部门)

传播经理常常感到自己是在应业务部门的要求而从事广告宣传工作:"准备宣传册""设计广告活动""编辑演讲稿"或者"策划展览会"等。有时这些要求与组织的工作重点有关,有时却无关,如果传播经理自己在工作中毫无计划,那么即使他接到一些不合理或不正确的要求也会照办。相比之下,具有战略策划文化的组织会根据项目与公司或业务部门目标之间的联系对所提出的要求进行评估。他们会问:"这个项目或活动有利于组织实现目标吗?"在这种情况下,提出要求的一方必须测评这类要求是否符合组织的战略目标。

与组织中的其他团队一样,传播团队必须详定计划、详列开支,使之符合公司或业务部门的工作重点,因此,这些目标陈述为多年度或年度传播策划提供了一个符合逻辑的起点。如果没有现成文件(公司或业务策划)能够清晰而彻底地阐述公司或业务目标,那么传播策划者必须向最高行政人员进行相关咨询,同时也必须获知存在于最高行政人员头脑中的真实目标,即使这些目标还未整理成文。基于错误目标的传播策划毫无可信度和利用价值,许多传播经理抱怨自己的策划成果没有受到重视,大概就是出于以上原因。那些由传播者个人主观臆断提出的、与公司或业务目标无关的策划毫无效用。在公司、业务部门以及传播策划者产生分歧的时候,传播策划必须积极响应并追随公司策划和业务策划,因为传播的作用是支持公司或业务部门的政策和项目。

美国卫生及公共服务部将自己的战略策划公布于互联网上,最近一期更新是在1997年9月30日。该策划的开头部分如下:

- 减少危害美国人民健康和生产率的主要因素。
- 促进美国个人、家庭和社区的经济发展,提高社会福利。
- 扩大医疗卫生服务范围,确保完善国家卫生投资项目和安全网络项目。
- 提高公共卫生服务质量和人民保健水平。
- 建立健全公共卫生保障体系。
- 促进国家卫生科学研究事业,提高生产率。

一份来自美国司法部的战略策划文件说明,业务或职能部门的目标往往比公司目标更加具体。美国司法部的战略文件涵盖七个领域中的每一个目标:调查与起诉被告;协助国家或地方政府工作;依法维护和执行联邦法律,维护联邦政府利益;移民;滞留和监禁;捍卫联邦法律,完善司法体制;管理。无论如何,各级职能部门都需要开展策划,肩负不同职责的人员都需要参与不同的工作,包括设立目标、制定战略和绩效评估。在1997年10月的策划文件中,美国司法部设立了以下关于调查与起诉被告的目标(相当于业务部门目标):

- 减少暴力犯罪,包括有组织犯罪、吸毒和群体暴力等犯罪。
- 通过传统和具有创新性的强制手段减少非法药物的滥用以及获得。
- 减少针对美国人民以及机构的国际、国内间谍行为和恐怖主义行为。
- 降低白领阶层的犯罪率,包括公开贿赂和欺诈。
- 积极协调、整合司法部的执法活动,积极与其他联邦、州以及地方机构合作,完善国家司法体系的运行。

调查诉讼部门的传播策划者在制定传播策划时可以参考上述文件。

管理学家们对于如何定义目的(goals)和目标(objectives)两词存在分歧。一些专家和组织认为目标的含义比较宽泛,而目的的含义则较为具体,且可操作性强,甚至精确到每一天的活动(Bergeron,1989,p.254)。使用这一定义的例子是"提高公共服务",在这一例子中,目的具体指"将从接收投诉信到发出道歉信的时间间隔减少到一周",或"减少将来电呼叫转为自动应答模式的次数"。另外一些专家和组织则完全以相反的含义来使用这两个词语。

政策问题

一些专家认为策划应从分析外部环境入手(Brooker,1990;Kaufman,1992;Morgan,1992)。而另外一些人则认为,这种"由外到内"的策划方式基于条件反射,它未将公司目标考虑进去,在这种情况下组织很容易失去对战略问题的洞察,使策划变得东一榔头西一棒槌。相反的做法是按照由内及外的顺序,选择那些与公司和业务部门的目标、指令、任务和价值紧密相关的问题作为策划的基础。

越来越多的组织认同这样的原则,每一项战略策划都必须包含应对组织危机以及突发事件的传播内容。因此,在确定并明确阐述了公司目标之后,传播策划者必须寻找相关政策制定或战略制定的依据,它们对组织的传播策划活动具有重要影响。以下是一些政策决议的例子:

奥林匹克委员会投票接纳一个有侵犯人权记录的承办国;化妆品公司赞同用动物做产品试验;汽车制造公司决定将公司生产线转移到劳动力低廉的国家;政府决定放宽对临床药物的检测标准,将用于乳腺癌研究的基金挪用为心脏病研究,或者批准更多富有攻击性的禁烟广告;某公司决定在市场上投放饱受争议的低脂食用油。每项这样的决议都有可能引发激烈的公众争论,破坏组织信誉,预知这些决议能够帮助传播组织游刃有余地应对即将发生的争论。因此,在这一部分传播策划中阐明政策决议或战略抉择能够对未来组织的发展产生重要影响。

那么传播策划者是怎样搜集这些政策决议和战略的呢?公司或业务(职能)部门的相关策划中具有多项备选决议及结果,有时它们还将实现战略目标的途径具体化。例如,美国司法部门决定采取以下战略来减少毒品获取和滥用:(1)打击或破坏主要贩毒组织的生产、运输和分配链条;(2)越来越多的外国政府支持对贩毒组织成员的调查和起诉;(3)收集、分析和宣传关于贩毒组织非法获得和滥用毒品的信息。很明显,在这些部门中从事传播策划的人员应该参考这些文件。如果没有类似文件,策划者就应该咨询负责组织战略指导的行政人员。

政府政策的采用往往在工业和商业两方面产生问题。因此,商业部门或工业部门的传播策划者通常需要努力识别可能影响机构近几年发展的公共政策决议。对相关问题的清晰陈述有助于策划者在将来构建传播目标、制定传播内容和活动。

传播策划者在确定并陈述了政策决议和战略后经常还会问，"有哪些政策决议和战略是可以解决现行问题的？"政府处理几十年来不断涌现的问题，如消费失控、人口老龄化、暴力犯罪频发、失业、国际危机、毒贩潜逃、间接性丑闻等；公司面临那些饱受争议的环境政策问题、瑕疵产品、逃税指控、内幕交易指控、工厂倒闭等。战略问题指影响组织制定命令、任务和价值观的政策问题（Bryson,1988）。这些政策问题涉及事件本身、事件发生原因及条件。操作问题涉及问题解决的方式、时间和地点。"问题"（questions）一词很重要，因为问题意味着尚未解决。组织应该继续追求既定目标吗？政府应该进一步减免税收吗？制药公司应该批准新的减肥药物吗？公益组织应该再次考虑任用特定代言人吗？以问题形式考虑事情能够帮助策划者了解由相关话题引发的可能争论。现在来看看美国政府决定取消赞助行动计划这一例子，关于该事件的问题陈述，策划者不是着眼于赞助行动本身，而是将重心放在与该事件相关的战略问题或操作问题上。以下是联邦政府可能遇到的战略问题："美国政府应该取消赞助行动项目吗？"美国政府内外人员对这一问题的回答出现了异议，不同政党采取不同立场。后面的问题对于组织管理内部人员而言更加具体："政府应该在下届选举到来之前宣布取消赞助行动这一决定吗？"关于这一问题的争论很可能存在于管理层中，政府人员之间经常在最佳宣布时机这一问题上发生争论。

再看一个实例。几年前，美国共和党攻击美国总统比尔·克林顿与民主党在白宫内举办募捐宴会，他们质疑的问题并不是募捐活动本身，因为所有政党都在致力于募捐活动，没人对募捐活动的必要性和合理性提出异议。他们质疑的是一个更为具体化的战略问题，"应该准许总统在白宫内举行带有政治倾向的募捐宴会吗？""应该由公民为带有政治意图的晚宴买单吗？"另外一个更具体的问题是："总统应该及早把募捐宴会视频提交给首席检察官珍妮·雷诺吗？"策划者在建构战略或操作性问题时不妨预测公众的争议，这样有助于组织为应对争议做好准备——是否已经做好行政人员简报计划，是否准备问题答疑，是否举行记者发布会，或者是否采取其他传播途径。

上述例子说明了问题的第一个特征：未解决性，此外还说明了问题具有争议性，至少存在正反两面，这个争议的内容可能涉及"人物、时间、地点、原因、结果"诸多方面的发展，它们受处理问题方式的影响（Dutton, Stempf, & Wagner, 1990, p.144）。争议的性质揭示了问题的第三个特点：价值观矛盾。问题与价值观相联系。例如，关于住房补贴或社会项目的争议引发了经济负增长与人道主义、平均主义相矛盾的观点；提高效率成为主张精简人员的凭据；关于堕胎的争议最为激烈，反对者认为人具有生存的权利，而支持者认为当事人有自行决定的权利；在20世纪60年代，美国至高无上的爱国主义价值观与和平主义共存价值观之间的矛盾演变愈来愈激烈；美国人信奉竞争和自我实现。许多政客吹嘘自己从贫困的无名小卒晋升为社会上层人士，创造了现实版的阿尔杰神话。然而，并不是所有的美国人都崇尚"竞争"价值观。有些人更崇尚工作、生活中的合作、和谐精神。对"竞争"一词的不同看法导致人们对一些评判标准产生诸多争论，比如升学标准、个人利益对抗集体利益、体育比赛中服用兴奋剂、法庭道德等；政府在决定是否承担"搜寻和营救"费用或关爱艾滋病患者时做出价值判断。肯定答案意味着在人类社会中人的生命比金钱更加宝贵。那些不具有或较少具有研究价值的问题出现在策划中的可能性较低，因为很少有组织具备处理大量议题的实力。它们往往将重点放在对组织构成潜在威胁的问题上。鉴于潜在价值及其他因素，这样做是应该的（第十二章详细描述关于问题的策划分析）。

有些问题直到政策实施阶段才显现出来。例如，美国人民可能认为在国家边境地区有严格执行禁毒法律的必要，同时却又反对造成长时间滞留的机场安检甚或裸身安检——而这正是法律的执行手段。美国人民可能接受打击性骚扰行为的政策,却可能反对这一政策的过度实施。通过立法或政策实施并不一定意味着随之而来的问题马上就消失了,问题会一直持续到组织成员认为这一法律是正义的或该政策是合法的,在它发生之前,组织需要采取相关对策。

不同组织看待问题的角度不同。例如在韦科(Waco)事件中,美国首席检察官与宗教领袖戴维·考雷什(David Koresh)相互对峙,美国首席检察官需要决定是否参与辩论。这个战略性政策问题就是"首席检察官应参与辩论吗?"社区教堂和宗教领袖也必须做出决定,这个决定对人民宗教信仰自由具有重要影响。他们的问题是"教堂应该准许国家介入宗教事务吗?"人权机构面临的问题与之相似,"人权机构应该阻止政府介入个人宗教信仰自由吗?"宗教成员必须解决这个最关键的问题:"我们应该妥协吗?"最后,该事件以悲剧告终(房屋被烧毁,包括儿童在内的人员伤亡)。这时,总统比尔·克林顿面临的问题是"总统应该与首席检察官做出不同的决定吗?"期间,克林顿当局从政治角度对韦科事件进行考虑,美国首席检察官和地方检察官则从法律角度进行考虑,德克萨斯教堂则是从宗教影响角度进行考虑的。

在同一组织当中,不同部门或小组对同一问题的看法也有可能不同。例如,在泰诺(Tylenol)有毒产品案例中,首席执行官及其行政人员需要决定"公司应该清空架子上的泰诺产品吗?"出于研究和发展的需要,相关政策制定围绕类似问题展开:"公司应该用药片或囊片代替所有的胶囊产品吗?"强生公司(Johnson & Johnson)的法律部门面临着最难解决的问题:"公司应该承担中毒事件的法律责任吗?"危机在一晚上就能产生众多需要组织必须做出回应的问题(参见第十二章关于所有权问题的深度探讨)。

传播策划者如何搜集"热点问题"呢? 一些公司策划除了含有决议部分,还应该含有清晰的问题陈述,可能公司或业务策划中没有清晰的问题陈述,但这样做有助于策划者发现现有或突发问题,咨询部门应该确保策划者了解所有重要问题。

对多个问题的陈述应该与相关的公司或业务/职能部门的目标和决议的排列顺序保持一致。如果市政府第一个目标是"提高环保意识"（目标1），那么相关的政策决议可以是"收取清理一次性垃圾袋的费用"（政策决议1），由此产生的问题可能是"城市是否应该向过去通常是免费的服务收费"（问题1）。市政府的第二个目标可能是"丰富城市里的社区活动"（目标2），相关的政策决议可以是"建设会议厅或音乐场所"（政策决议2），相关的问题可能是"城市应该建设会议厅或音乐场所而不是棒球场吗？"或是关于建设会议厅或音乐场所的费用和选址问题，这些问题划归到第二种类，因为它们与政策决议2和公司目标2内容相关。将这些问题按政策决议和公司目标排列表现出各个发展策略间的逻辑性，当然，有些问题并非仅仅涉及一个公司目标。

总之，公司或业务部门的策划内容有可能在公众、利益团体或组织内部利益相关者之间产生争议，公司或政府有责任引导传播组织处理争议问题。为了使策划富有成效，传播者必须能够清晰表述所面临的政策问题，并准确区分组织或业务部门应该对之负责的问题以及不应对之负责的问题。问题是否具有相关性取决于所在组织的指令和任务（参见第一章）。因此，问题策划需要先从公司、业务部门或职能部门策划中推断政策决议及其相关问题。

外部环境

策划者的职责是明确分析由利益相关者提出的影响组织运行的意见和活动，并提供相关管理方案。"外部环境"一词在本文中指组织外部的意见环境——即外界利益相关者（消费者、股东、供货商、公众、特殊利益团体或参与者等）的各种意见、观点和相关活动，这部分策划内容概括了外部环境中存在的有利因素和不利因素。美国人怎样看待政策决议或战略呢？他们对问题了解到什么程度了呢？他们能够辨别相关问题的表现形式吗？一国内不同地区或不同消费者的看法发生了怎样的变化呢?如果利益团体积极应对这些问题,外部环境应该也会表现出支持的态度或行为。民意代表要求政府考虑选民意见。同样道理,营利性或非营利性组织忽视公众意见的做法具有很大风险。传播策划(公关、营销传播和广告)必须建立在明确掌握各种公众意识、知识、信仰、态度、价值观和行为方式的基础上。

外部公众对于组织行为也会抱有一定看法,这些看法影响他们对组织信息的接受程度(Moffitt,1994;William&Moffitt,1997)。有关这部分的策划应叙述如下:"顾客对所接收到的组织信息量感到不满"或"药品行业对有更多机会与机构代表进行交流表示满意"。有时利益相关者不知道如何获得信息或服务,不明白市、州或联邦政府所提供的服务具有哪些不同之处,对负责提供信息、产品或者服务的主体感到困惑,这种困惑通常伴随着行为重组。例如有这样一项陈述:"美国老人不确定到哪个政府机构咨询有关养老金的信息。"

不断关注公众意见和消费者态度是本部分策划内容的基础。猜测是不允许的,策划中关于外部环境叙述的部分应当经由对外界意见、态度和行为方式进行研究后得出。策划者应当能够为每一项陈述提供确切依据。信息的大概来源包括网络(如新闻组和网站)、电话咨询、调查、印刷媒介或电子媒介文章、焦点小组报告、协会和员工通讯、通信、两院辩论报告、利益团体概述、公众咨询报告、展会及智囊报告(表3.1)等,同时更多地利用电脑数据库和网络资源有利于审查问题和确定策划方向(Johnson,1997;Ramsey,1993;Thomsen,1995)。

在环境陈述部分,策划者需要涉及相关政策决议和政策问题。如上所述,相关内容的陈述顺序应该与公司或业务/职能部门的目标指令前后一致:目标1、2、3、4和5。安德里奥尔(Andriole,1985)谈到了这样做的重要性:

策划基于判断。策划者需判断环境对公司决议造成哪些影响,及其诱导因素是如何相互影响、相互作用的。其实,策划由一系列目标组成,这些目标错综交织成一个庞大而复杂的驱动模式。(p.141)

表 3.1　信息来源

商业/工业	特殊利益团体	民选代表
网络(新闻组、网页)	通信	众议院 & 参议院辩论记录
人际交往(客户、顾问、竞争者、供应商等)	采访发言人 利益团体通讯录	采访 演讲
华尔街交易报告	新闻 & 专题文章	州立法机关评论
商业与金融期刊	致编辑的信件	参议员 & 国会代表选票记录
行业期刊和节目	商业公司档案	法庭判决
技术期刊和会议	立场文件	管理决定
学术期刊和会议	广告	媒体
年度财报	调查	家庭通讯
报纸	参议院 & 众议院报告	网络(网页)
电视 & 广播纪录片 & 新闻报道	资讯信息渠道 新闻稿	**有组织的劳工**
公司杂志	咨询	采访
员工通讯	游说记录	印刷 & 电子媒体
新闻稿和新闻发布会	演说	行业杂志
热线	大小会议报告	通讯
专利申请	民族媒体	网络(网页、新闻组)
销售报告	谈话秀(电视 & 广播)	演讲

演讲	网络(新闻组、网页)	通信
宣传册	法庭案件	
广告		
通信		
国际数据库		
公众	**政府**	**意见领袖**
调查 & 民意报告	国情咨文	采访
致编辑的信件	内阁报告	期刊文章
通信	年度报告	智囊报告
调查报告	演讲	调查
小组讨论	新闻稿 & 记者发布会	政府委员会摘要
测评 & 审计报告	背景材料	通信
消费者 & 客户服务报告	简介资料	致编辑的信件
公众咨询报告	采访	印刷和电子媒体
市民查询记录	出版物	业务公司档案
投诉记录	员工调查报告	演讲
发言人官方报道	行政议程	协会会议
法庭案件	战略策划	谈话秀
印刷 & 电子媒介	要求查阅的资料	网络(网页、新闻组)
网络(新闻组、网页)	网络(网页)	

源自 Ferguson(1994,pp.34—35)

外部环境中的一些因素既有利又有弊,然而一些策划者对于观点、态度及行为环境的利弊却无法做出区分。

长期战略策划的内容往往结论可靠,而且覆盖面广。因为公司层面的传播策划回应许多业务部门的相关问题,策划者无法征询到每一份调查或媒体分析结果,因此策划内容中不可能注明具体出处。恰到好处的表述如:"据民意调查显示,大多数美国人支持政府积极控制开销赤字"和"某公司信函表明许多股东支持兼并"。或者,表述格式可以省略掉信息出处:"大多数美国人支持政府积极控制开销赤字",或者"某公司许多股东支持兼并"。

有关外部环境的表述应当反映事实——环境是客观的,而往往不像组织所期望的那样(Ferguson,1994)。策划者的工作可能非常富有策略。尽管漂亮的话语能够鼓舞人心,然而有意忽视问题或者"掩饰"潜在困难会造成组织日后被动回应的局面。富有策略的组织允许甚至鼓励对负面信息进行讨论,并将这类行为列入员工评估和奖励系统,向揭露"潜在危险、负面作用或产品缺陷"的揭发者、员工和经理发放奖励(Mitroff & Pearson,1993,p.123)。亨利·凯撒(Henry Kaiser)曾经说:"我常常将问题视作穿戴工作服的机会"(引自Fink,1986)。策划者的工作是将消极因素转化为积极因素(Morgan,1992),同时也不能忽略积极因素。过多注重消极因素反而会适得其反,尤其是在负面言论多于正面言论的情况下。

外部环境与公司目标息息相关,公司策划者负责分析环境因素,预测经济、技术、社会、文化、政治或法律因素如何影响组织,并预测公众意见怎样影响组织目标实现。

内部环境

这部分策划内容概述了内部环境的有利因素和不利因素,这些因素经由传播组织调查得出,其中大量信息与员工看法相关。例如,调查或采访可能显示员工对于公司重组、办公室搬迁或其他临时变动需要了解更多信息;一个新的电子公告栏可能有助于部门领导确定公司未来发展方向;部门网上"咖啡馆"可能有助于陶冶员工情操;员工们感到组织对个人行为具有巨大的潜在影响。因此,这部分策划内容包括组织内部可能对员工造成的积极或消极影响。

机遇期

有时候组织希望传播一些不会引发问题的信息。例如,政府和政治家宣传关于人民健康、教育和就业需求等方面的信息。许多研究组织不断通过教育项目告知公众自己的研究成果,而除了测验程序或动物实验的问题之外,它们其实根本没有其他问题。下面这个例子说明了这一点,大约在十年前加拿大全国科学研究委员会传播团队每个月都要研究分析简报,他们和大多数政府部门一样并不统计正面新闻和负面新闻的数量。当被问及为什么这样设计绩效指标时,一位发言人解释说他们的新闻报道几乎都是正面的,他们的目标是传播一致信息。作为全国科学研究委员会的一名顾问,他必须调整传播策划以适应不同组织的需求。公益组织多采用同一模式,服务性组织几乎没有"热点问题",除非出现危机情况,比如加拿大红十字协会危机事件(红十字协会明知向病人输入未经检验的血液有可能使病人感染艾滋病病毒,但仍然不明智地决定继续做下去,这一事件让加拿大红十字协会在公众心目中信誉扫地)。然而,不论是否出现危机情况,服务性组织需要不断借助传播方式执行任务。在许多情况下,组织希望公布"正面消息"——慈善活动、支持社区活动、产品研究及成果、内部专家及成果。为了确保资源最优配置,组织在每年或多年一次的策划中都会清晰表述信息需求。

传播目标

通常传播的目标就是"传播"(Broom & Dozier,1990),完成传播任务就是传播的目的(Pavlik,1987)。多年来传播活动的反复循环意味着第二年的传播预算"是对第一年预算的加量调整……这已成惯例"(Dozier & Ehling,1992,p.161)。传播目标不应当仍旧反映上一年度的工作重点,也不应当凭借传播策划者的主观臆断,传播目标直接源自于公司或业务目标、政策问题、外部环境和内部环境。当传播目标与策划中其他部分联系在一起时，可以通过组织讨论，按照相关公司目标的排列顺序依次表述。因此，源于"公司目标 1"的传播目标会排在源于"公司目标 2"或"公司目标 3"的传播目标之前，这个原则同样适用于表述业务策划中的传播目标。

传播目标反映以下目的：

- 改变或加强公众的认知水平。（认同影响）
- 改变或加强公众对事物的看法。（态度影响）
- 改变或加强公众行为。（行为影响）

换言之，传播者致力于告知、劝服或者激励行动。传播目标必须清晰地体现这些传播功能。类似"减少……的不公平待遇"或"建立……的新机制"是公司或业务/职能目标，而不是传播目标。例如，以下传播目标是根据美国卫生及公共服务部的总体目标拟定的："提倡人民采取积极健康的生活方式"，"发布重点研究基金项目公告"。

在制定传播目标的过程中要注意以下几点。第一，公司策划的传播目标应做到涉及面广；第二，公司策划的传播目标应表述组织要求的所有传播活动（包括公关、广告及营销传播等）；第三，公司策划的传播目标应反映组织内业务/职能部门的工作趋向，但不应带有任何主观色彩。因此，诸如"劝导市场营销部门与公关部门加强合作"，或"劝导研究和发展部门与广告部门加强合作"的表述方式是不恰当的。公司传播策划内容与每一个业务部门的运行都密切相关，因此，公司传播策划内容的表述方式必须做到客观、中立。如果部门间信息的传播量不足，传播策划者可以提出以下要求："鼓励市场营销部门与公关部门加强交流"，或者"鼓励销售部门与市场营销部门加强交流"。而且，策划者制定策划时应从公司整体利益出发，而不是仅限于传播组织的利益，公司业务部门或职能部门进行传播策划时都应着眼于公司的整体利益。

第四,部分传播目标针对组织内部成员(管理者或员工)的需求,部分传播目标针对组织外部公众(消费者或客户)的需求。例如,一家大型银行为满足员工的需求而制定传播目标"向员工介绍改革可能带来的变化",为满足外部公众的需求而制定传播目标"鼓励老年人投资退休储蓄计划"。

第五,策划者应当限制传播目标的数量。如果策划目标数量过多就不可能一一实现,任何一个组织的议程安排都不应当过量。在大多数情况下,减少预算有利于控制传播目标的数量和范围。

第六,一个组织处理问题的方式可以是务虚性的,也可以是务实性的(如通过政策的方式,或者通过法律途径)。有时传播目标仅仅是修饰性的,因为传播者并不负责制定政策措施。因此,传播团队可能在某些问题上采取沉默态度。在策划中表述问题并不意味着必须将组织的观点传递给外部公众。对于一触即发的问题,公关部门建议组织采取低调态度,对于这类信息的传播越少越好(特别是令人质疑的问题,如堕胎罚金或用来研究癌症的动物实验)。此外,组织内部可能并不存在公众谈论的问题(参见第十二章)。如果组织内部不存在该问题,却对此发表看法是非常不明智的。例如,公众可能责备联邦假释委员会释放被告的行为为被告犯下谋杀罪提供了机会。事实上责任方可能是相关立法部门或者司法部门。但是,联邦假释委员会不希望在公众面前进行澄清,在这种情况下,发言人可能会选择保持沉默。

最后,组织需要向外部公众展示自身实力(如著名专家、产品荣誉)。有时策划者在传播目标中阐明组织使命或任务。当传播目标关系到组织形象时,策划者应当警惕以下表述方式,例如"公司关注环境问题"。这一表述暗示了组织并没有采取任何环保措施,只是环保态度认真而已。也有一些人认为如果组织做好该做的每一件事,良好形象自然就会树立起来——不论组织在这方面是否具有清晰的传播目标。

主题和信息

主题具有概括性、简略性和重现性，主题往往蕴含多种相关信息。组织利用主题反映特定时间内所关注的事情，比如"减少赤字""与毒品犯罪作斗争"这样一些政府主题以及"量身定制""物美价廉"这样一些商业主题。与主题不同，信息是一些在范围上受到限制的具体陈述，它常常只包含一个主要观点。组织向公司内外传递信息，任何信息都会因主题的不同而发生相应的变化。一个组织所具有的信息量要比主题量多，这部分战略或业务传播策划应力求语言简洁，所表述主题和信息适用于公司内所有传播产品。公司信息最终出现在记者发布会、公司领导讲话、会议报告、宣传册、媒体采访以及 PPT 展示等形式中。这些信息与传播目标息息相关，用以满足公司内部环境和外部环境的信息需求。

战略传播策划中有关信息的正式说明也可以作为制定支持策划时的参考资料。然而，战略传播策划中的信息覆盖面相对于支持策划（营销传播、广告活动、宣传活动等）而言更为广泛。例如，合理的公司传播策划可以表述为"政府倡导行业更多采取环保措施"。在支持策划中，同样的信息可以表述为"政府已通过 209 法案规定化学行业必须严格执行排污标准"。信息应该按照相应传播目标的顺序依次表述。总之，业务策划包含的信息比公司策划中的信息更具体，支持策划中的信息又比业务策划中的信息更具体。

传播优先项（Communication Priorities）

通常由传播团队中的高层管理人员负责公司策划，由中级管理人员负责业务/职能策划及支持策划，这一等级分工涉及传播策划的具体程度。换句话说，传播高级管理者掌握传播的决策权，但不参与具体活动设计。因此，如果传播策划的重点由高级管理者及其助手拟定，其范围将会随之扩大。例如，策划团队可能会建议将次年工作重点放在与员工、社群、合作伙伴进行开放式交流,加强与股东合作,发展互联网络,发布近期研究成果通告等方面。但是,高层策划者却不负责策划具体的传播活动,中层管理者和策划者职位较低,负责将传播优先项落实为具体操作,制定出适用于随后策划阶段的更为具体的方案(操作、工作和支持策划)。

传播优先项的确定必须参照前期策划,必须同时关切内部受众和外部受众的需求。与内部环境相关的传播优先项对于组织运行的方方面面都会产生影响。表述传播优先项的顺序应与相应传播目标的排列顺序保持一致。因此在制定策划时,与公司目标1相关联的传播优先项应放在与公司目标2相关联的传播优先项之前,依次类推,有助于策划者整体把握一项策划中不同部分之间的联系。拟定传播优先项有助于为后面的操作策划奠定基础。

战略思考

"战略思考"(strategic considerations)指传播活动事先的参考路径。这部分策划内容可能是推测性的,它将一些价值元素附加到那些通过研究和分析而获得的客观内容上。例如,策划者可以发表如下见解:

- 传播活动需要注意的地方
- 活动所期望的可见度(visibility)水平
- 指向的目标受众
- 组织在公众心目中所要树立的形象
- 其他活动附带的机会
- 希望获得公众支持的一般含义

协商、合作以及谈判要求

这里强调"合作"意味着当事人在策划过程中需要与他人进行协商,战略传播策划,包括公司或业务/职能策划的撰写必须与公司内部或外部的利益相关者进行协商。因此这部分策划内容要求个人、团队之间密切配合、积极协作,明确提出具体要求。策划者会提出:"哪些人是与此相关的人?……他们之间具有怎样的联系?"(Benveniste,1989,p.162)这类策划既可以是非常具体的,例如具体指定负责协商事务的个人或主管,也可以是比较模糊的,例如大致委派公司或业务/职能部门负责。政府传播者通常将其他部门看作内部利益的相关者,而把公众、利益团体等看作外部利益的相关者。在一个组织中,协商部门可以由多个业务/职能部门或传播团队(广告、促销、营销传播)组成。除了将协商的要求具体化以外,策划中还可以建议合作者参与传播活动,因为合作有助于确保策划的实现。谈判也是很重要的,因为许多公共争论需要调解。第十三章对于协商和谈判的细节进行了讨论。

绩效指标

从1993年开始,《全国绩效评论》对政府机构和那些一流组织的策划过程和策划行为进行考核,考核结果发现,所有组织都建立了测评员工绩效行为的制度,并实行薪酬激励机制。尽管组织等级不同、行为标准不同,但是所有组织都依据是否达到组织目标来测评绩效(National Performance Review,1997,p.5)。雷丁和卡特兰奈尔(Redding and Catalanello,1994)认为,那些积极上进的组织总是保持一种"雄心勃勃,不断为短期目标而战"的状态(p.71)。尽管它们拥有长远目标,但是,在实现了一个短期目标之后,它们总是又开始朝下一个短期目标冲刺。它们尽量在每年或多年一次的策划文件中罗列出一系列的行动指南,并在策划期间对其进行定期评估。近期(1998和1999年),由国际品质和生产力中心、国际传播管理中心以及国际研究所等机构赞助的一些会议讨论了在传播策划活动中建立绩效指标的必要性。

对于多年度或年度传播策划,绩效指标中应涵盖支出(组织在既定财年内实现传播目标所支出的费用)。如果传播目标定为"提

高公众认知,提升公众兴趣,参与环境运动",那么用于评定效果的绩效指标可表述为:

- 公众知识水平
- 新增向组织提供资金支持的人数
- 自愿参与活动的人数

最理想的是,传播组织应该知悉实践的结果以衡量组织目标实现的程度,这些实践包括:个体传播活动(宣传活动、营销传播活动、广告活动)、问题管理、搭建关系以及告知、劝导、鼓励大众参与传播活动。所有这些指标应该能够使传播或策划团队成功地对主要目标的实现程度进行测评。如果不能列出确切的数据,那么结论就可能是主观性的,可信度也会比较低。

预期的资金来源

战略策划为资源配置提供了依据,一些人认为"策划引导预算"(National Performance Review,1997,p.3)。策划中的预算是整个组织财政计划的重心。有些情况下,传播团队直接由业务(职能)部门的客户资助,另一些情况,传播经理利用战略策划争取预算资金。本章附录提供了一份战略传播策划的样本。

结 论

组织的战略策划是纲领性文件,它以前瞻性的眼光在众多方面为组织机构指明了战略方向,它并不像后面阶段的策划那样使用非常具体的表述。尽管一些公司也许认为那些有关战略方向的信息应该予以保密,但是大多数公司还是乐于在支持策划中分享相关的具体信息。对传播策划者而言,如何严守公司以及业务策划秘密是一个占有特殊地位的问题。但是,如果传播者不知道组织的目标是什么或组织正在做什么,那么他们又怎么才能积极做出内容连贯的策划呢?显然,那种碎片式、随机反射式的传播策划活动效果不佳。富有活力的组织必然具有一套综合的、系统的策划机制。

附 录

以下策划案由谢瑞·弗格森和吉内特·劳瑞奥特(Ginette Lauriault)共同完成。本策划案中提到的政府部门都是虚构的,字母 A、B、C、D 分别代表不同策划项目与不同组织目标之间的对应关系,字母 I 代表内部环境,内部环境对组织目标的实现具有影响作用。字母 G 代表外部环境,外部环境对组织目标的实现同样具有影响作用,如"对公共舆论的研究和分析"。

美国药监局传播策划案(USDA)

背景陈述

这部分内容建立了传播策划的背景。例如,策划者可能会提出推进改革、更新措施、总结人口影响趋势等。

USDA 刚进行的一项重要调查显示,管理部门迫切地致力于解决组织机构面临的主要问题,因为在过去一年中,组织外部利益相关者的反应越来越强烈。

公司或业务/职能目标

公司目标或业务/职能目标为传播战略策划提供参考资料。在这个例子中,USDA 应做出以下任务陈述和职能目标陈述。

USDA 的职责是维护美国人民的健康和生命安全,确保为人民提供安全、有效、高品质的药物以及正确的使用方法。以下是相关职能目标:

A. 评估药物的安全、效用并管理风险。
B. 提供药物的正确使用方法,保障人民的健康和生命安全。
C. 促进与相关行业、学者和专业组织的合作。
D. 执行国际药物监督管理条例,树立合作型、生产型的国际形象。

政策问题

USDA 的新近政策关注以下问题:

A. 向美国人民提供安全有效的药物。

A. 及时向美国人民提供新药物产品。

A. 在美国实行安全有效的监管措施。

A. 政府应该撤销对低风险药物的管制。

B. 政府就如何安全有效地使用药物向公众提供足够的信息。

C. USDA 向客户和合作者提供有用的信息。

D. 美国应当使本国制度与其他工业化国家的制度相协调。

D. 美国应当加强本国与他国监管项目之间的联系。

外部环境

外部环境指组织外部利益相关者的意见和行为,该意见可能涉及政策问题和组织行为。

积极因素

A. 一项新近调查发现,专家认为美国药物监管系统是世界上最彻底、最广泛的保护措施之一。

A. 公众认为在通常情况下政府有责任保护人民不受风险侵害。

B. 1998 年的一项调查显示,知道 USDA 的美国人将其视为一个有用且可靠的信息来源。

B. 公众越来越接受政府的立场,认为除了完全依赖政府以外可能存在更好的办法实现社会目标。

C. 从财政方面看,行业认识到了 USDA 的工作价值。

D. 通常国外参观团要求呈现范围广泛的主题。

消极因素

A. 政府必须考虑策划的经济费用并分配相关预算资金,但是人们甚至都不愿接受低危害风险。

A. 公众认为政府过多地妨碍了监管和审查,谴责其处理问题时出现的失误。

A. 消费者和患者协会、大量学术和专业社群以及一些行业组织谴责政府拖延新品上市时间。

B. 尽管越来越多的人认为政府并不是用来实现社会目标的最有效用和效率的机构,但是美国人民仍然希望政府能够为自己提供更优质的服务、更多的保护,并对这些服务的性质、方式发表意见。

B. 布鲁纳报告发现消费者并不总是能理解面向公众发布的支出明细。

C. 一些专业团体抱怨报告发布太晚以致失去了价值,或目标受众错误,另外一些人表示收到了大量相同信息的复制品。

D. 较多了解科学知识的利益相关者希望政府更好地利用国外的研究成果。

内部环境

内部环境指内部利益相关者的意见和行为。他们需要哪些信息?他们怎样看待组织的传播行为?内部环境具有哪些积极因素和消极因素?内部环境对组织实现公司和业务目标具有较强影响。

积极因素

I. 员工发现由上级组织资助的每两年一次的信息报告会很有用处,希望借此能与管理者进行更多交流。

I. 员工乐于接受人际传播和文化传播培训。

消极因素

I. 员工抱怨信息提供量和反馈量不足,受主观因素影响,只有部分选择性信息处于传播状态,并且由于信息传播缺乏开放性和时效性,导致虚假信息泛滥。

I. 一项最新评论建议,USDA 应该建立更加有效的内部传播机制,向员工传达政策和实践中的变化。

I. 以上评论确认,增加全体员工面对面的交流会议对 USDA 程序改革提供了机会。

I. 员工要求在圆满完成一般或专项任务时应得到同事和领导的更多认可。

机遇期

组织希望传播积极的信息、行动和研究成果,为内部和外部利益相关者提供帮助。

外部客户

A. USDA 已经开始创造机会宣传自我,与学术界、专家及公众共同行动。

B. USDA 通常与其他政府部门、行业和专家建立合作关系。

C. USDA 正在汇编所有出版物的目录,便于查明重复领域。

D. 美国参与了大量有关药物监管与检测的国际会议。

内部客户

I. USDA 开展"感恩""员工认同"等活动。

I. 建立电子意见箱收集员工意见。

I. 指任委员会举办"畅谈活动",促进双向交流。

I. 更新电子邮件系统,增进员工之间的交流。

I. 开展其他创新活动,如焦点小组、调查员工需求等。

I. 定期更新员工电子通讯录,便于员工联系。

I. 在公司服务部门建立试点项目,为部门信息反馈系统收集建议。

传播目标

以下传播目标直接关系到内部和外部环境发展及组织对其做出的相关行动。

外部受众

A. 加深理解 USDA 怎样发挥安全监管功能。

A. 更多意识到准确的监管决策建立在科学合理的依据之上。

A. 在发展与采纳有效评估和监管实践中宣传美国的带头作用。

A. 帮助公众理解科学先进性、市场全球化及低风险监管办法变化三者之间的关系。

B. 提高美国人民的安全意识。

B. 鼓励美国人民在健康、安全受到危害时与政府共同承担责任。

C,D. 鼓励与公众或一些地区性、国家性、国际性的从事研究、评估和控制的私营组织建立合作关系。

D. 将美国合作的意愿和范围与其他国家进行交流——同时在传输信息和接收信息方面。

内部受众

I. 及时促进与利益相关者的双向交流。

I. 帮助建设 USDA 成员认同和满意的环境。

I. 加深认识改革益处和员工作用。

信息

简单地说,这部分内容表达了管理者希望传达给目标受众的信息。在新的一年,这些信息应当以不同形式宣传 USDA 的所有产品——内部记录、新闻发布会、部长及行政领导讲话、宣传手册及其他出版物。

　　向外部受众传播的信息

　　A. 风险是存在的,没有任何产品具有百分之百的安全性。

　　A. 美国在安保措施方面处于世界公认的领先地位。

　　A. USDA一直在努力完善评估监管系统。

　　B. 保护措施应由政府和个人共同完成。

　　B. 信息是做出正确决策的关键。

　　C, D. 学会在组织之间分享信息。

　　C, D. 合作是成功的关键。

　　D. USDA期待与世界各国同行一道工作。

　　向内部受众传播的信息

　　I. USDA注重及时、开放的人际传播。

　　I. 员工是最宝贵的资源。

　　I. 允许员工就相关改革措施提问。

传播优先项

　　传播优先项指策划前面部分强调的内容,如加强员工交流、进行研究和分析、增加组织透明度、开展信息活动、召开会议等。

　　A. 增加USDA透明度的传播活动。

　　B. 安全有效使用药物的广告活动。

　　C. 向那些认为系统低效运行的客户(如消费者和患者协会、学术和专业团体、制药行业成员)说明USDA正在实行改革。

　　D. 增进国际交流——在传输信息和接收信息两方面——有助于在产品测评时占据领先地位。

　　I. 组织传播的首要工作是提高员工的道德水平,因为员工的道德水平会影响组织传播行为。

　　G. 研究和分析外部环境,判断外部环境的意见、态度和行为水平。

战略思考

　　对内部和外部环境的表述建立在调查数据的基础之上。与之不同,这部分内容涉及具体实施中需要注意和调整的地方,具有预测和判断价值。

　　A. 任何用来反映系统变化的大众传播策略都应该保证即将发生的变化不会影响审查程序安全实施。

B. 现在,许多政府部门领导强调人民有权提出问题和解决问题;因此,公众应当在更深层次上认识到 USDA 在鼓励人民共担责任和采取个人行动。

B. 应当以通俗易懂的方式加强与公众交流,使公众能够在日常生活中利用相关信息。

C. USDA 受到行业普遍支持,要想保持这一现状,就需要坚持及时宣传的原则。

C,D. 开展附加活动。例如,高级领导会议、制造商年会和由私人公司、非营利性团体、专业协会、地区或市政机构共同举办的会议等。

C,D. 努力开发现有合作关系,USDA 应当向感兴趣的行业或专业领域注资。

I. 以多种传播渠道向 USDA 所有管理人员和普通员工宣传有关政策、行动、体制方面发生的变化。

I. 任何传播策略都应当建立在整个 USDA 组织内部承诺一致的基础上。

I. 为改变组织文化,USDA 应该鼓励开展相关活动以使员工在正式场合和非正式场合交流信息,如社交场合。

I. 传播应当成为 USDA 员工大会的一项议程。

I. 注重同时向所有员工发布信息,以防虚假信息传播。确定 USDA 内所有传播活动的具体日期。

I. 如果 USDA 员工知道组织在认真实行改革,则会减弱因组织变化所带来的消极情绪;因此,传播工作的重点应该放在宣传改革措施方面。

协商、合作以及谈判要求

这部分内容简要提出了与利益相关者进行协商的要求,表明双方可以建立合作关系和良好的谈判情境。

G. 应该与工会、药物协会、国际药物标准委员会等组织就明年的传播活动策划内容进行协商。

G. 活动的潜在合作者包括国家老年人组织和卫生部生活方式处。

G. USDA 应该考虑与敦促政府降低新品药物安全系数的研究小组进行谈判,如癌症研究小组和艾滋病研究小组。

绩效指标

绩效指标通过设立一定标准来衡量传播效果。USDA 通过检测是否达到以下指标来衡量成功与否:

A. 公众对 USDA 指令和活动的理解程度。

A. 普遍意识到决策建立在科学依据之上。

A. 在遇到一些低风险问题时,越来越多的人依赖于政府判断。

B. 公众了解安全使用药物的方法。

B,C,D. 传播产品、传播服务具有有效性和专业性,得到客户、合作伙伴和普通公众的认可。

C,D. 与不同群体间的合作增多。

I. 员工具有参与感和尊重感。

I. 加深员工对改革进程的理解程度。

*这部分策划也可以进一步将多数质化指标转化为具有可操作性的量化指标。

4
撰写多年度或年度操作及工作策划

53　　操作策划确定一个组织通过何种路径来实现其战略目标。战略策划展现策划内容"是什么",而操作策划展现"如何实现这些内容";战略策划确定组织目标——它想要达到的最终目的,操作策划则展现达到这个目标的运作模式、路径以及其中的障碍。也就是说,战略策划决定组织目标,操作策划制定如何成功实现这些目标的细则:组织将如何把它的战略策划付诸实践?组织将如何分配其财力资源和人力资源?此外,操作策划还将为具体的工作策划指明方向。

操作传播策划

战略策划具有前瞻性,而操作策划则具有回顾性,也就是说,操作策划为了确保目标的准确性而对战略策划进行回顾。操作策划的具体内容包括:

- 将战略策划中的传播优先项作为起点。
- 对这些优先项进行回顾和排序。

- 指出传播优先项和战略传播目标之间的联系。
- 确定（组织内外的）主要客户群，并锁定他们的相关信息。
- 确定传播团队的补充性活动和服务，传播团队不必执行这些项目，但它们会有利于传播目标的实现。
- 确定资源配置，以支持传播活动和服务。

传播优先项

在战略策划中确定的传播优先项是多年度和年度操作策划的起点。"传播优先项"是指在传播活动中所强调的那部分内容，传播优先项可以是广告活动、社会化营销、出版发行、特殊事件、会议、磋商、视听活动、展览会、媒体联谊活动、调研以及促进员工交流的活动等。应注意到几乎所有的项目都暗含着一系列活动，而年度操作策划不能把这一系列活动分割成相互独立的各个活动，分割行为只能发生在工作策划阶段。

为了撰写策划中的这部分内容，传播策划人员要在战略传播策划中明确提及各个传播优先项，并且操作传播策划的所有后续部分均围绕这些优先项展开。

传播优先项的排序

操作策划要表明每个传播倡议的重点是什么，换言之就是策划人员要对传播优先项进行排序，同时，在战略策划初期设计的优先项的任何变化都会影响到这一排序。一个组织也许会身处险境，也许会面临人力、物力的短缺，也许会在制定、修订其战略策划和撰写后续性操作策划期间面临重新定位产品和服务等诸多问题，这些问题都会影响到传播优先项的排序，并且在多年度战略策划和操作策划中，优先项变动的可能性会更大。例如，组织极有可能把战略策划中的某个优先项的资金转给一项意外的风险管理活动，一些政府部门认为缺乏对外部环境的预见性使得战略策划的制定更为困难。例如，一个野生动植物部门在厄尔尼诺期间会遭遇更多的危机；美国和伊拉克爆发了一场突如其来的战争，美国空军或许会放弃原本在战略策划中安排好的战役，从而有资金针对美伊冲突进行说服新兵服役的传播活动。这些外部环境的变化和组织重新定位一样需要转变优先项（例如缩小规模）。换言之，意料之外的花销或组织定位的转变意味着操作策划人员不得不放弃一些原有的优先项（那些源于战略策划阶段的优先项）。一些组织甚至会在大规模重组和重建时期中断战略策划方案的实施。

如果一个组织在制定操作策划时对优先项进行了排序，那么这些优先项的确定将是在理性的、没有压力的环境中产生的。如果操作策划人员发现他们必须放弃一些战略行动，那么他们应该在操作策划中指出变动的原因。预算决定操作策划，一个充满力量的战略目标需要投入资金，因此组织资金的增加或减少会影响传播团队实现其目标的能力。策划人员在操作方案中应体现出组织资金投入的实际情况。

高层管理者在创建问题的优先项时通常扮演着重要角色。一份针对1992年《财富》杂志500强公司的调查发现，在涉及公司问题的优先项时，五分之二的公司肯定了管理者的设定（Ferguson，1994）。在政府中，这些管理者位居官僚体系和政治结构中的最高层，他们在战略策划阶段参与问题优先项的设定。在中层部门中那些从事操作策划的人员会参照高层管理者制定的优先项目策划书，从而确保传播优先项与实际传播行为（这种传播行为包括问题管理活动）相一致。

操作策划与战略策划的关系

操作策划中的这部分内容明确地展现了战略策划阶段设定的传播目标。如上所述，战略策划和操作策划由不同的人来制定，即高层管理者制定战略策划，而中层管理者制定操作策划。高层管理者决定战略方向和组织的优先项，中层管理者将这些概念具体化。在操作策划中重申传播目标的必要性在于确保操作策划人员参考早期战略策划的成果。

主要客户群

"主要客户群"(key client groups)指组织内外的利益相关者，包括传播产品和服务的主要对象。客户囊括雇员、管理人员、顾客或者社团(Kaufman,1992)，他们可能是利益集团、公司特殊部门或某分支、股东、高层管理者、普通公众或其他。"客户群"一词平等地适用于公共、个人和志愿部门。

补充性活动和服务

当策划特别事件、广告、营销传播或者问题管理等活动时，组织的活动和服务会层出不穷。一个策划禁烟运动的社区健康组织可能发现国家健康医疗组织已经就同样的主题率先出版了一些小册子。如果对国家健康医疗组织已经发行的这些材料进行利用，就能减少社区禁烟运动的花销。美国卫生及公共服务部在策划一场艾滋病信息宣传活动时，则可以通过社区的帮助来确定社员教育资料。既然官僚体系中的政治团体持续地关注报纸、电视、广播电台，那么这些政治团体中负责制定问题管理方案的传播者就可以从这些媒体的报道中获得额外的信息。在面临某些争议性问题时，不同部门或组织几乎都会从相同角度去关注，例如司法部、首席检察官办公室和消费者协会可能都会对抽奖诈骗行为进行监管，尽管这三个部门的研究并非全部适用于彼此，但是研究的某些方面却息息相关。也就是说，策划人员应在组织内外寻找各种有利于他们工作的活动和服务。财政紧缩、避免裁员、限制预算等问题可以证明列举出同行业其他组织或组织内各部门中现存的互补性资源既是必要的，也是合理的。

资金来源

在执行每项重要的传播活动或系列活动时，传播者必须确定在这一执行过程中所需要的资金。策划人员把战略策划中首先确定的全部预算资金分为若干部分,资金的分配能反映出每项传播活动和系列活动的优先位置。表4.1是一个操作策划的例子。

表4.1 美国药监局操作传播策划

传播优先项	优先等级	战略目标	主要客户群	补充性活动或服务	预算/年限
安全用药的广告	一级	提高用药安全意识	一般大众,老年人和老兵协会,青年群体,行业伙伴及医生	美国老年人协会,联邦和州级机构出版的药品安全介绍书	X $
雇员交流的倡议	一级	为雇员营造一个具有认同感的环境,使雇员在这个环境中能感觉到自身的价值	所有员工,中层和高层管理者	人力资源部举办的"员工日",为增进管理者了解员工需求而开展的讨论会	X $
研究和分析顾客的意识和观点	二级	战略策划的所有目标	卫生部相关决策层,高层管理者	卫生部相关决策层和毒瘾研究机构的调研及分析,人力资源部的调查	X $
增加美国药监局信息透明度的传播活动	二级	让公众更好地理解药监局的角色和行为	普通公众,州、全国和联邦层级的合作者,高级组织	发言人办公室,媒体见面会,特殊事件,展览会上的陈列	X $
有关风险管理的国际会议	三级	分享各自关于风险管理的最佳方式,并确定彼此可接受的风险等级	行业、专业群体、学界的合作者和客户,其他政府机构,国际药品监管机构	学术研究发现(已经出版的和未出版的)	X $
战略传播策划中传播优先项的变动:					
变动原因:					

注:这一策划案由Stewart Ferguson制定,纯属虚构。

传播工作策划

工作策划源于操作策划,每年的工作策划是策划中最明确、最具体的策划。工作策划细述了组织完成其操作策划时所要采取的行动,主要包括:

- 把传播优先项转化成拟交付的产品和服务。
- 明确责任——谁将交付产品?交付哪些产品?
- 设定日程(milestones)——传播者完成每项重要任务的日期。
- 列出具体的绩效指标作为评估工作的基础。
- 确定测试组织是否实现目标的评估方法。

优先项目及活动

与多年度或年度操作策划一样,工作策划把战略传播中确定的优先项目作为起点,这样可以确保整个策划案(从战略策划到操作策划,再到工作策划)的连贯性。

拟交付的产品或服务

一个主要的传播动议可衍生出许多潜在产品和服务。例如,一场新型电动车的宣传活动包括以下潜在产品和服务:宣传新款电动车的小册子、告知公众新款电动车上市时间的新闻发布会、休闲杂志的专题文章、电动车公司执行官的演讲以及能够确定新产品最佳上市时间的焦点小组等。

交付产品和服务的责任人

工作策划要制定"一个在监管者和负责人之间的、可评估的协议"(Privy Council Office,1989)。在任何公司或政府组织中,都有特定的人负责特定产品或服务的交付工作和审查工作,工作策划中的这部分内容就是要明确指定这些人。

日程

日程具体规定了完成一个项目的不同阶段的最后期限。传播活动的典型日程包括:(1)招标日期、接收标书日期和评估标书日期(如果组织把工作交付给其他厂商来做);(2)一个设计项目的完成日期;(3)研究的完成日期和数据的收集日期;(4)交付产品或服务的日期;(5)获得产品许可证的日期;(6)产品公布的有效日期;(7)产品发行的有效日期。虽然传播者在整个过程中会做出一些改变,但是他们会制定一份完成各项工作或活动的原始时间表。当对产品发行日期有一定的要求时,策划人员通常会逆向工作,即他们的策划始于最后一步(发行),有时候几项日程之间的时间相隔甚短。

绩效指标

美国足球教练文斯·伦巴蒂有一次挖苦一名球员:"如果不能得分,那你只能退场"(引自 National Performance Review,1997,p.25)。评估结果将为稍后的战略调整和变化提供一个合理的依据。一份针对13个国家的公关实践者的调查证实,组织评估传播工作的意识在逐渐增强(Synnott & McKie,1997)。绩效指标会告诉组织,它是何时达到目标的(Walker,1994)。一个传播目标有可能是旨在引发关注,如"告知公众一种通过电话处理银行账户的新方式"。在这种情况下,绩效指标指在第一个月的运作中使用这项服务的人数,以及这项服务受咨询的次数。另一个传播目标可能是"告知潜在的国籍申办者获得国籍的要求和程序",绩效指标指向给国籍办理处打电话说明申办需求的人数,办公人员对申请形式完整且正确回复的次数,申请者在集齐所需的文件前往国籍办理处跑腿的次数,以及申请者和国籍办理处办公人员谈话时所表现出来的需求意识等。此外,传播目标还可以是改变态度或者强化态度。如果一家公交公司针对它的服务开展一项公众态度调查活动,绩效指标就是投诉公交车司机的次数,向管理办公室表示对其服务满意的次数,以及使用者的数量。在某些情况下,传播目标旨在改变或强化行为。如果一家电话公司致力于"提倡人们爱护公共电话亭设施",绩效指标就是在这项活动开展后,每个月更换公共电话亭设施的花销,对坏掉的设施投诉的次数,以及在修理设施上花掉的时间等(Ferguson,1998b)。

测量工具和测量方法

这部分内容并非旨在对测量传播效果的工具和方法进行概述,而是仅仅讨论评估传播产品和服务最为普遍的路径(更详细的讨论参见 Ferguson,1998a)。

成果

审计旨在测量成果。例如,公关审计是为了寻求"描述、测量和评估一个组织的公关活动,从而为以后的公关项目提供指导方针"(Simon,1986,p.150)。通过访问和对外部传播内容进行分析,研究团队确定最为重要的受众。然后,研究者问这些受众对本组织的看法(他们的意见、态度和感受)。该团队还将考察这些受众对该组织的了解程度(他们是否能识别出公司的商标和产品,了解其宗旨,知道其总裁的名字)。一项公关审计会根据以上内容来对比组织内外不同受众组间的观点和见解,并通常采用排名表的形式加以体现。根据所了解的内容,组织能够促进它们与公众的交流。哈恩(Hon,1997,1998)也认为有必要评估公关活动的成果。另外,还有其他种类的传播审计(如国际传播审计),它们主要用于测试意见、态度和雇员的行为。

产出

组织可利用定量分析和定性分析的方法来评估它们的传播产出。计数是定量分析中最为普遍的方法。评估者统计组织发布的新闻稿、演讲稿、预备展览数、公益广告数和已有的视听艺术作品数量,并估测它们所占版面的大小、概念出现的频率及广告时间长度。这种方法并非为了统计读者、听众、电视观众或受传播活动影响的人数,而是以"使用统计"(Usage counts)来确定信息是否(以及有多少)传递给了公众。有多少新闻稿和公益广告在媒体中出现?公众接受了信息的哪部分内容?多少组织预订了发言人机构(Speakers' Bureau)中的发言人?老年人群体申请了多少次有关健康生活的视频节目?多少观众收看电视节目?多少听众沉迷于广播节目?多少人参加了会议?多少人需要或咨询了某一广告的产品或服务?评估这些问题的第一种方法是从组织的角度出发(写作了多少篇演讲稿);反之,第二种方法则是从受众的角度出发(多少人听到了演讲)。发行量和观众规模等信息对许多平面媒体和广播电视台都是有用的。例如,发行审计局(Audit Bureau of Circulation)为成员报刊提供发行数据。A. C. 尼尔森公司和阿比创(Arbitron)公司为 200 多家电视媒体的收视率做评估,阿比创公司还对地方网络收音机的使用情况进行调查(Cutlip Center, & Broom,1994)。这些公司的评估系统都是使用计量器来记录具体传播次数的,例如,哪次观众见面会刺激了观众对电视节目和频道进行选择。同样的,互联网站依靠记录访问者的数量来评估其传播范围。

为美国市场 120 强追踪信息的凯旋通讯公司(Kechum Communications)构建了宣传追踪模型,这个模型能够利用电脑对信息追踪的结果进行受众组分析(Dozier & Repper, 1992)。纽林(Newlin)公司使用了一个类似的宣传追踪系统,这个系统测量产品的宣传与广告价值(Dozier & Ehling, 1992)。其他追踪印刷物和电子媒介信息的公司有"培根(Bacon's)公关与传媒信息系统(位于芝加哥)、布莱尔斯(Burrelless')新闻剪辑服务部(位于新泽西州利文斯顿)、迪拉海耶(Delahaye)集团(位于新罕布什尔的汉普顿瀑布)、卢斯新闻剪报公司(Luce Press Clippings, Inc., 位于纽约)和公关数据系统公司(PR Data System, Inc.,位于康涅狄格的威尔顿)"(Cutlip et al.,1994,p.421)。它们提供的一种服务是在用户电视机上设置隐形监测器,当特定影像的片段一出现在电视屏幕上,该监测器就会通过信号来解码并记录,包括记录播放时间、日期、电台频率以及播放内容。计算机程序能统计在印刷媒体和互联网中出现的信息的数量。这些程序能够识别非常多的内容,如意见源于何处(来源及其位置)、信息从一种媒介被转载到另一种媒介中的变化以及变化的根源。使用者能通过被追踪的关键字、主题或字词来获得"组织名称、员工姓名、产品和服务,甚至同样的组织或竞争对手"(Cutlip et al.,1994,p.421)。

此外,与使用统计相比,对于阅读和观看内容方面的测试工作开展得更加深入。这不仅确认谁接收了信息,而且试图测量受众对播放内容的记忆程度。人们能记住广告产品吗?他们会把产品和产品生产者联系在一起吗?他们读过或看过整个信息吗?这项由丹尼尔·史丹奇(Daniel Starch)设计的评估技术把读者分为三种:能记起看过该广告的人、能记住广告商名字的人、深层记忆并坚信广告内容的人——他们对该广告的文案至少读了一半(Cutlip et al.,1994)。这些方法适用于日志记录、电话采访、调查问卷、焦点小组分析。

另外,研究者需要确定组织生产的传播产品的特性。评估传播产品特性的量化测试即为可读性测试。由弗莱什(Flesch,1948)、冈宁(Gunning,1968)和弗莱(Fry,1977)构建的测试方法能使评估者确定印刷品的可读性和被理解程度。人们为评估材料打出评估分数(弗莱什用"非常容易""较为容易""容易""通俗易懂""困难""较为困难""非常困难")和年级水平(弗莱什的水平排列是从五年级到大学毕业)。评估者通过计算单词中字母、书写符号的平均数,以及句子中单词出现频率的平均数来确定这些分数和级别。

实际上,适用于产品评估的其他方法更多偏向于质化分析。

传播者在杂志或其他产品中放置一些附页,产品使用者发现并回复这些附页上的问题,并大体发表一下他们对该产品的看法,从而达到测试目的。另一种测试手法是剧院测试,政界要人通常利用这种方法来了解公众对他们的政治演讲及计划的反应。这种测试产生于一种可控制的环境中,该环境通常是一种剧院类型的设置,人们按下手持装置上不同的键来表达他们对每部分信息内容是否喜欢,接着电子监控器会以图表的形式将结果绘制出来,这种测试同样可以用来对商业产品或公益广告进行评估。

对焦点小组的测试可以带动用户和消费者讨论他们对传播产品及服务的感受、态度。焦点小组需要回答如下问题:从传播者那里获得的服务,什么是你喜欢的,什么又是你不喜欢的?公司的新产品怎么样?在你最近读过的宣传册中,你对哪部分内容比较感兴趣?在电视上播放的广告你记住了什么?传播者呈现的有关管理委员会的最新报道形式,你觉得如何?你更喜欢哪家公司的商标?你更喜欢哪种封面?你对收到的最新媒体分析还满意吗?为什么满意或为什么不满意?以及什么地方有待改善?专家组通常利用这种技术或者这种技术的变形来评估传播产品或服务的质量,而一个由公众组成的小组对以上提到的问题也能有所反应。这种公众的评论常常发生于政治活动期间,因为这时公众需要评价候选人的政治策略及其演讲内容。另外,专家意见也可能被采用。这些专业领域的专家以个体形式发表意见,这种意见可能涉及专家对产品质量的主观评价,例如,一位资深编辑可能会被要求对某些作品发表评论。

进程和效率

很多方法都能评估传播活动的进程和效率,其中包括调查研究、采访、观察等。

影响

研究人员常常用预先测试和后续测试的方法来测量意识、知识、认可度、态度、关系和行为的影响范围或变化程度,获得这些信息的途径包括调研、焦点小组、专家小组和采访。评估人员让他们的研究对象用记日记的方式记录某段时期内的态度和行为,这种纵向的测试方法在考察态度和行为的长期变化上非常有效。

同样,广告商通常会用虚拟实验来预测某个信息对受众所产生的影响,他们把需要实验用户评估的内容投放于媒体中,媒体最终会把这些内容呈现给这些实验用户。其他实验则是测量实验用户对实验细节的回忆程度,以及测量实验用户对广告和其他传播产品的掌控能力,社会学家和广告商用流电皮肤测试(galvanic skin tests)和瞳孔计测试(pupillometers)了解人们对他人、对他人形象、对他人想法的反应。上述方法适用于测量个体或概念的相似程度。

伦理

社会审计是为了确定组织履行其社会责任的程度:"审计能为公司发起社会行动项目的情况提供反馈,例如少数民族的就业项目、环境净化项目、雇员安全项目。社会审计是公共关系研究的最新领域,同时也最具挑战性"(Wimmer & Dominick,1997,p. 335)。组织同样可以利用审计的方式来评估其道德行为,包括审计出版物中对该组织使用淫秽词语的数量,出版物中对有关该组织的陈词滥调的规避,以及出版物中对该组织的赞语。

资源

工作策划的这部分内容明确了交付每项产品和服务所需要的资源,传播者把这些资源细分到各个工作年中,包括公司员工完成一定的任务所花费的时间、组织内部供给和材料花费、对外开销、购置设备的经费等。表 4.2(见下页)是一项传播活动的工作策划案例。

结　论

在理想的状态下,操作策划和工作策划都源自于战略策划进程,并且在每个战略策划阶段必然产生出一些推论性文件,这些文件可以表明该组织将如何实施其传播优先项,以及评估该组织完成这些优先项的程度。

表 4.2 美国药监局工作策划

传播优先项	拟交付的产品或服务	交付产品或服务的人	日程	绩效指标:影响、产出及传播过程	评估构成	预算/年限
安全使用药品的广告宣传活动	视频	1人	投标(1999年2月3日) 签订合同(1999年2月22日) 策划提交(1999年4月15日) 批准策划(1999年4月30日) 广告传播(1999年5月30日) 效果评估(1999年7月14日)	增强公众安全用药的意识(影响)	焦点小组、电话采访	X $
	宣传手册	2人	准备工作(1999年1月15日) 通过审批(1999年2月5日) 出版发行(1999年3月8日) 效果评估(1999年6月5日)	在宣传手册中插入邮件反馈,以问答形式展示知识(影响)	对问卷进行内容分析	X $
				可读性材料(产品)	弗莱什公式	
	汽车标语广告	2人	构思理念(1999年2月28日) 理念提交(1999年3月6日) 签订合同(1999年4月3日) 标语广告的制作(1999年5月1日) 标语广告的刊登(1999年6月2日)	带安全用药标语广告的汽车数量(产品)	计数	X $
				为广告提出意见和想法的人数(过程)	计数	

注:这份策划表由斯 Stewart Ferguson 编撰。该表格展示了一个传播优先项如何演化成三个具体的传播产品;策划人员把每个优先项细分为独立的产品和服务。该策划纯属虚构。

5

撰写传播支持策划:
基于特殊事件、运动以及问题的策划

具有良好战略策划文化的组织每年都会制定许多支持策划。这类策划主要针对那些可预知的事件和活动(例如,新产品、新服务、新策略、新项目或经费开支情况的公布,雇员沟通调查,法律事务,会议或程序执行以及有关新出版物的发布等)、运动(涉及社交营销、公共关系以及广告事项等一系列活动)以及问题(例如,引起争议的新药、一条新建高速公路的位置或者一项关于健康护理中心重建的决定等)。危机易发型组织比较少发生危机的组织每年要制定更多的问题管理策划。一个典型的政府部门每年要制定 30 多项支持策划用于问题管理。在相关决议做出之前,一些组织会制定多种策划方案以应付不同情况的发生,一旦做出决议,组织会将那些适宜的策划方案付诸实施,并废弃其他策划方案。本章将论述支持策划的目标、特点和可选择性构成。

支持策划的目标及特点

支持策划这一术语源于这样一个事实,这类策划为实现广泛的传播目标提供支持和服务,这些目标在战略传播策划中已经被粗略勾勒出来。类似的术语也出现在管理学文献中,特指支持业务性目标的那些策划。支持策划涉及的范围可以比较宽泛,也可以比较狭小。例如,组织可以为一项被称为"环境 2000 年"的大型信息传播活动撰写一份支持策划;相应地,组织也可以为这项大型活动中的任何一项分支活动撰写一份独立的策划方案。无论支持策划是针对单次活动还是针对一系列活动,较之年度或多年度策划,支持策划涉及的范围都要更小一些,前者往往涉及更多不同的问题和领域,而支持策划通常只针对单个问题、运动(一系列活动)或者特殊事件。支持策划就其特别意义而言就是指社会行动,或者指"促进社会发展的信息活动"(Salmon,1989)。这种社会行动致力于为人们提供更好、更健康的生活信息。

根据罗杰斯和斯托瑞(Rogers and Storey,1987)的观点,运动的含义包括:(a)意图;(b)针对大量受众;(c)限制在规定的时间内;(d)高度组织化的传播活动。效果模式的层级理论(Backer,Rogers,& Sopory,1992)认为,运动致力于实现下述目标中的一项或多项:呈现、察觉、信息传播、劝服、试图改变行为、行为的实际改变或行为改变的维持。有些社会运动(例如,戒烟、戒毒运动)致力于影响长远的社会变化。有关社交营销和政治运动的更多论述详见柏莱(Pollay,1989)和奥基弗(O'keefe,1989)的著作。

一项支持策划极少超过五至七页的篇幅,针对那些简单活动(例如,关于一项新研究发明的宣布)的策划可能会非常简短(一至两页)。然而,针对特别重要的事件的策划必须确保较长的篇幅。策划的撰写应该通俗易懂,策划者应该力避官腔、累赘的长句以及不必要的枝蔓细节,因为策划书的读者通常都是相关领域的行家。

组织机构应该定期更新策划,更新的频率取决于许多因素,例如:事件或者活动的重要性、对组织控制范围以外(例如,变化不定的政治、社会或经济环境)的事件的依赖性,以及对内部影响的反应(如实施优先项、预算限制或其他多变因素)。

支持策划的构成

传播支持策划主要针对单一问题或活动制定指导性的管理措施,它由一些战略性和操作性的要素构成。战略要素包括建立情境的背景陈述;决议要点、触发性事件、危机指标;知识和舆论环境;传播目标;信息;目标受众;战略思考以及相关协商、谈判和合作的具体要求等。操作要素包括策略思考和资金需求。完备的策划还包括绩效指标和评估方法,另外一些策划还包括对策划内容的统计分析,对传播事件、活动以及问题的预测和判断等。当然,并非一切事项都会列入策划中。

背景陈述

策划的第一部分内容是界定活动或问题的性质(例如,通报一项新服务或新产品、一场将要召开的会议、召回有争议的产品、利率上升、主管辞职或将一笔新资金投入到项目中等),这部分内容还会追溯事件或问题的历史。策划者用一两段文字描述问题的由来,或某一产品、活动的理由,他(她)应该呈现问题发展的驱动力,并揭示事件或活动的背景环境(包括最新的发展)。

例如,一份传播策划案宣布一项用于健康研究的新资金划拨方案,其背景陈述如下:

- 该组织经费拨付的历史。
- 有关妇女罹患心脏病、面临严重风险或恶果的最新研究。
- 有关男性在心脏病及中风恢复期间接受医疗指导的必要性的最新研究。
- 有关这一问题在更高层面上进行公共讨论的简单介绍(环境陈述方面的深化)。
- 当前这一问题在组织研究或政策议程方面的重点,以及它与其他组织问题的联系。
- 媒体对这一宣布或事件的可能反应(环境的进一步深化和策划案中战略思考的部分)。

策划者可以这样说:"基于公司过去两年的经验和目前地方经济不景气这一现实,提议中的公共事业的高增长速度可能会引发来自利益群体的抗议浪潮。"策划者还可以就新闻界可能会对这一建议群起而攻之做出预测:"预计6%的新闻报道会认同组织的这一声明,30%的新闻报道将反对这一声明,10%的新闻报道将选择中立立场。"策划者可以拟定最好情况下的标题和最坏情况下的标题,如"《假释法》给予罪犯新生的机会",或者"《假释法》使惯犯逍遥法外"。再如,"过敏药物在正确使用时安全可靠",或者"公司对滥用过敏药物不负责任"。这类标题关心的焦点是,提醒组织相关的公共辩论可能会如何产生和发展。

决策要点、触发性事件以及危机指标

在问题管理策划的案例中,策划者应当留意那些即将做出的政策、决议或即将发生的事件对问题发展可能造成的正面或负面影响。同时他们还应当留意那些环境外部或环境内部的警示信号,这些信号可能会提示问题已经发展到危机状态,或者提示即将面临的失败,或者展示客户对产品信心的下降。这些信号可能来自客户盛怒的来电不断增多,利益群体的活动日益频繁,报刊上出现许多负面报道,或者来自其他征兆。当越来越多的人弃安全的性行为而不顾、不知道政府能够提供什么样的健康服务,或者年轻人中吸烟人数不断增多的时候,这表明某些宣传活动已经开始失效。涉及这部分内容的策划应该帮助组织在问题管理方面占据主动,或者帮助组织诊断宣传活动发展过程中以及产品性能中存在的早期问题。

知识或舆论环境

策划中应该包含那些有关舆论或态度环境(外部的和内部的)的陈述。例如,如果一位公司主管或政府官员试图宣布一项新政策或立法议案,组织当然希望了解与此相关的公共舆论环境及其表现。传播策划应该明辨公共舆论和客户行为的发展趋势,同时指明针对这一宣告或组织策划的活动所可能产生的反应。策划应该提示出不同利益群体在某些话题和期待方面的最新感受。宣传或广告活动中也包含着有关感受和态度方面的陈述,活动策划者需要知道目标受众如何看待活动本身——他们对活动本身以及舆论反应究竟知道多少。例如,一个反吸烟运动的策划者可能如此写道:"在过去10年中公众对于吸烟的态度发生了重要变化,现在多数人主张在公共场所应该限制吸烟。"一名营销传播主管可能写道:"随着越来越多的人转向互联网购物,近些年来消费者对国内产品的态度发生了显著变化。"

舆论和态度的信息来源包括新闻组、网页和互联网上的聊天室,印刷品和电子媒体(主流报纸、广播、电视、族裔报纸、杂志、期刊),信件(专家及一般公众),智库报告,利益群体简报,协会公报及简讯,议会报告,参众两院辩论记录,法庭判例,社会指标研究,舆论领袖的访谈,调查,联合公报,焦点小组报告以及国际数据库。表3.1详列了清单。

注明舆论和态度是否与现实一致非常重要,一般公众在许多问题上对组织的看法可能正确,也可能完全错误;无论人们的看法正确与否,组织都应该洞悉全局。决策制定者尤其要关注一般公众或特殊利益群体是否会强烈反对即将颁布实施的法规,或者是否对提供的产品和服务抱有强烈的敌意。同理,如果舆论赞同某种选择,决策制定者就可能看到某一问题有望得到解决;对消费者而言,公司就有了更多的选择为消费者提供产品和服务。

分析人员应该如实呈现舆论环境,而不是按照主管人员期望的那样去呈现舆论环境。如果上级主管不能从战略或支持策划中获知坏消息,那么他们可能根本无法从其他方面获得这些坏消息,因为下属总是尽量限制命令传递链上信息的种类和数量。唐斯(Downs,1967)论证说,最高主管通过四个层次的层级体制只能获得原始信息1/64的内容。组织传播学文献显示,雇员出于自我保护的天性,总是倾向于将正面信息传递给上层。一位在加拿大政府部门担任部长办公室新闻秘书的官员下令尽量少刊发媒体的分析报道,因为他害怕这样的报道会暴露出他在控制公共舆论方面显得能力不足。为了解决这一问题,几年前另外一个政府部门向一家咨询公司付费,要求这家公司将那些坏消息传递给组织的高层官员,因为高层官员认为自己获得的有关公共舆论环境的信息并不完整,有些信息还可能是歪曲的。

如果组织奖励那些报告好消息的人,而惩罚那些报告坏消息的人,那么分析人员就可能只报告好消息。组织应该积极营造气氛,确保坏消息能够像好消息那样顺畅地抵达高层(Kaufman,1992)。为了实现这一目标,加拿大政府提出一项名为 La Releve 的创议,致力于重新提供公共服务,并将实现这一具有挑战性的功能视为政府传播者的重要责任。他们通过这种挑战彰显坚守立场、超越一般智慧的意志,这种方式具有典型的学习型组织(learning organization)的特征。

这部分策划内容应该是建立在过硬数据基础上的纯粹事实,它们来自调查的结果、媒体分析、焦点小组实验、互联网上的问题跟踪以及其他渠道。

以下是一项支持策划的实例,这项策划的内容是有关一笔研究资金的分配通告。

- 几个全国性妇女组织在华盛顿特区游行示威,它们要求获得更多资金用于心脏病研究。
- 由于艾滋病患者担心越来越多的资金流向其他研究领域,

导致用于艾滋病研究的经费减少,在过去的六个月中,他们加强了游说活动。
- 那些支持将心脏病列为重点研究对象的利益群体,其成员之间的通信量在同一时期呈上升趋势。
- 参众两院的辩论提示,那些来自艾滋病患者人数众多的州(例如,纽约州和加利福尼亚州)和那些来自癌症高发的州(例如,路易斯安那州和密歇根州)的政治家们担心,如果资金分配出现重大变化,势必会引起选民的强烈反对。

以下是另外一项支持策划的实例,这项策划由司法部撰写,内容涉及枪支控制。

- 在过去的一年中,枪支控制游说团体的活动急剧增多,这说明推动立法修订的力量在不断增强。
- 都市报纸倾向于对赞同枪支控制的群体进行有利的宣传报道,相反,乡村报纸则倾向于赞同步枪协会的观点。
- 自从近期购物超市发生枪击案以来通信量急剧上升,因为许多人呼吁制定更为严厉的法律,并且更严格地执法。
- 电视上越来越多的讨论涉及意外杀人以及家庭暴力中的枪支使用,这些都显示,或许越来越多的公众意识到拥有枪支的危害。
- 近期一些高质量的研究显示,与过去相比,今天的美国人更倾向于赞同个人权利与社会责任之间的平衡,这一观点的变化很可能对有关枪支控制的辩论产生影响。

下面是一项为环境机构所做的策划:

- 绿色和平组织不断为那些关注海豹猎杀问题的环保群体设置媒体议程。

- 美国南部的环境运动声势浩大,因为那里的海湾海岸(Gulf Coast)水域出现了原油泄露问题。
- 生活在西南部的美国人担心工业化可能会对地区内的景观造成长期威胁,并祸及旅行者,区域调查和焦点小组测验已经记录了这些担忧。
- 有关利益群体活动的研究证明,许多小型的、单一问题(single-issue)性质的环境组织在增加,而那些全国性的环境组织数量并没有增加。

支持策划还包括与主题相关的雇员意见、态度及行为的陈述。雇员在多大程度上支持或反对公司某项政策对该政策的成功执行很可能会造成影响。同样,雇员个人的道德品质对一切组织活动也会产生极大影响,雇员的专业技能水平也会影响组织目标和目的的实现。因此,策划应该注明内部对政策、新生产线以及其他事项的支持程度,雇员专业技术水平,雇员的道德品质以及其他相关要素。政府一些部门拥有大量的内部委托机构(例如,国会图书馆被许多参议员、众议员以及公共服务委员会使用),在有些情况下,内部部门比外部部门更重要。下面的实例体现了某些策划中的陈述风格:

- 对新财会政策表示支持的人当中,年长的管理者较之中年管理者更多一些。
- 雇员对废物回收运动的高度参与表明雇员将会积极支持公司的环境政策。
- 对建议箱的分析表明,雇员们喜欢彼此分担工作。
- 那些致力于 X 项目的矩阵式管理团队的成员具有高度的团队精神,他们可能会将热情转移到对这个项目的支持上来。

有些组织只对内部人员感兴趣。例如,某公司决定将资历导向型的奖励方式改变为成就导向型的奖励方式,一些雇员及其家庭将会因此而深受影响。下面这些表述有可能出现在关于这种奖励方式转变的策划中:

- 销售领域的员工强烈支持将资历导向型的奖励方式改为成就导向型的奖励方式。
- 来自协会简报的最新消息表明,工会成员强烈反对这一改变。
- 老工人也不断强烈批评这一改变。
- 那些人力资源部门的员工争辩说,不可能找到一种量化办法来评价他们的工作贡献。

在有些策划中,有关舆论和态度环境的陈述相对重要一些,在另外一些策划中,这类陈述可能次要一些。如果一项活动或一个事件中并不包含争议性的内容,那么策划方案只需就其历史发展等问题做些简述即可。

目标受众

传播战略必须建立在对认知水平、知识、信念、态度、价值观以及目标受众行为充分理解的基础之上。环境陈述为理解上述内容奠定了基础,这部分策划区分并确定目标受众的先后顺序。

作为传播对象的受众可以分为地方性的、区域性的或全国性的,公共的、私人的或志愿性的,社会倾向的、经济倾向的或政治倾向的,组织外部或组织内部的。以下案例展示了一项策划中的目标受众,该策划事关一项新的公平政策。

- 董事会成员
- 司法成员
- 工会

- 中高层管理者
- 妇女
- 少数族裔
- 其他雇员
- 一般公众

应该注意,上述目标受众中有一些是内部的,而另一些则是外部的。这部分策划不应该重复先前舆论环境策划中已经包含的内容。

传播目标

支持策划中的目标比出现在多年度或年度策划中的那些目标更具体。请比较下面的案例,在一项多年度战略传播策划中,传播目标表述为"使公众意识到默多克化学公司(Murdock Chemicals)是一家优秀企业"。作为这一目标的具体化,在支持策划中可以将公司关于工厂排污的新政策列入,也可以这样表述:"默多克化学公司致力于癌症研究",与之相关的信息还包括"默多克化学公司赞助一支学校体育队"。

传播目标致力于产生认知、强化态度或行为、促成态度或态度的改变,以及建构关系。应该注意,每项传播目标只针对某个问题,传播目标的顺序体现了目标重点。

下面是另外一个关于传播目标的实例:

- 减缓(公众)对默多克化学公司在克利夫兰(Cleveland)地区削减生产规模的担忧。
- 提供有关这一地区可降解洗涤剂创新性研究的信息。
- 激励社区支持由默多克化学公司赞助的一个棒球联盟。
- 敦促本地商人支持修建一个社区休闲场所,默多克化学公司为修建这一场所捐献了首笔资金。

还有其他一些传播目标针对内部受众：

- 向所有雇员解释新的推广政策。
- 完善设计部门与策划部门之间的相互配合与联系。
- 鼓励风险雇员参与"工作场所中的毒品"项目。
- 鼓励雇员参与公司组织的更多社会活动。
- 号召中层管理人员支持一项新的平等就业政策。

如果组织没有介入多年度或年度传播策划活动（与支持策划相关），那么传播策划者就必须会见一般管理者及公司主管，以确定公司及业务部门的目标。或者公司策划者也可以运用第三章介绍的方法，即利用公司及业务部门的文件（例如，主管演讲报告、政策文件以及战略策划案）确定政策方向，制定合适的传播目标，然后将这些目标纳入到支持策划中。

信息

这部分策划内容涉及将哪些基本信息传递给利益相关者。在传播策划中那些有关"环境周"（Environment Week）的公司信息可以表述为："默多克化学公司努力保证美国人能够呼吸到新鲜空气"，"默多克化学公司正在尽力改造工厂，以确保排放符合国家安全标准"，"默多克化学公司努力确保臭氧层不受到破坏"。支持策划中的许多信息与多年度或年度策划中的大多数概括性信息紧密相关。在这一案例中，总公司的表述是："默多克化学公司关心环境问题"。

以下是另外一个有关公司信息表述的案例：

- 杰拉尔德家具公司（Gerald's Furniture）是一家具有现代风格的传统公司。

- 贝塞德光学公司（Bayside Optical）提供令人舒适的眼睛护理。
- 莫利服装设计公司（Molly's Designer Wear）不会在那些剥削工人的国家开设商店。
- 政府已经完成预算平衡。
- 第一国家银行（First National Bank）提供个性化的银行服务。

还有一些信息针对内部受众，例如：

- 协同工作使员工有机会灵活安排工作时间。
- 在工作场所酗酒是不可接受的行为。
- 升级版软件为区域代表们创造了网络化工作良机。
- 新的现场日托设施使得工作中的父母能够接近自己的孩子。

公司信息应该出现在每一种传播产品中：演讲、新闻发布会、小册子等。所有传播者都应该留意那些在多年度或年度策划中明确表述出来的组织信息。如果传播者获得了多年度或年度策划的副本，他们应该据此在支持策划中补充协调一致的相关信息，这些信息还应该满足舆论环境和传播目标的要求。

这类信息越是具体明确，就越能够满足媒体报道的需要。有时组织会利用一些报纸、电台、电视台或其他媒体传播这些信息，例如以下信息："美国政府将不会与某国进行贸易，除非美国已经将该国从那些侵犯人权的国家名单中剔除出去了"，又如"美国国税局（IRS）将清理门户"。这类信息清晰易懂、有据可查，富有艺术性的信息是"不事雕琢、简洁明了，并且具有高度概括性"的（Jamieson&Campbell, 1988, p. 96）。善于运用报纸语言表达的信息是最好的信息，官腔套话不属于此类。

战略思考

支持策划中的这部分内容针对传播活动和宣传活动提出策略方法,策划者提出个人见解,提出对未来变化的预测,并且将自己的"价值立场"添加到由舆论和态度环境构成的事实及数据之中。正确的战略选择建立在相关理论知识的基础之上(本书随后将讨论这些理论知识,如劝服理论、学习理论以及媒介理论等)。

策划一项宣传活动需要仔细审核:(a)个人及组织之间相互协作的类型;(b)活动产生的背景和环境;(c)未来的工作原则;(d)活动可能造成的后果(Backer et al.,1992)。传播者需要考虑以下问题:

- 活动的可预见性程度(高或低)
- 信息诉求的类型(情感、恐惧、理性以及可信性)
- 问题管理方法
- 咨询条件
- 高级主管介入的程度

组织往往针对某些传播活动采取高调手法,而针对另外一些传播活动则采取低调手法。例如流产、代孕母亲之类的争论是没有赢家的,人们不可能就这些问题达成一致意见。枪支控制问题同样也会引起激烈辩论,人们在这类问题上存在严重分歧,没有政治家或政府愿意处理这类问题。在这种情况下,组织宁愿选择不那么公开的方式处理它们,也不愿选择十分公开的方式。但是如果某个组织打算为母亲们修建一所儿童护理中心,那么组织可能会非常高调地予以宣布。

在决定问题管理战略时,分析师需要弄清楚组织是否存在问题,他(她)需要评估组织的权能(power capability)(基于资源和可信度)以管理这些问题。他(她)必须弄清楚那些持相反立场的利益相关者是否具有足够的权能对自己构成挑战。分析师还必须弄清楚这一问题会在多大程度上触及公众的核心价值系统,会在多大程度上触发其他相关问题,会在多大程度上发展变化并对战略选择造成影响。他(她)必须考虑媒体对这一问题感兴趣的程度,以及这一问题可能在媒体议程中占据什么样的位置。其中有些因素会影响到媒体的兴趣,本书其他章节会对这一问题进行讨论,这些因素包括:问题所蕴含的争议程度(越是具有争议的问题媒体越感兴趣)、问题引起轰动的程度(媒体总是对那些不寻常和怪异的事抱有兴趣),以及问题对政党和利益群体的吸引力。以下是一段有关战略思考的表述:

- 针对小型企业的新的国家税收优惠政策预计会受到欢迎,这项新政策可采取高调的方式予以宣布。
- 由于对新条款与现有税法将如何相互影响感到困惑,一项针对小型企业的解释运动正在酝酿中。
- 因为目前的州政府在以往的记录中曾经支持小型企业,所以在面向公众传播新条款时强调这一记录似乎是恰当的。
- 那些一直争取提高公共部分开支的人不必担心针对私有企业的优惠会影响到州政府在诸如教育这类领域中信守承诺(的潜力)。
- 针对小型企业的税收状态进行讨论可能会刺激跨国公司追问,"你们为我们做了什么?"
- 小型企业可能会对优惠的标准提出疑问。

越来越多的组织认识到,最令人满意的成功源于组织所有层次、所有相关成员的广泛参与。在撰写和实施策划时,支持策划有助于确认咨询的团体和个人。策划者可以提出高级管理者参与的必要性。下列表述可以纳入战略思考的范畴之中:

- 芝加哥、兰辛以及波士顿的分支机构正在联合制定一项名为"反贫困运动"的项目，它们应该就此向位于奥斯汀和圣迭戈的总部进行咨询。
- 志愿者协会应该包括"基督教救世军""友好邻居协会"以及"善意"(Good Will)这些组织机构。
- 政府部门包括教育、福利以及金融等部门。
- 应该就裁员计划咨询美国联合汽车工人工会的负责人。
- 资深管理人员应该及早参与到委员会中，这有助于修订公平政策。
- 执行主管应该在社区群体之间充当联络人的角色。

策略思考

策略选择包括传播信息的合适媒介、发布新闻的最佳时机、支持性材料的说明、新闻发布会的筹备，以及确定策划中相应内容的负责人选。为了撰写这部分策划内容，传播者需要了解和把握信息传播的渠道以及全部体系。当然，某些策略选择也同时具有战略维度，因此，某些陈述内容究竟属于前者还是后者具有一定的主观性。

正如本书第十一章所讨论的，电视媒介适合传播那些需要传递给全国受众的信息，广播适合年轻受众，而报纸则适合那些政治意识强、受教育程度高的受众。周年庆典活动是宣布新政策、新产品或新的研究发明的好时机。奠基仪式、会议和展览是附载其他一系列活动的良好时机，可以为组织节省人力和资金。一次跨越全国的政治之旅提供了宣讲经济及社会政治问题的良机，美国农场主协会主办的会议有可能成为宣布一项新的农业补助计划的良好场所。

审慎选择公布信息的方式至关重要，"这常常意味着绕过常规以及常用的传播载体……倾向于选择更具创新性的传播方式，例如兼具视听的呈现方式以及远程或旅游会议等形式"(Privy Council Office[PCO],n. d.)。

策划者还应该注意那些适合于将信息传达给内部客户的媒介,管理者不应该仅仅依赖书面方式将信息传递给雇员,口头传播方式(口头与书面相结合的方式)对于雇员来说仍然意义重大(Tompkins,1984)。一些行政主管宁愿选择非正式的口语传播方式,也不愿选择正式的书面传播方式(Mintzberg,1973)。如何选择合适的媒介形式既取决于内容,也取决于受众。有关金融和技术数据方面的内容更适合以书面方式传播,并辅以口头解释。然而,书面信息具有一定的风险(Garnett,1992):

> 书面信息常常自赋生命,这些信息会落入到那些非目标受众的手中,并且经年之后仍然历历在目。书面信息很可能被解读为官方观点,因而很难被撤回或变更。(p.58)

尤其是,公众和新闻记者还有可能从公共机构中获取这些书写材料。以下案例给出了面对受众时如何选择合适媒介的建议:

- 向街头青年传播有关艾滋病风险的信息时可以选择诸如散发传单这类媒介和技巧,青年人对此喜闻乐见。
- 因为宣告(announcement)这一传播行为往往具有全国性的影响,所以电视是传播这类信息的首选媒介。
- 如果要向一般雇员通告病假规定,采用雇员小册子的方式比采用企业杂志这类方式更恰当。
- 停战日(Armistice Day)是宣布军事重组、强化军事维和功能的良好时机。

发布信息的时机同样非常重要。组织常常在大量人员能够方便接收消息的时刻发布消息;许多利益群体会在媒体报道事件的时候发起自己的活动(如进行现场直播的重要时段);政党则会选择在高峰会谈时召开会议,以便它们推选的领袖能够利用这一时机发表讨人喜爱的演讲;在秋天电视季的开放周发布信息能够获得最大数量的电视观众。支持策划详细注明任何通告或消息发布的时间(具体到哪一天、几点钟)以及地点;这类策划还要注明一些特别事项,例如,在财政预算公布前如何将记者"圈起来"等。

提供事先准备好的材料能够提高媒体报道组织观点的机会,许多记者面临截稿时间的压力,在编发报道时往往只对获得的材料进行很少的加工。与此相似,栏目编辑常常用那些公关人员提供的材料填充剩余的最后一分钟内容。

下面是一些典型的说明事项:

- 提供给媒体人士的信息包(描述内容和分配说明)。
- 有关政党成员、立法人员、利益群体及其他利益相关者简介的背景材料。
- 为 CEO 及其他领导者准备的便条、新闻稿以及问答库。
- 立法人员打算分发给选民的材料(例如简报和小册子式的插页),或者组织打算分发给其客户的材料。

策划还应当注明责任范围,例如,个人或群体在协调活动、宣告事项以及开展运动中各自承担的责任和义务。最后,还应当注明随后的一些活动要求,例如,"演讲团、广告、小册子、直邮竞赛、后续媒体采访或者广播热线节目"(PCO, n.d.)。

策划者可以采用以下陈述:

- 有关法律要点概述的那篇文章将会提交给《医生季刊》(*Physician's Quarterly*),以解释那项新颁布的家庭暴力立法条文的含义。
- 分发给权威机构的录像带将提醒人们注意老年人受虐待这

一现象。
- 圣诞节简报将向雇员介绍新修订的奖金制度。
- 那篇有关新担保条约的专题文章将被邮寄给所有经销商,另外一篇有关新修订政策简介的文章也将邮寄给客户。

绩效指标

绩效指标(支持策划层面)使得组织可以对过程、产出、影响以及行为准则进行测量(公司或业务层面上的战略策划确定拟实现的项目成果,一般不对支持策划层面的结果进行测量)。以过程为例,绩效指标指"与组织相关联的所有部门参与到宣传活动策划和设计过程的程度"以及"在早期策划阶段高级主管介入的程度"。作为产出的绩效指标包括"小册子的准备程度"以及"电话应答的次数"。作为影响的绩效指标指"心脏病患者购买习惯的变化"以及"政府基金销售量上升"等。作为行为准则的绩效指标包括"出版物中无性别歧视语言的使用"以及"印刷和电子广告传播中少数族裔的呈现"。

绩效指标是"对期待或期待结果的明白无误的陈述",它具体指"度量实际结果的精确、严格的标准……谁或者什么将证明预期的结果……以及在……情况下"(Kaufman,1992,p.130)。绩效指标既可以是质化的,也可以是量化的,也就是说,一个策划者可以将对预期结果的质化方式的陈述(例如,大部分雇员参与)转化为数据指标(例如,雇员的参与度提高了5%)。这种具体程度的陈述必须有一个效果的起点作为对比的基础,这类陈述并不包括手段或资源。

评估方法

策划者需要对那些应用于评估传播过程中组织绩效的工具和程序详加说明,大量不同的技术和工具可以用来评估组织的产品、活动以及服务:

- 调查(一般公众、代理商和顾客)
- 焦点小组
- 媒体跟踪和分析
- 咨询跟踪
- 出版物中的插页
- 可读性评估
- 专家评论
- 剧场测试
- 读者和观众测试
- 内容分析
- 预先调查和后续调查
- 模拟测试
- 审计(社会、公共关系和传播)

研究者不应害怕使用非正统的方法去记录组织的成败得失。例如,如果一个人造访本地酒吧或临近的老年人居所,这也可能带来一些有价值的信息。与一位乘坐穿行全国的列车旅行的游客交谈能够获得巨量信息,尤其是当这位乘客乘长途大巴出行、乘列车头等舱返回时更是如此。在英国最近一次选举中,小酒馆出售一种用小桶分装的麦芽酒,这些酒桶上贴有候选人的姓名,小酒馆中这种通常不那么正规的统计方式得出的结果却折射出正式的投票结果。假如组织不能富有想象力和创造力地使用某些方法,那么评估可能会变得非常昂贵以至无法承担。

预算

策划的最后部分应该详细说明实施策划所需要的资金,应该注明每一阶段所必需的资金。如果在工作策划中没有注明用于传播活动的预算,那么支持策划就必须注明用于实际操作的费用。

例如,"用于通告(事项)的费用不少于2000美元,这一数额在操作策划范围之内。"

结 论

最常见的传播策划是支持策划,它通常包括宣传活动策划、广告和营销传播活动、雇员传播策划、基于特殊事件或活动的公共关系策划,以及问题管理策划。本章列举了一套常见的传播方式,它们适用于支持策划。但是,传播者很少在策划中将这类方式全部用上,因此,支持策划的篇幅伸缩性很大。附录中是一个支持策划的案例。

附 录

以下策划由渥太华大学的史蒂文·柯林斯(Steven Collins)提供。这项策划是虚构的。

艾滋病研究基金会(Foundation for AIDS Research,FAR)医药使用项目:基于大麻合法化的支持策划

背景陈述

有关大麻合法化的争论既复杂,同时也富有情绪性。这类争论极少出现在报纸头条或电视节目中。尽管如此,这一话题却由来已久,部分原因在于有关这一问题的公共舆论呈现出两极分化。那些反对大麻合法化的人反应强烈,鼓吹者则相信使用大麻的权利事关个人选择和个人自由,他们并不认为政府应该对此类问题进行立法限制。近来那些罹患艾滋病的人对这一问题日益关注,因为他们需要获得权利使用这一药物,以缓解他们的痛苦。加利福尼亚的乔尔·金斯利(Joel Kinsley)案例引起了媒体对这一问题的报道。

公司或业务/职能目标

- 提高艾滋病患者的生活质量
- 支持艾滋病患者获得用于减缓痛苦的药品

- 针对艾滋病问题提供可信赖的信息来源

舆论环境

<u>积极因素</u>

- 对印刷媒体有关这一问题的报道进行的分析显示,对大麻合法化的支持态度变化缓慢,但是支持意见呈稳定上升趋势。
- 在全国范围内,大麻合法论已经获得参众两院一些具有影响力的议员的支持,也获得了美国毒品政策基金会(American Foundation for Drug Policy)律师伊森·斯文伯格(Ilsen Svenberg)的支持。
- 信函和个人访谈证实这一政策获得了晚期患者的高度支持。
- 一些表示支持的信函来自那些因为持有大麻而被记以犯罪记录的人。
- 越来越多的专职护理人员公开表示赞成使用大麻作为一种保守疗法。
- 一些支持大麻合法化的人认为应该允许那些晚期患者在承担较低风险的前提下提高自己的生活质量。
- 人权活动者认为禁用大麻违反人权。
- 在过去的一年中,艾滋病研究基金会的组织成员人数大幅增加。

<u>消极因素</u>

- 大多数否定性的意见来自克林顿行政当局的医药政策主任伊恩·麦卡菲(Ian McAffey)。
- 大多数人认为那些吸食大麻的人不是瘾君子就是罪犯。
- 职业戒毒所和职业培训中心反对大麻合法化。
- 许多医生不敢公开讨论这一问题,他们担心人们会说自己心存不轨。
- 医药公司在传统医疗领域是受益者,它们极力游说反对大麻合法化。
- 电视上有时出现反对大麻合法化的辩论,有迹象表明这些辩论是由啤酒酿造厂赞助的。
- 有些人认为美国的大麻合法化会造成与加拿大关系的紧张。
- 那些反对大麻合法化的人认为大麻合法化将导致更多的人吸食大麻,这些人可能会发展到吸食烈性毒品的程度。

传播目标

- 告知公众艾滋病研究基金会支持大麻合法化运动。
- 通过晚期患者的遭遇转述这一问题的重要性。
- 告知公众这一问题所涉及的法律范围。

- 纠正并澄清关于使用大麻危险的错误观念。
- 鼓励不同的支持团体相互合作。

信息

- 艾滋病研究基金会支持用于医学目的、对于艾滋病患者以及其他疾病严重患者而言的大麻合法化。
- 对于艾滋病患者以及其他疾病严重患者而言，大麻可以减轻痛苦、缓解呕吐和刺激食欲。
- 吸食大麻并不意味着将会成为海洛因或可卡因的吸食者。
- 拒绝慢性疾病患者使用大麻违反人权。

目标受众

- 一般公众
- 晚期患者
- 各级政府
- 执法人员
- 人权活动分子

战略思考

- 基金会可以赞助社区报纸发表一系列有针对性的文章，增强公众对一些问题的意识。
- 地方演讲社可以面向社区和职业群众进行专题演讲。
- 网络肥皂剧制作人可以围绕基金会的宗旨策划制作一些情景剧。
- 基金会应该考虑会同公民权利组织以及美国癌症研究小组策划一些联合活动。
- 艾滋病患者应该竭尽全力维护自己的权益。
- 大量艾滋病受难者以及乔尔·金斯利事件的公开应该成为艾滋病研究基金会在东海岸发起的那场运动的强大推动力。
- 艾滋病研究基金会可以邀请那些著名的、受人尊敬的医生撰写文章，解释大麻能够提高晚期患者的生活质量。
- 所有传播者都必须强调艾滋病研究基金会并非针对一般大众消费者呼吁大麻合法化。

策略思考

- "国家艾滋病觉悟周"（National AIDS Awareness Week）将提供绝好时

机,以获得电视和广播报道。
- 在"国家艾滋病觉悟周"期间将刊发大量新闻报道,以营造声势。
- 可以将大麻合法化等相关信息张贴在艾滋病研究基金会的网站上。
- "国家艾滋病觉悟周"期间的新闻发布会将吸引人们的广泛关注,名流演讲将提升活动的信誉。
- 在新闻现场将分发有关如何正确使用大麻的医疗手册。
- 应该确保参议员和众议员获得所有信息的副本。
- 艾滋病研究基金会应该设立1—800部电话,以方便人们询问相关信息,或方便本地居民参与宣传活动。

绩效指标
- 有关大麻医学使用知识的普及程度。
- 对于艾滋病研究基金会在大麻合法化运动中发挥作用的理解程度。
- 基于人权角度对大麻合法化的法律意义的认识程度。
- 医疗社区以及一般公众的支持程度。
- 宣传群体之间相互协作的实现程度。

评估方法
- 1—800部监测电话。
- 超市中的现场访问调查。
- "国家艾滋病觉悟周"之后对媒体的相关报道进行分析。

预算
总计＄＄＄用于以下分配:(略)

注:绩效指标可以用数据表达(例如,预期的觉悟、理解、支持以及合作程度增加了百分之多少)。

6

撰写危机应急策划

在汉语中,"危机"有两个特征,一个特征代表危险,另一个特征表现为时机(美国总统约翰·肯尼迪在1959年4月12日访问印第安纳波利斯时所做的演讲中曾提到危机的这个定义),危机管理不善导致的最严重后果是企业倒闭或当权者下台。1999年美国总统比尔·克林顿被迫走近这一危机边缘;作为掩盖秘密的代价,随着一架喷气式客机在苏格兰洛克比的坠落,泛美航空公司随之倒闭。组织每一次面临危机都无异于打开了一个充满风险的潘多拉盒子。例如,面对一个没有恶意的人在市政大楼上瞄准目标开火的情况,纽约市的官员们不得不接受公众对该市防御系统疏漏的谴责。同样,在加拿大蒙特利尔的一所专科院校中,一名疯狂的持枪歹徒闯入工程学教室里,命令女学生躺在地板上并且朝她们射击,人们谴责校园警卫行动迟缓。在出现危机时,组织机构所面临的危险总是显而易见的,而恰当的处理时机却不那么明显。然而,对于有准备的人来说,危机事件却能够给他们带来有益的经验。适时应对危机能够增进组织与客户或合作者之间的沟通,为组织注入新的活力,为团队构建新的关系。危机为组织提供了证明自身注重整体利益和领导力的机会,"就像消防部门因为英雄事迹得到信任一样——有利于推动下一年的预算通过——通过减少损失,组织能够在危机中发挥优势并得到利益"(Stephenson,1984, p.17)。冲突和战争发生之前的协商期能够给境况不佳的政府带来一些新的生机。玛格丽特·希尔达·撒切尔在经历福克兰群岛冲突之后获得了极高的声望;乔治·布什在海湾战争之后也获得了新的支持;当克林顿部署导弹打击伊拉克时,一些人指责他的行为是在效仿他的前任,而就在同一天,他与莫妮卡·莱温斯基之间的丑闻在斯塔尔(Ken Starr)面前得到证实。

组织在危机时期的言行可能长期影响组织的形象、决策以及业务安排。为了确保组织正常运行,赢得公众信任,避免危机扩散,通常由权威人士负责危机事件的应急策划。策划方案为那些易陷于恐慌的危机应急管理者提供目标和方向,每项危机应急策划都含有传播环节,这些努力会形成一本危机应急管理手册,并在一年或两年的时间内进行增补修订,策划方案的副本应该放在专门地点。

撰写危机管理策划

危机应急管理团队的所有成员都会签署一份书面声明,说明他们已经收到并且阅读了危机应急策划的副本。签名能够确保成员将策划付诸行动。声明通常会出现在危机应急管理文件的开端部分。

引　言

危机管理策划的篇首会提到由首席执行官(CEO)、董事长或者政府行政部门发出的信息,其中一些关于任务、要求和组织目标的信息可以为策划提供参考。几乎可以确定的是,当组织完不成目标时,危机就出现了。如何应对危机关乎公司的声誉、管理能力和最终承受能力。危机管理策划的开篇还会涉及一些处理危机的适用原则,如开放性、完整性、连贯性、机动性和精确性等。

危机概述

危机类型

一份调查显示,《财富》500强公司的首席执行官们一致认为一些潜在的危机普遍存在于以下这些领域:工业事故、环境问题、工会问题和罢工、废弃物的回收、投资者关系、恶意并购、代理商竞争、谣言和媒体披露、政府监管问题、恐怖主义行为、金融诈骗和挪用公款(Fink,1986)。米特罗夫和皮尔森(Mitroff and Pearson, 1993)据此列了一份清单,再现了大约130种不同的危机。政府部门也经常面临一些政治性的危机,包括负面事件或者个人丑闻被曝光、涉及利益的商业交易或者有较大争议的决策。政府也常面临由自然灾害造成的突发事件(例如冰雹、洪水和地震)。

组织无法预测危机的到来,因此组织把危机分门别类加以控制。航空公司面临的危机包括飞机坠毁、人质救援、劫机事件、人事变动、飞机结构的设计缺陷。对于一家化学公司来说,危机类型大致包括有毒气体的泄漏、火灾、新产品研发失败、人事变动和罢工等。而对于一个地方性医疗卫生部门来说,危机种类包括病毒性流行感冒的爆发、洪水引发的伤寒威胁、大肠杆菌食物中毒和其他可能对人体健康构成威胁的因素。

显而易见,危机事件的特征和类别越接近,可供借鉴的类似经验就越多。例如,石油泄漏事件应急管理方案与海洋石油钻井装置发生火灾的应急管理方案完全不同。与此类似,为应对大肠杆菌疾病爆发或者疯牛病而制定的策划将大大不同于处理人事解雇问题的策划。应对火灾的策划包括了解各楼层的标识、就近医院的清单、火灾的具体位置、灭火器的位置和相关建筑材料的文件等。处理航空事故的策划包括飞机的构造信息、恢复旅客名单的存取密码、行程统计和飞行操作流程记录等。另外有些策划事项差不多适用于任何类型的危机应急策划。例如,告知遇难者家属并且确定联络人的姓名对于大多数策划都是适用的。

危机发生的可能性和潜在风险

了解危机发生的可能性和潜在风险有利于组织应对潜在危机。组织可以把危机发生的可能性和风险记录做成数据网格形状,把问题的重要性与潜在的危机情形相联系,并且发挥合理想象。例如,发生频率比较高并且存在重大风险的危机标示为红色地带;发生频率比较高但是危害小的危机标示为灰色地带;发生频率比较低但是危害性大的危机标示为褐色地带;最后,发生频率比较低并且冲突性也比较小的危机标示为绿色地带(Fink,1986)。按照不同的规格划分所有的危机问题能够使组织确定在策划时如何安排优先顺序,危机风险值的衡量取决于危机问题的重要性和影响性,错误关注问题或者遗漏重要问题将导致对危机发生的可能性和冲突判断失误。假如组织将危机定位在错误的风险范围内,那么危机应急管理人员可能无法为这个问题分配充足的资源或者以不恰当的方式衡量进度。

危机气压计(crisis barometer)由芬克(Fink,1986)发明,用来测量危机发生的可能性以及可能带来的风险。气压计测量危机发生的可能性主要根据:(a)组织最基本的安全记录;(b)以前曾经发生过的危机事件和其他类似组织的经验。组织估测危机出现几率为0%—100%,气压计测量危害程度为0—10。危机可能带来的风险可以从以下五个方面来考量:(a)危机的整体性;(b)组织引起媒体关注度的高低和触及政府现行政策的可能性;(c)危机与组织正在处理事件的相关度;(d)危机可能触及组织底线的程度;(e)媒体和公众察觉组织作为牺牲品或者受害方的可能性。对于政府来说,判断危机带来哪些危害取决于问题对目标受众的影响程度,因为政府的宗旨是服务大众。

下列问题也对确定事件可能引发的风险有帮助:媒体的潜在立场是什么?对危机事件感兴趣并且愿意投资的人有多少?他们对什么感兴趣?危机带来的价值或者威胁分别是什么?是生命、

健康还是财产受到威胁？雇员可能产生哪些潜在的敌对行为？是通过投资方，还是联合其他人？组织的声誉会遭到哪些短期或者长期的损害？以及与其他不利因素相互作用时，这些问题会产生什么影响？地震或飓风等自然灾害既可能造成暂时性的危机，也可能带来交通破坏、清洁用水污染、细菌传染、疾病（如伤寒症）和通讯中断等次生危机。主要管理人员的辞职可能给公司带来生存隐患。员工首先会猜测首席执行官为什么辞职？是公司一致通过的决定，还是因为他的不道德行为被控告了？各种揣测和流言可能煽动他人辞职或者导致公司股份被廉价出售，领导层变动引发的危机如果得不到及时、有效的控制将会演变为经济危机。当好几个人死于含氰化物有害成分的泰诺胶囊时，强生公司被迫同时面临多项危机，包括有害胶囊带来的直接威胁、公众对产品可信度的降低、影响其他产品的销售、失去公信力而导致恐慌扩散。在被媒体和公众短暂聚焦之后，公司不得不面临重新包装产品以及重组生产车间等一系列问题。

像偏头痛一样，危机往往成串出现（Fink，1986），有时候次生危机造成的后果甚至比原发性事件持续的时间更长。例如，警察鸣枪或者防暴部队出动会使那些察觉到自己处于危险中的人们发生更为严重的暴乱。不良情绪能够在社区中弥漫很长一段时间。在发生其他状况时，组织在援引警力或一些程序时，需要继续保持警惕。例如，政府出动国民警卫队或军队处理家庭纠纷，公众可能会谴责政府小题大做。一些敌对势力或团体会利用危机事件作为契机对组织进行破坏，特别是在政府宣称管理不当或失误的情况下。政府要经常接受这种考验。如果危机加重，组织可能需要绘制危机演变影响图表。换句话说，假如发生了危机，那么接下来还会发生什么？事件是否会引起其他连锁反应？戴安娜王妃之死引发了一系列事件，大部分事件的矛头都指向君主政体。有人认为历史时刻决定人物和事件的影响力，可能万事已经俱备，正等待着那个引发社会革命或者政治变革的特殊事件发生，戴安娜在巴黎隧道遇难可能就是那个催化剂。

危机指标

组织应该尝试识别"触发性事件"(trigger events)——引发公众关注潜在的、具有高度争议性问题的事件或活动(Brody & Stone,1989)。危机事件通常可以找到能够作为参考的先例——在此之前在相同或者相关领域发生的一系列危机。对于大多数组织来说,技术、人事和组织体制经常会导致危机发生(Mitroff & Pearson,1993)。陶氏化学加拿大公司(Dow Chemicals Canada)传播主管唐纳德·史蒂芬逊认为,较为细节化的内容分组可以帮助危机应急管理人员识别那些潜在的、高度敏感的或者风险较高的领域。组织可以为以下领域设计危机指标(1984):

- 产品或服务——它们的安全性以及对环境的影响、公司在产品制造中使用稀缺资源、合同授权方的选择等。
- 过程——易受影响的领域,例如制造、运输或者金融。
- 场所——经营场地,以及供应商、买方的位置等潜在问题〔例如,哥伦比亚(毒品交易)、意大利和日本(地震)、巴西(通货紧缩)、佛罗里达(飓风)、中东(政局动荡)、草原(干旱)、加利福尼亚(森林火灾)〕,工作场地的安全性以及公司如何处理存在风险的产品。
- 管理人员和执行人员——公司实践、个人或公司协会、活动和赞助商。
- 人事——雇用或者解雇员工的实践、公平政策、待遇问题、工作保障、人事分配或工会相关活动。

组织必须做好应对潜在危机的准备,事先准备意味着全盘掌握,及时了解所有相关信息,包括可能受到攻击的产品、政策、服务、场地和操作环节等。建立危机指标能够帮助组织识别潜在问题领域。

危机管理团队

危机应急管理首先需要就个人权限达成一致意见,应急管理中的所有参与者必须明确划分责任,只有在危机出现之前就分配好责任,危机应急管理才能顺利进行下去。一份危机应急策划应该详细说明应急管理团队成员间的关系、扮演的角色和彼此的职责,总体分工必须明确,如谁是主要负责人?谁负责回答公众的提问?不同的人承担不同的责任,首席执行官领导危机应急管理团队,接受过宣传培训的行政人员担任首席发言人,而对组织功能特别了解的人则负责具体操作事宜。总之,由某些人员专门负责统筹安排(首席执行官除外),由某些人员负责具体操作程序,如指挥、安全、安保设施、技术、人事、资料管理和通讯,这些涉及操作的关键事项由统筹人员把握,所有的进展情况需汇总给上级领导(理论上至少应是一位具备相关技术知识的高级经理)。统筹人员主持危机应急管理会议,首席执行官负责倾听、观察、询问并反馈给管理团队以便其做出决策。通常,统筹人员不会从涉及特殊利害关系的业务部门选出,因为那样做可能会使统筹人员对于危机情势的掌控出现偏差,组织选择统筹负责人应该实行轮流制。

危机管理团队的成员不应该超过十人。一般危机管理团队涉及的领域是金融、人力资源、法律、科学、医药、职业健康、风险管理、安保、国际事务和通讯,团队的具体组合依据危机的属性和形势的需要呈现出多样化形式。一般来说,团队应该具有研究解决方案的创造力、洞悉组织内部工作的观察力、支配资源的能力和权力以及在什么情况下如何与公众沟通的知识(Meyboom,1989)。来自投资者关系或者财务关系领域的外部专家能够为团队带来额外好处。

决策选择

组织不可能掌握所有的危机资料,尽管如此,危机主管人员依然能够制定决策甚至根据形势进行选择,突发性危机的管理策划涉及预期方案的制定及相关依据。

必要的支持系统

危机管理策划应该对主要活动场所和备用场所进行规划,主要活动场所应该尽可能接近危机发生地,但不能位于受限区域(Bouchard,1992)。下文呈现了一个比较典型的操作场所(Meyboom,1989):

> 这是一个特殊的房间,一般人不允许进入。房间内配备了特殊的电话、地图、计算机终端和视听设施,同时还配备了黑板、活动挂图以及适当的厨房用具等基本设施,这个房间比较具有典型性并且通讯便利。(p.28)

储备发电机以防发生电力故障。在危机事件中团队需要食物、饮用水、被褥、手电筒、储电应急灯和急救箱,组织必须做好安排,将指定的供给和设备运送到主要操作场所及其他备用场所。

必需的传输设备包括电报打字机、电话、电话控制线路、文字管理设备、打字机(避免发生断电情况)、传真机和线路(接收和传送)、调制解调器、电话会议网络、影印机、警用扫描仪、无线电话、便携式电话和扩充线路。传播过程中危机现场的发言人、专家以及媒体可能用到几条不同的电话线路,组织应该为员工、分销商、批发商、零售商和供货商开辟专门的通讯渠道。在危机应急管理中心,媒体人员也需要用到电话,大约 1—800 部电话是必需的。危机应急管理团队可以利用由电池供电的收音机和电视了解有关危机的新闻报道,录像机便于组织重放和分析报道,相机、影片和录像设备对于记录危机事件和危机形势是非常有用的。

对危机应急管理有帮助的资料包括设施概况、照片、临时办公地址、组织概况(例如公司产值、员工人数、产品或者服务、运作流程、人事架构以及客户资源)、年度报告、质量检测程序、安全记录和程序、危机应急管理指南(包括危机传播策划)、电话簿和媒体目录、电子地图、街道和公路图、建筑安全通道图、项目进度表和宣传资料等(Fearn-Banks,1996)。其他必要的备用品包括钢笔、铅笔、纸张、公文纸、新闻稿纸、相机、胶卷。

基本人员包括勤务员、话务员、打字员、计算机专家、设备维护员和电话服务中断时必不可少的信息传递员,这些人员可能需要一周7天、一天24小时坚守岗位,直到危机结束。团队成员可能会被要求将物品运送到危机应急管理总部或任何一个指定地点。为了方便购买食物和其他补给,组织需要确定最近的饭店和商店的位置,尽量避免使用汽车旅馆和汽车饭店。危机应急策划应该详细说明所需的全部物资、设备及人员装备。

一个组织还应该具备恢复丢失的信息并且重建资料的能力:"大量的统计数据显示,在资料应用程序遭到破坏后公司最基本的生存能力仅仅能持续4到5天"(Ginn,1989,p.3)。危机来源包括商业间谍、黑客、恐怖活动和假货的流通,2000年计算机系统故障预警就属于上述情况。预先安排好提供先进工具和设备的服务和供货协议能够帮助组织应对这样的情形。所有信息的备份应该以合适的形式保存起来,确保不和其他文件混淆。这些措施确保业务运作的持续性,甚至在危机时期也可以维持业务的正常运转。尽管支出预算在危机时期不那么固定,但是必要经费大致还是能够估算出来的。

危机管理名录

完整的应急策划应该包括这些信息:团队成员(及其替代人选)在哪,如何随时可以找到他们。公司应该制作一份危机应急管理团队成员通讯录或者地址录(包括工作地址、住宅地址等)。通讯录中载有电话和传真号码、便携式电话号码和e-mail等。邻居、朋友和家人的姓名、地址、电话号码等在危机时期也是有用的。通讯录中还应该列出一些单位和个人的信息，如警局、消防部门、紧急事件救助队、医院、护理人员、地方医疗机构、对应对危机有帮助的公司、消费者协会、协调机构、相关城市和州的官员、与危机有利益关联的政府人员和政治人物、主要社区组织、媒体渠道、资深的或对关键领域感兴趣的记者。

传播构成

危机传播策划能够补充或者部分补充危机应急管理策划，许多人相信传播策划是组织生存的关键——明白应该说什么、什么时间说以及对谁说。接下来我们讨论一下传播策划的相关内容。

危机指标

像较大规模的母策划一样，危机传播策划应该包含一个预警机制，提示什么情形下危机临近（也就是说，什么情况下目标处于风险之中），或者何时危机情势会恶化，这些警示能够在危机出现时及时准确地传播出去。例如，由于危机的逐渐逼近，事件的新闻波及范围逐渐扩大。在公司或者政府的内部和外部，流言无处不在。竞争对手可能利用媒体发表对组织不利的言论，或者通过新闻暗示组织即将倒闭；记者也可能询问组织的经营状况；传达员和话务员可能见证数据的增长——关于公司不受欢迎的电话反馈数量；通过民意测验或者在重要的立法领域，政府可能目睹它的支持率直线下降，或者部分提案被众议院或者参议院否决。提及与公众价值体系相关的主题可能预示危机进入一个新的阶段，这些警示将长期存在。政府可能倒台，公司也可能面临倒闭，但是这些状况不会在一夜之间发生，而是需要一个过程并且将经历一定时期。传播监测系统（监测网络或者监测媒体）能识别危机前期的这些标志或者提示(Johnson, 1997)。

传播团队

主管人员

传播或者公共关系的首要负责人通常（但不总是）领导危机应急管理团队。其责任包括向组织高层提供简报和建议、起草或核准官方声明、协调危机管理团队的工作。当负责人无法明确指定时，应该采取轮流制。

发言人

许多专家指出专业的危机事件发言人在危机时期代表了组织。一些人认为发言人通常应该由公司的首席执行官或者董事长担任，对代表35家商业机构的71位银行经理的采访印证了这一观点的绝对优势（Reilly,1991）。另外一些人对此持有异议，他们认为在危机事件中，首席执行官几乎没有可信性。因为比起其他人，他（她）有更多的主观倾向性。多数观点认为专家应该是回答专业问题的最佳人选，一家石油公司的董事长可以解释墨西哥湾石油泄漏带来的政治影响，但是生态专家能够解答石油泄漏造成的环境影响。还有一些人认为发言人应该视传播策划的任务而定。例如，当地铁相撞造成人员伤亡时，交通部门负责人是向受害人及其家属表示歉意的最佳人选，然而因为责任机制的存在，这种无法估测预期效果的个人说辞可能仍然不被公众接受。科学家在回答技术领域的问题时比行政人员更有可信度，金融专家可能会预测到事件将带来的经济后果。有些时候本地发言人最适合向公众解释危机事件的影响，有些时候需要通过热线对公众关注的问题做出回应。

危机的严重程度也会影响发言人的委派。例如诺曼·施瓦茨科普夫（海湾联合舰队指挥官）、迪克·切尼（国防部长）、科林·鲍威尔（联军参谋长）——所有的高级官员共同为海湾战争中的武装力量充当发言人。一些人认为危机事件越严重，高层发言人出面对应急管理越有利。假如一位高层管理人员在重大事件中发言，那么公众的注意力就会转移,同时也会忽略危机的某些方面。当危机事件不会造成重大影响时,一些人认为必要的应急管理活动应该交由一般发言人处理,因为在这种情况下如果首席执行官出面的话会无形中扩大事件的影响。

组织中无论谁担任发言人都需要结合其他成员的意见调整信息,否则,不同意见造成的分歧将削弱组织危机应急管理的效果。另外,当发言人无法指定时,组织内部成员应该轮流担任。大多数企业赞同发言人接受媒体应急管理培训,并且大多数新上台的政府都愿意让它们的行政人员参加媒体公关培训讲座,政府官员往往通过模仿和演练来学习媒体公关技巧,许多人每半年参与一次练习,以维持已经习得的应急管理技巧。

与受害人家属和医院联系

危机出现时,组织还必须考虑一些不易把握的情感因素(Pauchant & Mitroff,1992)。例如,危机传播策划应该明确谁负责联系受害人家属、谁负责发布受害人姓名等问题,以及如何将这些事项付诸实施。联系受害人家属应该由一些容易投入感情并且具有良好人际沟通能力的人负责,这个环节需要做的不仅仅是安抚受害人家属,管理人员也需要像安排运输、膳食和住宿一样安排具体的操作步骤。大多数专家认为为了防止不利消息的传播,受害人家属应该被安置在一个远离媒体的地方。危机应急管理团队需要为当地医院提供有关通知受害人家属、公布受害人名单以及其他信息的传播策划副本。

公共关系人员

在危机传播的日常管理过程中,许多传播者都要参与进去。一些人需要筹备新闻发布会、安排活动日程、联络媒体等,另外一些人要接待媒体进入灾难现场、安排专项服务(例如摄影服务)或者为组织发言人提供更新过的媒体发言稿,此外,一些人还要负责联系管理机构。公共关系团队中的决策者有时也需要担任发言人的角色。

传播战略

信息流动模式

危机传播策划包含可预测的信息流动模式。这个模式用来分析由危机激发出来的正式和非正式信息网络(组织内外),包括分析那些关键的意见领袖(不一定是高层管理人员)。危机管理研究已经证明危机事件中的信息以特殊的方式传播,一些关于信息扩散的经典研究(DeFleur&Dennis,1985)表明,93%的人在当天获得信息。尽管如此,有些群体还是比其他群体更早获知信息。除了要确定第一波、第二波、第三波获知信息的人数外,这部分策划还应确定无法从正常渠道接收信息的人群(例如,无家可归者、不常外出者、听觉薄弱者或者其他群体),灾难策划必须考虑这些特殊人群。

关键信息

组织在向受众传递重要信息时,应当做到语言清晰,避免使用专业术语和"官腔"。成功的媒体应急管理是"信息驱动而不是问题驱动"(McLoughlin,1990),最为重要的是,组织能够在危机潜伏期传递信息,这个时候恰当的做法是既不解释也不推诿责任,组织通过行动和语言表明,它们正在寻找解决问题的方案。处于危机时期时,组织不应该基于过去绩效、优秀产品或服务,或者特色方针来采取相关防卫措施,这些信息适用于非危机时期的宣传。如果组织有一份令人称赞的行动记录,不仅会博得公众的好感,也将有利于自身选择传播战略(Coombs&Holliday,1996)。

信息传播的目标受众

第十二章介绍了一种有助于问题管理的"利益相关者识别方法",这个方法能够在危机形势下识别利益相关人群。以下群体能帮助组织更好地进行危机应急管理:警务、消防和医务人员,突发情况应急人员,政界要员,公务员,政客,膳食主管和协管员,印刷和电子媒体从业者(尤其是和危机事件有利害关系的领域),消费者,消费者群体、特殊利益群体和鼓吹群体。许多"坏消息"产生的负面影响都需要政府部门出面解决。

这一部分危机传播策划应该包括对不同类型的公众进行排序,排序的依据是公众获取信息的需求以及对危机管理贡献的能力。策划人员必须确定一个联络顺序。谁首先被联络?媒体、员工、专项负责人员、工会代表、参观团和旅游公司、董事会、股东和投资人、顾客或消费者、政府或管制机构、供货商、普通公众、居住在危机场所附近的人?危机性质、不同人群面临的风险系数、信息流动模式、先前的表述决定了以上问题的答案。组织必须定期更新联系簿,在将事故伤亡情况告知公众之前,策划应该考虑传播的目标受众及通知受害者家属的时机。

传播材料

危机发生时,应针对被提问几率较大的问题事先准备好答案并积极做出回应。拟定一份关于组织产品、操作、服务和管理的说明材料是非常必要的,这些材料需要事先准备,确保媒体了解相关名称、日期和数量。在应对危机的过程中,关于组织如何看待关键问题,媒体会根据组织发布会做相关报道。

媒体专业能力评估

在危机事件的敏感阶段,因为局面比较混乱,所以往往容易产生不实信息。例如,在报道1999年佛罗里达州盖恩斯维尔一所大学发生的谋杀案时,国内媒体犯了许多错误。新闻报道虚构了下列信息:(a)这所大学已经停止办学;(b)臭名昭著的泰德·邦迪杀人事件就发生在盖恩斯维尔;(c)一百万美元契约在斗殴事件中是普遍的。类似事件发生在魁北克省奥卡市,莫霍克族印第安人在神圣的部落埋葬场设置了一个禁止私人活动或者运输的路障,设置这个路障是为了抗议政府当局在当地建高尔夫球场,由于媒体从业人员对奥卡市的历史缺乏了解,所以他们报道了许多错误消息(Post-Oka Symposium,1990)。新闻报道的失误经常会掩盖事件的真相,这就需要报道者对事件发生的历史背景有所了解。

媒体应急管理原则

任何危机传播策划都应该包含媒体应急管理的原则。据说只有愚蠢的人才会加入信息战,"买成桶的墨水、成吨的纸,并且控制电视广播报道"(Fearn-Banks,1996,p.65),许多人相信媒体有设置公众议程的力量,一个事件只有当媒体、政府或者有影响力的利益团体共同关注时才会成为危机[Privy Office(PCO),1989]。有时媒体为公众提供信息,而组织控制信息流动,危机就发生于这二者的对峙之中。媒体对危机的报道按照可预测的发展方向进行。早期的新闻报道集中在不幸事件和灾难方面:"首先通过个人感情渲染报道主题的色彩基调、不幸和遭遇……接下来讨论灾难的性质和影响力……最后通过权威人士介绍已有的准备措施和应对危机的能力"(Hume,1989,p.19)。

媒体趋向于关注下面的问题(PCO,n.d):责任在谁?何时责任人受到处罚?组织何时发现问题?组织对此作何回应?在这个时间组织正在做什么?以及组织应该如何补偿或者保护处于风险中的个人或群体?媒体想了解详细的时间和地点、伤亡情况(数量、姓名、家庭住址和在公司的工作年限)、资产损失(范围和成本评估)、公司概况(员工数量、产品、安全记录和以前发生过哪些事件)以及对环境的潜在危害,媒体也想了解风险对于个体、组织和环境的后续影响。基于这样的状况,组织绝不能把应对媒体作为一件无关紧要的事情来处理,危机状况要求开放的传播策略,并且危机传播策划应包含媒体应急管理的战略。流言和坏消息无处不在,假如媒体不能从相关部门得到信息,它们就会从其他渠道获悉信息(Picard,1991)。

尽管信息公开是危机传播的基本原则,但是下列事项也应该加以注意:

- 在确切的调查报告出炉之前不要对事件的成因发表任何意见。

- 不要划分责任、过失。
- 缩小范围,集中力量针对关键问题进行调查。
- 警惕声明中的法律问题。
- 避免任何不计后果的决定。
- 在将相关信息传递给媒体或公众之前要反复核对所有事实(一些组织利用蛛网式覆盖程序来核对信息)。
- 避免"不宜公开报道"的情况出现,因为记者经常忽视这些标签。
- 避免推卸责任的声明,因为公众可能会质疑组织的行为。
- 可以表示同情,但是不要道歉。
- 在危机结束之前不要谈论处理结果。
- 要勇于说"我不知道"。
- 首先对公众关注的人身安全问题作回应。
- 避免术语和官腔。

当组织面临危机时,电视形象和照片姿势也可能带来大的风险。有时,发言人偏离了组织召开新闻发布会的初衷,或者发布会期间没有做好防范工作以至于记者拍摄到了禁止外传的照片。但是,某些情况下他们也会直接将照片和录像资料提供给记者。

发言人的角色可以转移公众对于危机事件的注意力。在危机事件进入紧急状态时,发言人主要扮演转移公众注意力的角色。发言人应该恰当地表明态度,在事件发生新的变化时及时告知记者,但是应避免回答不确定的问题,例如:"引发危机的人员姓名、指责政府过失、公布本不应该公开的受害人姓名,这些做法容易引起恐慌,不应告知公众……不论是从情感还是从法律层面考虑"(Baugniet,1984,p.7)。在应对媒体披露的危机事件时,组织必须咨询一些法律问题。律师是危机应急管理团队中不可或缺的组成部分,尤其是涉及土地使用和开发、政府或私人的劳动合同以及公民投票等方面的问题时(Cooper,1992)。基于这一原因,律师也应该参加组织举办的危机应急管理培训。然而,因为大多数律师宁愿保持沉默,也不愿意披露事件,所以问题就出现了。下面是对上述说法的一个典型回应:"我们应该在法庭上而不是在报纸头版上阐述这个事件"(Howard & Mathews, 1985)。然而,传播者倾向于公开事件,他们认为发言人应该讲明一个事件的真相,而不应考虑其产生的原因或影响。他们认为,甚至在缺乏证据的状况下,舆论的法庭也会对组织的案件做出审判。历史已经证明一旦掩盖的真相被媒体披露出来,掩盖行为比掩盖的真相本身更能引起公众的关注,反对党弹劾比尔·克林顿总统的过程为组织提供了一个可供学习的范例,假如负面信息由事件责任人或者组织进行披露,公众会采取更宽容的态度(Howard & Mathews, 1985):

> 组织想要率先公布坏消息……比较恰当的做法是通过媒体发布信息。组织不应该采取守势,组织可能因老实承认错误——并足够关心客户和公众,向他们告知情况而得到信任。建立自己的消息渠道……发挥主动性可以避免被攻击者击败……尽可能在最短的时间内消除危机事件造成的不良影响,掌握危机的发展事态,防止事件演变成一个持续的新闻事件。通常情况下,及时说明危机状况,重视补救行动更有利于化解危机,但是任何事情都具有两面性,不存在绝对的好与坏。(p. 146)

强生公司就羟苯基乙酰胺中毒事件回答了300通记者电话。公司董事长詹姆斯·伯克通过《多诺霍》(Donohue)和《60分钟》这样的电视节目对一些问题作了回应。此外,企业还召开了大型新闻发布会应对媒体的提问。随后,企业提高了80%的市场占有率,对于很多人来说这确实是一个奇迹(Knight as cited in Howard & Mathews, 1985, p. 162)。

如果组织禁止对外发布消息,发言人必须解释组织这样做的理由。危机期间确保消息不被传播出去的最好方式是优先发展好与媒体的关系,了解并且尊重媒体,以相同的态度对待所有的记者和媒体。随着危机的发展,组织可以通过适时传播利益相关者感兴趣的信息来控制事态的发展。西雅图第一国民银行描述了在危机状态下如何通过员工向公众传播信息(Howard & Mathews, 1985):

> 管理层和员工一起告知事件情况。各方分工行动——甚至有管理人员为当地报纸的专栏写评论,或者与媒体对话,这样做使组织看起来更加尽力。(p.143)

在某些情形下,组织需要避免对当地政府的过度依赖,因为地方政府的参与意味着问题波及范围比预期的更广泛。

发布新闻稿的方针

下面是发布危机事件新闻稿的一般规则:

- 将最重要的信息放在导语段落,按重要性递减依次编排。
- 说清楚人物、内容、时间、地点。
- 不要推测事情发生的原因。
- 避免术语和官腔,对行业术语做出解释。
- 不要缩小或者夸大事实。
- 不要详细列举损失或者伤亡情况。

反应和控制机制

用于激活危机管理网络的预警系统

如前所述,危机传播策划中详细列出了组织面临危机的预警指标。在危机时期,组织应该对将要采取的行动进行排序。如果组织有热线电话,那么来电者就能通过报告危机事件激活应急管理网络。许多组织使用连锁程序,一个节点通过"电话树"(telephone tree)将信息传递给另一个人。最先察觉危机的人应该致电首席执行官、相关部门主管人员和有影响力的业务部门领导,这些个体根据预定程序逐渐激活"电话树"。

日常操作

一旦危机加深,策划应该详细指明具体的传播活动。例如,一些人负责监督危机事件的报道范围,一些人接见社区意见领袖,还有一些人根据媒体监督、意见领袖采访及其他信息资料撰写每日战略传播评论。

活动一经启动,危机传播团队就要在固定时间和地点召集员工开会汇报情况,他们在日志中记录与媒体和其他群体交流的内容、时间和报道者的电话号码。准确的记录有助于组织抢先发布有利信息,也有利于保护组织远离危机中人们对组织的作为和不作为所展开的控诉。

关闭危机管理网络系统

日本向盟军投降后多年,小规模的日本士兵仍然藏在遥远的太平洋岛上,他们并没有意识到第二次世界大战已经结束。危机就像战争,组织做好准备与敌对力量作斗争,在危机过后即应撤销这些操作程序,组织建立行为预警系统来激活或关闭危机应急管理网络。例如,当在百事可乐饮料罐中发现了注射针头后,公司进行了一项广泛的调查。随着一些骗局被曝光,百事公司管理人员认为可以宣布危机结束,百事通过信函的方式向消费者宣告危机结束,并且在报纸上刊登遍布乡村的广告(Fearn-Banks,1996)。

危机传播策划的这部分详细说明行动应该恢复到常态:"因为不确定性,人们无法从心理上应对危机……缺乏信心容易引发混乱,可能延长危机时期或使管理过程更为复杂"(Garnett,1992)。虽说如此,没有人会认为"常态"意味着组织在危机后需要恢复到以前的状态。危机可能改变了组织的特征和架构,并且永远无法修复。传播群体不仅应该感谢在危机中付出努力的人,也应该感谢为此提供平台的人。

操作评估

系统和程序的预测试

危机管理人员可以通过演练和模拟检验系统和程序在危机中的表现。基于游戏原理的模拟能够使团队成员验证假想、建立规范以及分析各种行为选择的结果。假设性的模拟情景为参与者提供了制定决策以及与敏感信息发布者相互协商的机会。许多模拟聚焦于在危机情形下与媒体的互动。演习日期也会在危机传播策划中明文规定。一些个人(例如媒体人员和政府官员)需要接受专业培训。

危机总结报告

危机总结报告为组织评估策划效果提供依据。以下内容受危机直接影响：媒体、应急中心、雇员、被选中的团队成员以及企业或政府行政部门。日志、报纸文章、录像带、录音磁带以及广播和电视为评估提供资料。外界专家帮助确保评估的客观性。

修订

一些人建议危机传播策划适用期不应超过两年，如果情况或人事发生变动，公司在策划时必须考虑相应结果。传播组织应该保证修订过的策划在所有危机应急管理成员中传阅，在危机发生时，管理团队应该根据危机的具体情形制定相应的策划。

结　论

危机传播团队作为大型危机管理团队的一部分，被授予了权威。他们扮演着关键角色，因为在危机发生时公众具有非常强烈的求知欲望。本章论述了危机传播团队在危机全局中扮演的角色、危机传播策划的组成部分、危机传播的功能性原则、向传播者提供补充数据和材料等内容。

附 录

危机管理策划应该包含一个附录,这其中包括时间表、日志表(技术和传播)以及下列规则和方针:

- 危机时期的决策程序(后续程序、人力资源角色、伦理准则等)。
- 在指定的人员缺席时,代理人的行为规则。
- 情报收集行为规则。
- 信息传播规则(如何与媒体及相关人员互动、发言人职责、受害者家属管理程序、信息校对程序、明确新闻稿的程序等)。
- 危机档案记录规则(发生了什么、受到什么损失、谁受伤或死亡等)。
- 信息传播档案记录规则,包括信息发布的日期和时间、打进及拨出电话的记录(例如对媒体的询问及回应、社区领导人、利益相关者以及其他人)、媒体公布或者披露的关键问题。
- 更新危机管理手册掌管人名单的程序。
- 启用和关闭危机传播网络的程序。
- 新闻稿写作方针。
- 媒体互动方针。
- 地图册、情况说明书、人员资料以及其他在危机应急管理中可能用到的资料。

第三部分

传播理论:策划基础

7

理解受众心理：信念、态度、价值观以及需求

受众对信息或劝服策略的反应取决于他们的信念、态度和价值观。有关知觉的研究显示，我们倾向于接触或者回忆起那些与我们已有的信念系统相吻合的信息。这一章我们将回顾那些与信念、态度、价值观相关的理论，这些理论有助于传播策划者制定有效的战略，并制作合适的传播信息。受众是所有策划努力的起始点。本章最后一部分将讨论受众对于成就、权力和归属的需求，以及人格对受众接受信息的影响。

信念、态度、价值观对受众接受信息的影响

信 念

信念系统在个人与环境之间起到过滤器的作用，它将那些具有潜在威胁性的刺激筛选掉，接纳那些自己认可或不具备威胁性的信息（Best，p.170）。根据罗克齐（Rokeach，1968）的研究，每个人都具备五种类型的信念，分别是 A、B、C、D 和 E，这些信念像洋葱一样形成层状结构。A 型信念位于中心，其他类型的信念则环

绕在 A 型信念周围。

位于信念系统最中心位置的 A 型信念构成了有关物理现实（例如，这是一棵树）、社会现实（例如，我住在纽约）以及自我性质（例如，我是一名女性）的最基本事实。A 型信念属于那些个人完全确认的信念，它们很少是自相矛盾的。人们在早期生活中获得这类信念，在此后生活中不断证实这些信念，个人在自己的亲身经历中建立起这类信念，社会的普遍认同也强化着个体对这类信念的信心。因为有关这些信念的客观世界、他人和自我处于一种内在统一的状态，个人因此而获得某种稳定性。

有关自我存在、身份认同以及客观世界的信念还与信念系统中的其他部分相关。如果那些获得社会普遍认可的某些信念受到攻击和挑战，那么抵抗变化的阻力将会很大。例如，当伽利略声称地球是围绕太阳旋转时（这一信念与人们长期信奉的地球是宇宙中心的观点恰好相反），教会当局威胁他说要将他逐出教会，除非他收回自己的观点。在此，伽利略要坚持的其实就是 A 型信念，即关于客观物理事实以及宇宙性质的信念。

位于信念结构第二层次的 B 型信念对劝服同样具有强烈的抵制功能。以自我为中心的 B 型信念不需要他人的认同，个人通过直接经验获得这类信念，他们与外部权威力量没有什么关系。这类信念也许是肯定性的（例如，我很聪明），也许是否定性的（例如，我没有什么吸引力）。仇恨、受骗和妄想会加深这种否定性的 B 型信念（例如，别人仇恨我），精神病医生试图找到方法改善 B 型信念中的这类否定性观点。缺乏共享性的 B 型信念与具有共享性的 A 型信念更相似，但是与信念系统中其他信念的区别则比较大。

改变 C 型信念，或者改变其他权威性的信念较之于改变 A 型和 B 型信念要容易一些。人们习得权威性的信念用来应付那些具有多种解释可能性的客观物理事实和社会事实，这些权威性的信念往往相互矛盾，他人或群体可以促使个人接纳某些 C 型信念。权威可以是肯定性的（假如人们喜欢权威），也可以是否定性的（假如人们不喜欢权威),人们通常相信那些源自肯定性权威的观点,而不相信那些源自否定性权威的观点。哈瑞·奎师那(Hare Krishna)、菲德尔·卡斯特罗(Fidel Castro)以及教皇保罗(Pope Paul)对于某些人来说是肯定性的权威,但是对于另外一些人来说则是否定性的权威。

D 型信念源自权威人物。"信奉某个特别的权威意味着接受由这个权威提供的其他信念"(Rokeach,1968,p. 10)。D 型信念与信念系统中的其他部分关系不太大,而是与权威本身的关系更紧密。例如,一个人尽管不同意克林顿总统对莫妮卡·莱温斯基事件的解释,但是又认可总统继续待在白宫的权利,那么就意味着这个人的信念系统几乎没有发生什么重大变化,这个人可能会继续投票、纳税、在足球比赛中唱国歌。但是,如果这个人拒绝克林顿的权威性象征,那么就意味着这个人的信念系统发生了深刻的变化,这个人可能就不太会把总统办公室的价值当回事了。这种评价贬值可能导致此人在下一轮竞选中放弃投票,不再把那些显示对国家、政府忠诚的仪式当回事,也不会对未来的总统保持信任。诸如"水门事件"、越南战争之类的事件就导致了人们玩世不恭、蔑视权威的态度,并导致了对尼克松继任者的质疑。

相对于 A 型和 B 型信念来说,C 型和 D 型信念更容易改变一些,因为并非所有的人都抱有这类信念(Rokeach,1968):

> 诸如体现在节育和原罪、共产主义和法西斯主义、俄罗斯和南方这类问题上的信念,诸如对于有关希特勒、赫鲁晓夫、林肯和耶稣基督之类的名人的信念似乎不是人们所持有的最坚定的信念。最难以改变的……是那些人们视为理所当然、涉及身份认同的信念,这些信念往往牢不可破,原因在于几乎人人都持有这些信念,或者这些信念并不完全依赖于社会共识。(p.57)

E型信念位于信念结构的边缘,其特点是随意散漫、缺乏逻辑,这类概念的保持并不需要获得社会的普遍认可。因为E型信念与信念系统中的其他部分联系最少,所以相对于其他位于中心位置的信念而言,它们更容易对劝服企图做出反应。尽管一个人可以像信守中心信念的人一样牢固信守一些边缘性的信念,但是更普遍的情况是他很容易放弃这些信念,因为这些信念与信念系统中的其他部分联系较少。通过将E型信念与那些位于心理更深层的信念比如A、B、C型信念相结合,广告商常常能够达到劝服目的。假如广告商把E型信念和否定性的B型信念结合起来,就有可能激发起人们的原始恐惧,导致那些次要信念的改变,漱口剂、除臭剂等产品常常诉诸这类策略。另外一些劝服试图将E型信念与C型信念中的权威概念结合在一起,以造成态度改变,使用推荐信就属于这类情况。

态度

态度被定义为对某种客观情境的反应倾向,这类倾向也许是积极的,也许是消极的(Jahoda & Warren,1966)。经典一致性理论试图解释受众如何对那些与自己的认知和态度相矛盾的信息做出反应,这一理论使用了许多术语。海德(Heider,1946)使用"平衡"与"不平衡",奥斯古德和塔伦巴姆(Osgood and Tannenbaum,1955)使用"一致"与"不一致",费斯廷格(Festinger,1957)使用"协调"与"不协调"这类术语来讨论人们竭力回避那种令人不安的心理处境。所有这些处境与某种内在冲突有关,在这种内在冲突中人们陷入一种与个人信念相矛盾的境地。

纽库姆(Newcomb,1953)研究了这样一种认知失衡的处境及其后果,即两个人本来彼此喜欢,且互相尊敬,但是在某一问题上却产生了看法上的分歧,在这种情况下,维持友好关系的愿望可能刺激双方态度的变化,最终确立的态度可能位于两人初始态度中间的某个位置。纽库姆认为人们可以以几种方式恢复自己的内心平衡。其一，两人可以在最大程度上顾全各自观点和友情的前提下，最低限度地改变各自的态度；其二，两人可能（为了维持自己的观点）调整对方在自己心目中的位置；其三，两人可能会修正自己的观点，以避免自己陷入不快的境地。

许多后继者在公关模式研究中强化了这种双向适应（co-orientation）的思想。双向适应是指这样一种状态或倾向，即当个人的观点与对方或其他群体所持的观点截然相反时，每一方都愿意改变自己以适应变化。纽库姆（1953）在其"全力对称"（straining toward symmetry）理论体系中将双向适应定义为"感悟一致"（p.393）。格鲁尼格和洪特（Grunig and Hunt，1984）探讨了组织层面上的双向协调过程，他们认为"就像公众期待说服组织机构的主管们改变态度和行为一样，组织机构其实更乐意看到改变公众的态度和行为"（p.23）。多泽尔和艾赫林（Dozier and Ehling，1992）认为："传播主管们在推动分歧双方相互接纳方面总是要做得更好一些，但他们很难做到让其中一方完全主导另一方"（p.178）。有关态度问题的更深入探讨将在本书第十章进行，该章还将介绍相关劝服理论。

价值观

知觉心理学（perceptual psychology）研究表明，受众接受信息的程度取决于信息是否显示出某种价值观，以及这类价值观是否与受众持有的价值观相同。

对认定受众价值观的尝试

自从奥尔波特、弗农以及林德赛（Allport, Vernon, and Lindzey，1950）发布第一批有关价值观的研究成果以来，在过去的半个世纪中人们对价值观研究的兴趣与日俱增。出版于1968年的《罗克齐价值观调查》（*The Rokeach Value Survey*）为此后几乎所有的价值观研究奠定了基础。罗克齐（Rokeach，1973）将价值观定义为"一种持久的信念，即个人或社会通过比较而优先持有的特定的行为方式(工具价值观)以及存在的经济状态(经济价值观)"(p.5)。价值观可以通过一个人的言行表达出来,罗克齐认为每个人可能持有成百上千的信念和数以千计的态度,但是持有的价值观却只有几十种。罗克齐确定了18种工具价值观(行为的理想状态)和18种终极价值观(生存的理想状态)。在罗克齐之后,许多学者继续研究,努力发掘罗克齐列举的36种价值观中所包含的潜在要素。

比尔登、奈特梅耶和莫布里(Bearden, Netemeyer, and Mobley,1993)综合前人的研究,编辑出版了一本有关价值观研究的最新调查报告,这也是最优秀的调查报告之一。这份包括1962至1990年研究成果的调查报告认为,美国价值观主要包括以下内容:成就、活力、集体主义、能力、竞争、遵从、文化、民主、支配、效率、平等、家庭导向、自由、慷慨、理想主义、想象力、独立、个人主义、智慧、物质主义、道德、乐观主义、爱国主义、和平、进步、理性、责任、社会性以及工作伦理等。

20世纪80年代至90年代的许多市场研究聚焦在价值观方面。心理图谱学涉及受众心理层面的图形再现,这一领域主要与价值观和生活方式构成相关(Arkin,1992)。米歇尔(Mitchell,1983)的"价值观及生活方式类型学"将人分为九大类。价值观群体的范围从为生存而奋斗的求生者(survivors),到富裕的、精神驱动型的"完人"(integrateds)。根据米歇尔的研究,那些求生者难以逃脱令人不快的生存境遇。维持者(sustainers)是指那些对现行体制不满的年轻的少数族裔美国人,他们也如求生者那样构成贫困人口。事实上,附属者(belongers)、竞争者(emulators)和成功者(achievers)具有共同的特征,他们都是外向型(outer-directed)的人,换言之,他们总是依据其他人的社会期待而行事。附属者常常行事拘谨,立志成为主流社会的附庸。与之相反,竞争者却常常表现得积极向上,充满拼搏和身份意识;与维持者一样,竞争者也不信任体制,这种不信任源于他们在主流群体中的少数派地位。在那些成功者中,大多数人是男性、白人和共和党人。名副其实,成功者的价值观是勤奋工作、获取成功和物质舒适。

米歇尔还辨析了属于内向型(inner-directed)性格的三类美国人群体,不同于外向型的个人倾向于对他人的期待做出行为反应,内向型的人对他人的期待所做出的反应更有个人主义特点。我行我素者(I-am-me's)、经验主义者(experientials)以及具有社会意识的人(societally conscious Americans)构成了三大类型的性格内向型人群。那些年轻人、以自我为中心的人以及表现得我行我素的人更容易变得不安、冲动,但却更富有创造力以及奔放不羁,许多年轻女性(她们仍然依赖父母供养)都属于这一类。经验主义者是我行我素者的成熟版本,这类人较少自我中心主义,却更富有冒险精神,在政治方面表现得更自由,在政治运动中更活跃,对于妇女以及环境议题而言尤其如此。最后一类内向型人群是社会意识类人群,将近1400万美国人都属于这一群体。社会意识类人群比较富有,但是与那些成功者相比他们却更少物质主义倾向,他们立足于社会需要的角度看待社会变革,他们当中的许多人在某些特定议题的社会运动中充当领袖角色,尤其是在关于环境的议题上。由于他们受到了良好教育,所以他们在职业领域占据着优势,他们支持美国在国际事务中发挥积极主导作用,同时他们支持国与国之间的合作,反对霸权支配,他们也支持和平运动。内向型人群包括那些完美型人群,完美型人群介于外向型价值观人群和内向型价值观人群之间。依据马斯洛的发展模式理论,这类"完人"是那种完全成熟、充满自信、富有个性、自我实现的个人。正如人们所说,"他们拥有一切",并且他们"超越一切"(Grunig as cited in Ferguson,1994,p. 65)。

大多数社会心理学家和人类学家认为,只有少数一些价值观能引导人类行为。《理解人类价值观》(*Understanding Human Values*,Rokeach,1979)一书的导言声称:"在任何成熟社会中,罗克齐列举的36种价值观都会出现,同样出现的价值观主题还包括

C. 克鲁克洪（C. Kluckhohn）、F. 克鲁克洪（F. Kluckhohn）、R. F. 巴尔斯（R. F. Bales）、考奇（Couch）、C. 莫里斯（C. Morris）、M. 欧普勒（M. Opler）以及 R. 威廉姆斯（R. Williams）所列举的那些"（p.17）。大多数研究者认同价值观相对持久，却又很难改变，相对于信念和态度比较容易改变而言，价值观的改变尤其不易。李普塞特（Lipset,1967）注意到，在整个 20 世纪没有出现过任何一种全新的价值观。威廉姆斯（Williams,1970）得出结论说，从 1950 年到 1970 年美国价值观基本上没有发生什么变化。卡勒、普洛斯和萨克哈迪尔（Kahle,Poulos,and Sukhdial,1988）的研究也表明，在过去十年间，美国人在如何评估社会价值观的重要性这一问题上趋于稳定。

尽管如此，不同时期的受众在如何排列价值观的顺序方面确实发生着变化，威廉姆斯（Williams,1970）和杨科洛维奇（Yankelovich,1981）发现，在许多人日益获得成功的同时，成就感作为一种价值观的重要性却开始下降，尽管它仍然是一种重要的价值观。另外一些研究表明，在 20 世纪 70 年代美国人对平等的信奉明显弱化（Ball-Rokeach,Rokeach,& Crube,1984）。自 20 世纪 60 年代以来，越来越多的美国人开始认同环境价值观的重要性。有关政治价值观的研究显示，基督教右翼和原教旨主义宗教的影响日益扩大（Badaracco,1992；Persinos,1994）。水门事件之后，在评价政治候选人时，重视诚实以及公正价值观的美国人的数量大幅增加（Roelofs,1992）。两项有关美国青年的调查（reported in Easterlin&Crimmins,1991）证实，"谦逊正在远离公众兴趣"，"强调个人自我实现的价值观急剧下降"，"个人物质主义日益盛行"。这份关于青年人的报告还显示，青年人倾向于支持资本主义制度，并且相信那些公司所做的一切都是善行。许多人自称为保守派，较少有人积极从事政治活动。尼达姆（D. D. B. Needham）进行了一项为期 16 年的关于美国人生活方式的研究，他不同意那种被人普遍接受的观点，即美国人正在回归传统价值观（Winski,1992）。

共享某种价值观的人口数量(在某一时期信奉某种价值观的人数)或者人们对价值观领域产生冲突的社会容忍度也在发生某些变化。由普罗思洛和格里格(Prothro and Grigg,1960)领导的一项研究表明,爱国主义价值观与言论自由信仰之间存在某种紧张关系。另外一些人相信,当社会崇尚成功时,这种成功价值观实际上是与关爱及和谐社会价值观相冲突的。

总而言之,研究者在如何定义和归类价值观方面常有分歧,一些研究者试图通过要素分析手段减少价值观的数量,但是另外一些研究者却对此不以为然,他们相信,在不同问题上,在不同时期以及在不同文化情境中,人们对价值观的排序会有所不同。但是,尽管研究者之间的意见存在分歧,但绝大多数研究者却相信大部分美国人所持有的核心价值观很少发生变化。

传播中价值观的角色

上述讨论得出的结论对于广告、市场营销和其他传播活动具有重要意义。由于价值观相对稳定,所以针对范围广泛的文化群体,传播活动设计者有时可以忽略短期舆论和态度倾向。与之相反,战略策划目标总是着眼于那些具有普遍性的价值观,或者大部分受众坚定恪守的信念。当价值观以模棱两可或伪装的方式出现时,普遍的认同和接受才最有可能达成。也就是说,当人们越是想把某类具体的价值观应用于某些具体情境中的时候,越容易引起分歧和冲突,在存在分歧的群体之间也越难以达成共识。

模棱两可更容易使多数受众共享价值观,相反,那些清晰明了的诉求却极易在存在分歧的受众中引起警觉。

活动策划者怎样才能获知这些人们普遍拥有的价值观呢?全面理解这一过程的性质能够使那些初学者掌握方法,无论是出于实践的目的,还是出于理论批评的目的。

本章开头曾描述过这样的方式,活动策划者常常将一些外围信念潜移默化地迁移到关涉事物的中心信念,例如,这些外围信念包括政治家们的品位、牙膏、音乐和香水等,对应的中心信念是自我概念、权威等。这些外围信念就像一扇大门或一条路径，它们通向中心信念系统。接下来，活动策划者会使用触发物去传导更有意义的信息。例如，广告商将这类触发信息附在产品包装中，希望这些触发信息在购买行为发生的那一刻被触发。对于孩子们来说，电视中的卡通人物出现在他们的生活中，那不过是孩子们与家人以及朋友共享美好时光的一条路径。在银子弹（Coors）啤酒广告中，一位男子得到了一罐啤酒，它象征着这位男子获得了社会认可、友情和性满足，这罐啤酒实际上就是一种触发象征物，它触发了受众的购买欲望，开启了通往中心价值系统的那扇大门。

理解广告如何利用触发物接近价值体系的关键在于真正理解信号行为（signal behavior）的本质。信号行为意味着对刺激所做出的未经思考的反应，语义学将信号行为定义为即刻的、未经思考的、毫无戒备的自动反应。早川（Hayakawa，1949）以大猩猩学习汽车驾驶为例来说明信号行为的这一特点。

人们训练大猩猩学会"绿灯行，红灯停"，然而大猩猩的反应却与人类的反应非常不同。当绿灯亮起时，对于大猩猩来说，绿灯意味着"直接向前，别问其他"，大猩猩仅仅对信号做出不假思索的自动反应，这一例子很好地说明了信号行为的特点。与之相反，如果是符号行为（symbolic behavior），人们就会查看四周，分析路况，只有在确认一切正常的情况下才会开动汽车。

在观众看来，当今广告所鼓励的信号反应绝大多数是自动而不假思索的，广告中包含着刻意设计的触发物，这些触发物可以绕过中间过滤以及门控系统，激发受众的反向价值行为。这种情形非常类似于催眠师在与病人简单交谈之后，他就会用一些暗示性的语言使病人快速进入睡眠状态。广告商同样运用这类语言和视觉元素对观众加以暗示，最终抵达目标受众的价值系统。一旦这条路径和通道建立起来，后面的事情就非常好办了。当然，这一情形也会引起广告理论中的伦理问题。

通常说来，这些富有暗示性的语言和视觉元素被植入隐喻之中。莱斯、克兰和杰哈里(Leiss, Kline, and Jhally, 1986)认为隐喻是当代广告的核心,在隐喻中人物、活动、场景与产品相互交织,隐喻的功能是力图"将这种交织体转化为一种有意义的关系"(p.241)。例如,一则商业广告可能会把一个人品尝一种新品咖啡的尝试与这个人与他人初次约会这一场景相关联,这实际上是以隐喻的方式揭示两者之间的相似性和差异性,努力呈现由不熟悉到熟悉这样一个变化过程,两者之间的这种关联是人为制造出来的。

索绪尔(Saussure, 1966)区分了组合(syntagmatic)(横向)关系与聚合(纵向)关系(或联合关系)(paradigmatic or associative)之间的差别,这一区分为人们理解隐喻如何产生作用奠定了基础。

组合关系显示了结合的可能性,我们总是通过将所有元素拼成一幅完整的图像来解释环境。例如,一个人的装束不过是各种衣服的组合或结合:皮带、衣服、帽子、鞋子等。同样,在一家餐馆订购一份午餐,那不过是各种食物的组合或结合:凯撒沙拉、牛排、烤土豆、芦笋、苹果派、咖啡。相反,在聚合关系或联合关系(符号学者交替使用这两个术语)中,元素之间是一种可以彼此取代的关系。例如,一幅爱奥尼亚(Ionic)式立柱的图像唤起了人们对多立安(Doric)式立柱的早期回忆——这一经验或者来自对罗马的访问,或者来自高中拉丁课本中的摄影图片,或者来自艺术课堂中的幻灯片。多立安式立柱并不存在于此刻,它仅仅存在于人们的记忆中,大脑建立起爱奥尼亚式立柱与多立安式立柱的联系。显然,如果没有之前有关多立安式立柱的经验,这种关系就无法存在。

在前面的例子中,食客基于菜单的每种选择都源于可能存在的范式(paradigm)。食客从沙拉范式中选择凯撒沙拉、田园沙拉、通心粉沙拉或塔布雷沙拉;从肉类范式中选择牛排、鸡肉、鱼肉或者猪肉;从土豆菜谱范式中选择烤土豆、土豆泥或炸薯条;从蔬菜范式中选择青豆、玉米、西兰花或西葫芦;从甜点范式中选择吉露果子冻、馅饼或布丁;从饮料范式中选择牛奶、果汁或葡萄酒。

就像组合关系那样,转喻涉及横向上的组合,而隐喻却像范式那样以彼此对应、相互聚合的方式发挥作用(Webster,1980)。在加拿大贝尔公司(Bell Canada)的一则电视广告中,父亲和儿子在玩棋盘游戏,外面却下着雨,这一画面中同时包含着转喻和隐喻。作为转喻,棋盘游戏是父亲和儿子在一个时期共同参与的许多活动中的一种。雨天也使人回想起父亲和儿子一起消磨的许多其他个愉快的午后或夜晚。作为隐喻,父亲代表着爱和安宁,这是一种在大多数文化中都广泛存在的传统价值观。广告中的种族类型、情景设置和游戏方式越模糊,广告效果对于大量受众来说越显著。一些有关政治议题的文献也谈到那种"能够引发美国文化中政治价值观共鸣的能力"(Ryan, Carragee, & Schwerner, 1998, p.170)。

广告十分依赖原型隐喻,原型隐喻借用诸如黑夜与白天之类的自然力量进行对比,借此引发人们在诸如友爱、家庭之类的普遍价值观方面的共鸣。雨包含着寒冷、风暴之类的自然元素,父亲的关爱庇护着儿子,使儿子免受严寒、风暴的侵袭。另外一则电视广告中的画面呈现出这样一幅情景:一盆火炉和一杯麦斯威尔(Maxwell)咖啡等候深夜归来、被冷雨浸湿、瑟瑟发抖的伴侣。奥斯本(Osborne,1967)认为这类隐喻与人类最原始的经验相关:出生、成长、衰老以及死亡,它诉诸人类动机——爱、安全以及家庭。在受众群体高度多元化的地方,例如在联合国,原型隐喻帮助人们搭建起文化沟通的桥梁。诸如火、水、旋风、出生以及死亡之类的东西使得那些本来处于不同社会、经济、宗教、哲学以及政治背景中的人们能够超越分歧(Prosser,1970)。同样,广告商总是竭力超越差异,制造观点上的共鸣。贝尚德(Bachand,1988)观察到,在摩托车广告中经常出现隐喻,一则典型的广告呈现出这样的情景:一辆无人驾驶的摩托车被放置在乌云密布的天空下,一道闪电划破天空,在原始背景的映衬下,摩托车恰如一道奇异的景观。

费斯克(Fiske,1982)指出,隐喻以典型化的方式发挥作用,并产生虚构的和超现实主义的效果,在电视媒介中经常可以看到这

种情况:

> 用于表达情绪的柔焦(soft focus)镜头涉及某些特性的转化,即从感觉层面转向主体建构层面。柔焦镜头是情绪的隐喻,叠化则是记忆行为的隐喻。桂冠和金穗上点缀的金纽扣代表着将军崇高的社会地位。但是,这些引申意义是人为建构起来的,它并非隐喻本身;尽管它确实涉及由此及彼的某些特性的虚构性转化,但是它们强调的是两者之间的相似性,旨在消除两者之间的差异性。(p.100)

费斯克(1982)还注意到,许多超现实主义广告不但利用相似性,同时也利用差异性。广告商使用一些彼此对立的形象和观念,将这些大杂烩并列在一起,然后鼓励读者们去自由联想,这些看似无关的东西经过关联之后却能够表达出一个故事。在广告的视觉语言中,事件和客体代表着产品:"西部荒原上的野马隐喻着万宝路牌香烟,瀑布和天然绿色隐喻着薄荷香烟。这些都是一目了然的隐喻,其中,无论是作为隐喻载体(野马和瀑布),还是作为隐喻本体(香烟等),它们都以视觉的形式呈现出来"(Fiske,1982,p.97)。广告商对于隐喻的倚重也蔓延到诸如摇滚(音乐)电视这类电视节目形式中,摇滚电视是一种高度压缩的节目模式,它是一堆被唤起的形象的大杂烩,这些形象是非线性的,它们类似于思维的过程,快速出现并消失。在摇滚电视中,只有歌词具有组合的特征,而且即使这些歌词看起来也更像是任意跳跃、缺乏连贯的。

隐喻越晦涩,读者就越必须运用自己的经验去发现差异中存在的相似性。佩雷尔曼(Perelman,1982)如此谈论隐喻所赋予的模糊性的重要性:"在自然语言中,模糊性,即多种解释的可能性实际上早已成为原则。例如,假如从哲学家的语言中剔除那些刻意保留的隐喻,那么哲学家的语言将变得了无新意"(p.44)。广告也运用同样的原则,广告具有渗透进观众和听众价值体系的强大潜力,这些广告总是承载着大量指向不明晰的信息,它们被用来激发那些见多识广的人群。施瓦茨(Schwartz,1974)评论道,广告商竭力打包那些刺激物,"刺激物与存储在个人大脑中的信息相互作用,并产生共鸣,从而诱发预期的认知和行为反应"(pp.24－25)。提示中所包含的语境越模糊,在受众一方就越可能衍生出更多新的意义,观众或听众看起来更像是参与者,而不是旁观者,由此产生出更高水平的回报和承诺。

模糊性同样适用于相互冲突的价值观,后者共存于某些信息之中。研究者发现了这样一种趋势,美国社会越来越少地强调那种教条式的一致性,越来越容忍价值范畴中的不一致性。跨文化研究表明,美国人比德国人和其他国家的人更容易容忍价值观方面的模糊性和不一致性(Hofstede,1980)。这种对差异性的容忍能力非常重要,因为诸如"自由"和"平等"这类彼此冲突的价值观日趋增多,它们共存于某些社会中。威廉姆斯(1970)说,大众传播创造了"有关知识、信念和价值观的巨大矿藏,它们当中许多相安无事,有些却彼此冲突"(p.452)。借助于隐喻和模糊性,广告商在不同文化和差异之间架起桥梁,避免价值分歧。

需求与人格

马斯洛(Maslow,1954)的需求层次理论显示,所有人都具有动机和内驱力,它们会对人们从信息中获得认知产生影响。需求的层次包括生理、安全、爱、尊重以及自我实现,一个人总是努力依次追寻这些需求的满足。一个饥饿的人只会首先想到食物,一个无家可归者总是首先日夜思虑得到一个蔽身之所,他们不可能首先想到如何获得尊重以及自我实现。当一个人的人际关系恶化时,他(她)就难以投身于工作或娱乐。许多健康传播活动致力于满足受众的安全和健康需求,广告商则往往以受众的尊重需求为诉求目标。自我实现需求与创造性、好奇心、自我独立、个人抱负以及自由密切相关,在马斯洛看来,追求自我实现的人总是少数。函授学校和军队常常诉诸其成员的自我实现需求,它们常常鼓励其成员"成为你所能够的(那样)",成功的信息策划者必须知晓受众位于需求层次的哪一个位置。

麦克利兰(McClelland,1961)以及麦克利兰、阿特金森、克拉克和洛威尔(McClelland, Atkinson, Clark, and Lowell, 1953)研究了成就、归属感和权力需求,他们发现在中学阶段,而不是在更低或更高的年级中,成就导向更强烈。那些具有高度成就导向的人能够规划现实的目标,仔细盘算存在的风险,他们喜欢追求那些能够给自己带来高度自主性的事物。他们计划周密、行事谨慎,常常进行自我检视。与那些低成就需求的人相比,他们更乐于接受不利的反馈,对于即时、精确反馈的需求激励着这些高成就导向的人努力谋求诸如销售员、建筑师或教师之类的工作。一般说来他们总是回避管理工作,因为这类工作按部就班、没有悬念。尽管他们倾向于抵制权威体制,但是他们也同样喜欢遵守秩序和规则。那些具有高度成就需求的人更看重实际工作中的业绩,而相对把金钱或其他回报看得很轻。他们更愿意接受一个能力超凡的合作者,而不大愿意接受一个徒有其表的平庸者。比较研究发现,与其他国家相比,美国明显位于成就导向型国家之列(Hofstedte, 1980)。

就像一些人具有高成就需求一样,还有一些人具有较高的归属感需求和权力需求。那些具有高度归属感需求的人更看重友谊和人际关系,相对把成就看得很低,他们宁愿选择团队合作,而不愿意独自承担风险。那些具有高度权力需求的人乐于追求权威和地位以控制和影响他人。

人格在人们感知信息的过程中也会产生影响和作用。总的来说,那些具有高度自尊需求的人比起那些具有较低自尊需求的人更难被影响。具有高度自尊的人尤其反感并拒绝那些企图剥夺他们自主能力的、直接的、赤裸裸的信息诉求(Brockner & Elkind,

1985)。另外一些研究显示,积极乐观的信息对高度自尊的人影响更大,消极悲观的信息则对那些低度自尊的人影响更大(Leventhal & Perloe,1962)。较之那些低自尊需求的人,那些高度自尊的人更少屈服于外界环境的压力,前者总是倾向于获得他人的认可。低自尊需求的人对健康类信息倾向于刻意逃避,当被迫面对这类信息的时候,他们会感到厌烦(Bettinghaus & Cody,1994),由于自我意志薄弱,导致他们缺乏信心应对健康问题(Leventhal & Trembly,1968;Nisbett & Gordon,1967)。那些在决策关头高度焦虑的人往往抵制劝服信息(Nunnally & Bobren,1959)。

罗克齐(1960)及其同事进行了一项关于"开明"和"保守"人格的经典研究。研究者将"教条"与思想保守的人联系在一起。他们得出结论,那些思想开明的人对世界充满乐观精神,他们不相信权威们能够绝对主宰政策,而且他们不惧怕争端。思想开明的人乐于将自己的信仰与其他鼓吹者的信仰放在一起进行比较、鉴别。但是,那些极度教条的人往往对未来悲观叹气,他们心胸狭隘,迷信来自权威的"绝对正确",拒绝与权威相左的观点(Bettinghaus&Cody,1944)。极度教条的人更看重那些来自可靠信源的信息,他们难以接受那些与自己头脑中的既存框架相冲突的信息。那些思想开明的人会认真检视彼此冲突的信仰,努力调和冲突。相反,思想保守的人却宁愿忽略分歧。思想开明的人对新信息倍加留意。当然,研究者也指出,将受众绝对划分为教条和非教条是不恰当的,"大多数人都具有一定程度的教条主义倾向,只有极少数人会沦为极端教条主义者"(Bettinghaus,1973,p.69)。

权威人格对于劝服意图的反应方式也不同于其他人格类型。这里所说的劝服意图主要是指那些针对偏见和偏执的劝服努力。二战以来,阿多诺(Adorno)、佛伦克尔—布伦斯威克(Frenkel-Brunswik)、莱文森(Levinson)以及桑福德(Sanford,1950)开发了一种被称为"F量表"的工具,这种最初被用来测量民族优越感程度的量表似乎描绘了全部人格类型。研究者们以"权威人格"来命名他们的发现,这类人格由四种要素构成:权威性的宗教意识形态、怀疑和迷信的世界观、对权威的屈从以及"阿尔法型"(alpha-type)法西斯主义。具有权威人格的人的具体特征是墨守成规、权力导向、僵硬死板、保守守旧、不能容忍模棱两可、民族主义世界观以及敌视民主。贝汀豪斯和科迪(Bettinghaus and Cody,1994)对这种暗含着某种劝服理论的人格要素做出了如下评论:

> 那些拥有权威人格的人对他们所属群体的道德权威形成高度依赖,他们死板地恪守中产阶级价值观,沉湎于他人以及自己的权力和地位而不能自拔。(p.163)

他们倾向于泾渭分明的价值判断,并且以非黑即白的方式去认知世界,相互矛盾的信息以及彼此对立的权威极少会对他们的信念产生影响。权威人格并不等同于教条,那些具有权威人格的人会毫不犹豫地顺从权威,寻找替罪羊,制造政治阴谋,他们对离经叛道者和异见者也不予宽容。

结　论

本章讨论了信念、态度以及价值观对受众的影响,还讨论了需求与人格如何影响人们对信息的理解。那些打算传播知识或信息、改变或强化态度,或者打算激励人们行动的传播者必须考虑这些变化因素。每个人接受的信息都不尽相同,每个人基于信息而行动的动机或内驱力也千差万别,要使传播行之有效,就必须理解受众心理。

8

信源可信度的基础[注]

策划者必须就选择什么样的发言人进行战略选择。信源的可信度会对受众接受信息产生强烈影响,受众愿意接受来自具有一定可信度信源的信息,而拒绝接受那些来自缺乏可信度信源的同一信息。许多因素会影响受众对信源可信度的感知和判断,例如,专业知识水平、是否镇定沉稳、是否具有足够的可信赖度、是否具有朝气和活力、是否讨人喜欢、是否外向以及是否与受众具有相似性等。信息来源如何使用媒介同样会影响人们对传播者可信度的感知和判断。电视常常对信息提供者提出要求,如果他们希望获得受众对信息的高度认可,就必须遵照这些要求来做。本章将讨论信源可信度对传播的影响、信源可信度的构成因素和电视在人们对信源可信度感知过程中所发挥的影响和作用。

注:本章内容是在斯图尔特·弗格森和谢瑞·弗格森 1978 年的一篇论文基础上修订而成的。

信源可信度对传播的影响

由霍夫兰、珍妮斯、凯利（Hovland, Janis, and Kelley, 1953）以及麦克罗斯基（McCroskey, 1966）所做的广泛研究牢固奠定了信源可信度（source credibility）这一概念，这些研究源于有关精神气质（ethos）的古典理论，研究发现越是具有可信性的信源对受众的最初影响越大，无论这些信源是关于政治候选人、组织产品还是关于概念的。广告主也清醒地认识到可信信源的重要性，五分之一的电视商业广告利用名人促销产品和服务（Cain as cited in Pfau & Parrott, 1993, p. 126）。儿童电视节目同样如此，例如《芝麻街》（*Sesame Street*）的创作者利用测试来确定何种电视角色适合被用来向孩子们传递不同的信息（Rossi & Freeman, 1989）。健康传播活动挑选那些贴近目标受众的发言人。早在 1972 年威廉姆森（Wilhelmsen）和贝雷特（Bret）就提醒说，政治候选人想被别人当回事就必须展示其招人喜爱的形象和富有魅力的个性。在美国政治生活中虽说治理能力必不可少，但那只是次要的，"如果一个人看起来不亲善，那么他就不会被选中"（p. 130）。比尔·克林顿陷入的危机令批评者怀疑克林顿的言而无信或许会损害他治理国家的能力。杨科洛维奇（Yankelovich, 1991）认为，有五类因素会对一般公众的意识提升产生关键影响，而信源可信度便是其中之一。他举例说，在 20 世纪 70 年代公众不相信来自政府和石油公司的信息，那些劝说公众支持一项新的国家能源政策的努力也因而遭到削弱，因为公众确信石油公司和政府正在合谋，误导公众相信存在石油短缺，因此公众拒绝接受来自其中任何一方的信息。目前政府在环境领域面临着许多类似问题，许多美国人怀疑政府与一些大的污染方相互勾结。与此类似，延续至今的献血危机也使得红十字会的信誉下降。相反，许多与艾滋病行动相关的信源却持续不断地拥有极高的可信度。

因此,有关信源可信度的知识能够强化公众意识提升的过程,有助于决策制定,可以帮助政治家、行政人员以及其他组织发言人把握决策判断的基础。信源可信度研究无法辨别某些人诚实或不诚实,是专家或不是专家,然而,这类研究有助于判断受众如何觉察他人或组织,当然这种受众感知可能是正确的,也可能是错误的。

亚里士多德认为,精神气质隐含着宣讲者所展示出来的智力、人格以及良好意愿。道德证明是三类劝服模式中的一类——这是一种内在品格形式的证明,它体现在创新、风格、结构布局以及信息传播之中。大而言之,这一概念还外化到题材之中。西塞罗(Cicero)认为个人的尊严以及生活行为会极大影响受众的感觉。昆体良(Quintilian)更强调个人人格完整性这一概念。正如现代研究所定义的那样,可信度的构成因素包括可信赖性、专业知识、身份地位、外向性、镇定性、交际性以及与受众的相似性,信源如何使用不同的媒介也会对可信度产生影响。

信源可信度的构成因素

可信赖性(trust worthiness)和专业知识(expertise)是两项最重要的信源可信度因素(由霍夫兰等首次提出),许多因子分析研究证明,这两项因素处于最高价值位置(O'Keefe,1990)。可信赖性因素是指信源被感知为真诚、安全、家庭导向(在北美社会中)、诚实、勤勉、扶正祛邪、富有社会道义感、有操守(尽管这种操守可能会被别人破坏),或者是能够与受众同舟共济的程度。发生在加拿大的一件事情很好地印证了后一种情形,一位听众曾经向加拿大总理候选人金·坎贝尔(Kim Campbell)发问:"这里的许多听众刚刚聆听完您的教诲,我想知道的是,当我们接纳了您的政策之后,您是否会与我们共度患难?"当受众觉察到信源不计自身利害得失的时候,他们更加信赖这一信源;他们一旦作出了选择,便不会计较自己的得失。

一些信源常常自私自利、自行其是,受众对来自这些信源的信息会予以拒绝。正因为如此,受众经常以怀疑的态度对待那些商业信息和政党信息,即使是那些非常年幼的孩子,他们对商业信息也疑虑重重(Roberts & Maccoby,1985)。

关于可信赖性感知的另一个正面情形是,信源在某一问题上甘愿站在自我牺牲的立场上,这一立场显然有违自己的利益(Arnold & McCroskey, 1967; Eagley, Wood, & Chaiken, 1981; Walster-Hatfield, Aronson, & Abrahams, 1966)。一些政治家因为率性而言、不计得失而获得赞誉。路易斯安那州前任州长爱德华兹(Edwin Edwards)在20世纪60年代因为在高度敏感的公共汽车议题上所持的观点而名扬天下。在面临表态的压力时,他选择了温和立场,这一立场既不同于白人立场,也不同于黑人立场,他实际上处于矛盾焦点,但是他不为所动。后来,爱德华兹应邀在一个黑人教育者的聚会上发表演说,他事先得到协会负责人的警告,预计他会被一些乌合之众呛声。爱德华兹临危不惧,他如期到场并发表此前已表达过的那些观点。演讲结束后,会场人员全体起立,报以热烈的掌声。当随后被问到观众的反应为何如此友好时,路易斯安那州教育者协会的会长说道:"他也许很愚蠢,但是至少他是诚实的。"爱德华兹作为"棉花大王"(King Cotton)应邀参加一年一度的棉花节活动,当时他收到活动白人组织者的警告,说他可能会遭到会场人员的嘘声抗议,甚至可能会被扔鸡蛋。在事后的采访中,这位国会议员说他确实感到紧张,但是他仍然决定前往会场发表演说,他又一次表达了自己的观点,这些观点与他在黑人教育者协会表达的观点完全一致。他这次又获得了全体起立热烈鼓掌的礼遇,其他政治家和新闻界对此深感诧异,人们不知所措,但是爱德华兹自己却明白就里。他说他的信誉源自他不计代价地表达自己观点的意志(Butler, 1971; Ferguson, 1973),受众信任他的由衷之言。然而,里尔顿(Reardon,1991)也提醒人们注意,我们确实钦佩那些言表心声的人,但是如果那些人总是喋喋不休地表现自己,我们会把他们视为"粗野之人"(p.12)。

阿诺德和麦克罗斯基(1967)确信,当一个人哪怕能够勉强自证其罪的时候,人们对这个人的可信赖度以及能力的评价也将随之提高。同样,那些改过自新的人可能会因为承认错误而提高自己的信誉度(Bettinghaus & Cody,1994):

> 帕特里克·雷诺兹(Patrick Reynolds)从他的祖父——雷诺兹烟草公司(R. J. Reynolds Tobacco Company)创始人那里继承了250万美元遗产,但他公开反对烟草业,并且鼓励那些曾经的吸烟者(或幸存者)针对烟草业发起法律诉讼;罗伯特·奥本海默(J. Robert Oppenheimer)多年来致力于发展核能,但是后来他幡然醒悟,反对核能;朱姆沃尔特(Zumwalt)海军上将曾经担任海军司令,但是他在后来却发起运动反对多项军事项目。(p.133)

无独有偶,克林顿在牧师祈祷早餐上发表演说,请求公众、家庭成员以及莱温斯基的谅解,他试图以这样的方式修复与美国公众的关系,他说"我犯了错误"。民意调查显示,他的这一举动获得了成功。

美国人还崇尚前后一致,他们认为那些显示出行为一致性的人值得信任,他们把那些信念多变或者立场多变的公众人物视为摇摆不定或软弱无力的人,并指责这种人是没有立场的"墙头草"。詹姆斯·贝克(James Baker)是罗纳德·里根(Ronald Reagan)的高级助手,他谈到过,里根曾经拒绝就一个棘手的预算动议问题妥协让步,因为如果他这样做,媒体就会将他描绘成一个善变的软弱者,他宁愿被媒体描绘成不切实际的人,也不愿意被媒体描绘成软弱无力的人(Bennett,1996)。美国人民不能容忍公众人物在学习和成长过程中去丰富经验,作为"看门狗"的媒体会将任何政客朝三暮四的改变迅速报道出去。

对于美国人来说,家庭观念也很重要(Wilhelmsen&Bret,1972)。没有任何一位总统曾经离过婚,政治家们常常以携带妻子、孩子现身的方式去博得信誉,他们深知北美人民期待自己的代表是有家庭观念的。在政客的办公桌上,醒目的位置会摆上全家福照片,或者他们在政治活动中与家庭成员一道现身,这些都是以一种可见的方式展示着这种家庭观念。家庭价值观被运用到政治运动和社团运动中,并被当作某种组织化的概念(Reid,1988)。然而,一些人相信对于妇女而言,这意味着要想在家庭基础上建立可信度更加困难,因为她们面临着必输的处境。如果她们过于关注家庭,就会受到责难,反之,她们也会受到责难。

可信赖性或许是最为重要的信源可信度因素。一个信源无论如何镇定、专业或具有力量,这个信源一旦被认为是不诚实的或缺乏社会责任感的,则会失去别人的信赖。问题越是具有个人性,信任就变得越重要(Petty&Cacioppo)。诸如理查德·尼克松、加利·哈特以及比尔·克林顿这样的政治家为此付出了极大的个人及职业生涯代价,即使他们度过了危机,但是他们在未来仍然面临着困难。一个信源要被受众认可接纳,还应该体现出对受众需求的负责(Wilde,1993)。

广告和政治传播学文献也为我们提供了一些信源可信度方面的见解。研究发现,一般公众更相信那些由独立的第三方赞助的广告(正面的或负面的)(Garramone & Smith,1984)。中立立场的信源比那些秉持某种立场的信源具有更大的影响力。只有独立的一方才具备支持具有极大负面影响广告的信誉(Garramone,1985)。

专业知识因素关系到信源是否被看作合格的、具有知识性的、理智的以及富有经验的。正如前面所提及的,霍夫兰等人(1953)是最早一批研究信源可信度因素的现代传播研究者。然而随后的许多研究者在可信度问题研究中却把这些因素彼此隔离。地位身份是专业知识维度的延伸,那些具有良好的教育背景、从事有声望的工作或者具有广泛社会关系的人被认为是有身份的人。一个人的着装打扮也会影响到别人对他身份地位的感知。一个人为了使自己在他人眼中看起来身份显贵,可能会设法安排一则电视新闻报道,为此他会在电视报道中有意设置一些能够体现尊贵身份的象征物,例如一面旗帜、一架首脑专机或者几枚徽章。同国际发言人一道出现在世界讲坛上可以为自己增添受人尊敬的光环,仿佛自身已跻身国家领导人或商业主管之列。通过与奥运会这样的盛世大典挂上钩,商人和政府领袖的可信度也会陡然提高。在经济光景好的时候,在豪华套间办公室里拍照留念可以提升执行官至尊之身的可信度。然而,在经济光景不好的时候同样的情境可能会强化公众对公司的负面感知,公众会认为公司是在损不足以奉有余。基于这种考虑,一些组织(尤其是政府)特别警惕那些在人民看来是不甚负责的各种奢华表现,毕竟人民缴纳了高额税赋,为消费品支付了高额费用。研究(Swenson, Nash, & Roos, 1984)已经证明了专业知识及身份地位因素对于传播者可信度和能力的感知存在影响。

麦克罗斯基、延森和巴伦西亚(McCroskey, Jensen, and Valencia, as cited in Bettinghaus, 1993)发现了另外三种信源可信度因素:外向性(extroversion)、镇定性(composure)和交际性(sociability)。外向性有时也被定义为活力性,与这一特征相关联的是信源被他人感知为富有力量、勇敢无畏、开朗友好、富有活力、积极参与、强大有力、健康、精力充沛、专心、刚毅自信、奋发进取、勇于创新。

每一位总统都努力抓住在慢跑、散步或奔跑过程中被拍照的机会。在1984年与沃尔特·蒙代尔(Walter Mondale)的那场辩论中,许多选举人都把罗纳德·里根总统看成"年老、疲惫和缺乏精力"的人(Bettinghaus & Cody, 1994, p.134)。选民们对于尼克松与约翰·肯尼迪在总统选举辩论中的表现有着同样的感知。

交际性是指信源是否被感知为招人喜爱的和友善的，政治家们造访超市、出席奠基仪式就是为了传达这类交际性的感觉，他们还戴上棒球帽与选民的孩子们一起玩几轮游戏，他们甚至亲吻小孩子。同样，公司领导有时会参加一年一度的圣诞聚会，或者在厂区"闲逛"一番。日本人认为公司主管是否具有良好的交际性非常重要，因为这些主管在组织中扮演着推动者的角色，他们平时老待在办公室里。

与镇定性因素相关联的内容包括，我们是否对某个信源感觉自信十足、清楚明白以及控制自如——而不是漏洞百出或结结巴巴（无论是在言辞上还是在非言辞上）。许多研究者（McCroskey & Mehrley, 1969; Sereno & Hawkins, 1967）探讨了这种信源可信度的重要性。美国前总统杰拉尔德·福特有一次从飞机上下来时跌了一跤，电视新闻报道了他在这一过程中所犯的每一项错误，这件事使他明白了镇定性所具有的后果。另外一次，电视新闻正在报道福特走向直升机的舱门，与此同时，《周六夜现场》（*Saturday Night Live*）却正在直播一出恶搞福特笨手笨脚的情景喜剧。切维·蔡斯（Chevy Chase）扮演福特，他被几件家具绊倒，然后又被电话线缠住。后来情况越变越糟糕，在总统辩论环节，一位媒体顾问将福特的水杯绑在演讲台上，以防止那只水杯在众目睽睽之下被总统打翻（Gitlin, 1980）。媒体将福特描绘成一个缺乏镇定的人，这当然也是媒体歪曲现实的一个有趣事例。事实上，福特从前是一位足球爱好者，并且以动作敏捷、技术超凡而著称。

加拿大媒体也如法炮制，极力削弱总理乔·克拉克（Joe Clark）的信誉，克拉克政府的过早垮台在很大程度上要"归功于"媒体，这届保守党政府仅仅存在几周便宣告失败。当一架航班丢失了总理的行李时，新闻头条就大声嚷嚷："乔·克拉克丢失了自己的行李"。接着媒体记者设法靠近克拉克，在一个欢迎仪式上，几乎混进了刺刀晃晃的仪仗队中。很少有人批评媒体对这位温文尔雅的加拿大政治家造成的致命伤害。与之相反,大体镇定但是有时候却犯点小错误对于个人而言可能还是好事情,因为这样给人的感觉是自然而诚实,而非矫揉造作。过于八面玲珑、四平八稳反而会令他人丧失安全感和信赖感,大多数受众更看重后者,而不是看重矫揉造作。人际关系理论告诉我们,我们喜欢那些有能力的人,但是人性更为重要(Adler & Towne,1990)。人类之间的相互合作也揭示出这样一个道理,承认错误或坦诚弱点比固执己见、坚持错误要好(Nokra,1991)。

许多心理学家的研究证明了相似性(similarity)吸引的确存在,相似性会对可信度的判断产生影响(Atkinson,Smith,& Bem,1990):

> 可追溯到1870年的调查就支持这一结论。在美国,超过99%的已婚夫妻双方都属于同一种族。而且统计调查显示,丈夫和妻子不仅在社会特征——如年龄、种族、宗教信仰、教育以及社会经济等方面具有明显相似性,而且他们在诸如智力这样的心理特征以及诸如身高、体重这样的生理特征方面同样具有明显的相似性。(p.713)

大多数人乐于同那些年龄、性别、社会阶层、个性、群属等相近的人打交道,商业机构在构思广告时必然要考虑到这些人口统计学和心理学因素。在《纽约客》(*New Yorker*)杂志上刊载多年的帝王威士忌酒广告非常明显地针对那些相关消费者群体,这些广告将美国不同地区的人依据不同的职业和趣味加以分类,无论如何,广告的所有诉求都指向美国中上层阶级。阿什利(Ashley,1992)指出,公共信息运动中的参与者必须与目标受众具有某些相似性,只有这样才可能取信于后者。例如,MTV制作商启用那些具有不同文化背景和种族背景的摇滚音乐家,并采用不同的艺术风格,目的在于吸引具有不同背景的所有青年人,一些研究(Hass,1981;Simons, Berkowitz, & Mower, 1970)证明,对态度相似性的感知可以影响彼此的爱好,反过来又影响人们对信息的反应。

研究表明,政治传播战略的成功常常取决于信源的可信度。例如,一则广告说"候选人还没有确立他们自己的正面形象"时,这则消极的政治广告必败无疑(Garth as quoted in Merritt, 1984, p. 28)。另外一些研究发现了"睡眠者效应"(sleeper effect),即人们在过了一段时间后常常忘记传播者的名字和资历等。在这种情况下,基于信源可信度而对争议问题所形成的判断的先前影响会暂时消失,但是一旦过去的信源再度出现,之前信源可信度的影响就会重新恢复。当代研究者使用分离假设(disassociation hypothesis)这一术语来描述这一现象。

电视语言:对信源可信度的影响

众所周知,媒体能够侵扰公众人物的生活。最近的一些事件,例如戴安娜王妃之死、对比尔·克林顿个人隐私的广泛报道都非常清楚地说明了这一点。但是对于电视而言,它还可以以另外一种微妙的方式侵犯公众人物的生活。这就是说,媒体(尤其是电视)具有侵害公共事务中传播者个人隐私的力量。以下我们将探讨这类性质的侵害,这将为那些希望通过电视面向公众表达观点或为自己观点进行辩护的人提供一些指导。

霍尔(Hall)的空间距离理论可以运用于电视实践中,这一应用有助于人们理解电视侵害传播者私人空间的能力(Ferguson & Ferguson, 1978)。根据霍尔(1966)的理论,存在四种空间距离:即私密距离、个人距离、社会距离和公共距离。在西方文化中私密距离大约为6到18英寸,个人距离为18英寸到4英尺,社会距离为4到12英尺,公众距离为12到25英尺。

可视距离(optical distance)这一术语的创立为检验电视中的传播情境提供了一种手段。可视距离是指观众对物理距离的感知,这种感知可以将事件中的他或她与事件本身分隔开来。与此类似,普利斯特和索耶(Priest and Sawyer,1967)也阐述了这种实际距离与被感知的空间距离之间的差别,他们使用现象距离(phenomenal distance)这一术语来指称人际交往情境中交往者之间被他人感知的距离,这一距离是心理距离,而非物理距离。

以电视为例,给电视中人物的头部一个特写镜头就相当于在人际互动中安排了一个私密距离;一个中景镜头或半身镜头相当于个人距离;一个中远景镜头,即展现整体的镜头相当于社会距离;一个长镜头,即主体仅构成全部背景的一小部分,这相当于一个人在公共距离中进行交流。一起真实事件中的观察者不断改变自己的关注点,以这种方式去观察事件的不同侧面,即使他(她)忽略了场景中的某些部分,观察者仍然是在一个整体框架中去体验全部细节。然而电视编导却无视周围环境,仅仅聚焦于事件的某个方面,他(她)总是突出重点,通过有关细节的特写镜头来引导受众的注意力。阿恩海姆(Arnheim,1971)对此做了更深入的解释:

> 电影画面的限制和视线的限制无法相提并论,因为就人类视线的实际范围而言,所谓的限制几乎不存在。在现实中,人类视野的范围没有边界,无穷无尽。一栋完整的房子呈现在我们连续不断的视线范围之中,我们的眼睛不会从某个单一的角度去观察这栋房子,当我们看任何事物的时候,我们的目光不是固定的,而是运动的。因为我们的头和眼睛都在运动,我们将整栋房子看成是未经破损的整体。(pp.68—69)

电视由于能够为观看者提供最合适的场景,因此具有了某种优势。所以电视编导运用全景镜头建立某一场景,用一系列的特写镜头去记录事件。可以这样假定,摄像机就是电视事件中的传播者,它在近距离的范围内观察一切(Brummett,1988;Meyrowitz,

1985)。电视还给观众们带来一种亲密无间的感觉(Katz, Haas, & Gurevitch, 1997)。在这种情况下,最安全的方法就是保持私密距离或个人距离,以一种最恰当的方式进行互动,同时充分运用合适的非语言和语言传播技巧。

早期电影和电视的历史显示出各方面适应上的滞后。演员们刚从舞台过渡到电影或电视,他们常常因为过度表演而犯错误。早期电影夸张到了荒唐的地步,因为戏剧的空间习惯仍然充斥于电影作品中,被舞台所限定的那些姿势和身体动作尽显夸张做作,甚至滑稽可笑,它们都被带到了电影中。早期电视同样如此,那些完全适合地方剧院舞台的技巧被带入电视中,给观众以不伦不类的感觉,早期电影和电视观众对这些夸张滑稽之举并不介意。然而,当受众在新媒体技巧方面更为训练有素的时候,他们开始期待表演者和制作者达到一个新的专业水平。

就像其他公共演讲者一样,当公共演讲由礼堂讲台转移到电视演播室的时候,政治家们也必须适应这一变化。电视首次对政党会议的报道就急剧和不可逆转地改变了总统候选人的演讲风格,为了顺应电视的要求,演讲变得简洁并克制情绪。公共演讲以长篇大论而著称,它延续了许多世纪,但是现在却显得令人厌烦,不合时宜。更为重要的是,过去被视为真情流露的东西在电视观众看来却像是在表演(Hahn, 1970)。20 世纪 90 年代后期,尼克松的"跳棋"(Checkers)演讲会成为取笑对象,但是在 50 年代早期,他的演讲却令人信服。

随着电视的出现,受众与演讲者之间的视听距离骤然拉近,演讲者与受众之间仅咫尺之遥,传受双方既不知道,也无法控制交流的视觉内容。通过摄像机对视觉空间的操控,传播者与受众彼此隔离,在整个电视转播过程中人物之间的空间关系变化多端。

尽管如此,电视通常具有一定的可预见性。在电视中特写镜头与广角镜头运用得更为普遍,人们可以体会到电视的主要优势,因为电视总是为人们提供最为便利的观看角度。空间距离通常是私密和个人的,传播者的风格也一成不变,具有"细微而自然的姿态"(Ranney,1983,p.103)。正如卡特(Cater,1981)所说:

> 政客们努力学习电视传播的语法,掌握与巡回演讲完全不同的肢体语言。电视强烈影响着政治家的筛选过程,在这一过程中,一些政客脱颖而出,成为前途无量的高官,而另外一些政客则败下阵来。(p.15)

在电视媒体中由于视觉距离的存在,传播者与受众彼此分离,所以一些传播者可能因此而举止失当。同样,由于听觉距离的存在,一些传播者也可能因此而手足无措。听觉距离这一术语用来特指这样一种物理距离,即假定某一接收者从传播者那里听到同等音量的信息,当对方的声音未经人为放大和经过人为放大时,他(她)距离声源的距离并不一样,这个距离差值就是听觉距离。古代的演讲者无法获得声音放大的便利,因此他们不得不设定一种适合于大规模听众的传播模式,他(她)的演讲风格和姿态因而缺乏亲近感,然而,借助于电子媒体却可以实现这一亲近感。这种演讲模式的转变十分自然,因为在过去演讲者不可能一边大声演讲,一边又显得私密亲近。然而,适应这种新媒体却颇费时日,设计者以及新电子系统的使用者常常忽视这种新的公共演讲技巧的潜在功能,即使在今天使用电子扩音系统的人有时还会把一只麦克风放在台前,一组扩音器放在演讲台两边,这样做的最终结果是提高了音量。对高音的需求源自前置放大的年代(preamplification day),这一电子放大的方式利用了电子媒介的特点,这一方式将受众分隔成一些小组,每一小组接收来自较小功率扬声器的声音,借助于较小的音量,一种更为亲密型的传播风格成为可能,这种操作模式为那些偏爱低音调或亲密型演讲风格的人提供了便利,这样的人通常被认为具有"良好的麦克风技巧"。

根据传播事件的听觉内容,传播者总是倾向于在私密的空间范围内进行交流。且不论可以通过即时调节来控制电视演讲的音量,观众通常是在住所私密的空间里接收传递的信息,这种处理方式尤其适合营造一种亲密的传播气氛,其间伴随着温馨的、会话式的、娓娓动听的音调(Ranney,1983),电视观众仿佛是在"窃听"他人的对话(Atkinson,1984,p.171)。

如果说亲密型的非语言行为以及演讲风格最适合电视媒体的话,那么与之相互配合的传播语言却必须遵循某些规则,无论是传播的身体元素,还是传播的内容和语言风格都必须与亲密型的或个人化的演讲协调一致。政治巡回演讲者已难以跟上时代,当他们投身电视,试图成为新的演讲者时,观众对他们的所作所为却抱以同样的冷嘲热讽,无论是他们的演讲风格,还是他们的语言都陈腐不堪——它们仅仅是历史的遗迹。在电视发展的早期,波兹曼(Postman,1966)对此做了精辟的评论:

> 电视最自然、最引人入胜之处似乎就在于它能够传播观点、展示现实,它给人以亲切感和真实感。电视中充斥着许多人物,如阿瑟·戈弗雷(Arthur Godfrey)、杰克·帕尔(Jack Paar)、戴夫·加洛威(Dave Galloway)、切特·亨特利(Chet Huntley)、大卫·布林克利(David Brinkley)、爱德华·默罗(Edward R. Murrow)、埃里克·斯威莱德(Eric Severeid)、加里·摩尔(Gary Moore)、艾琳·弗朗西斯(Arlene Francis)和迈克·华莱士(Mike Wallace),他们唯一最大的特点在于,他们不是通常意义上的"娱乐界"人士,他们也不是戏剧意义上的演员,他们"自娱自乐"。一旦他们的表演步入老套,就像莱昂纳德·伯恩斯坦(Leonard Bernstein)偶尔所为那样,他们的表演对于许多观众来说就相应地大打折扣。换言之,对于电视而言,非戏剧化常常比戏剧化显得更可信、更具有戏剧味,这是一条往往被那些身处险境的公职候选人所忽视

的美学原则。(p.274)

莱昂纳德(Leonard,1978)说,电视既富有创造性,也具有记录性的特点。他说以尼克松的"跳棋"演讲为标志的"嚷嚷闹闹"式的风格代表着20世纪50年代的典型精神,然而,当泰德·肯尼迪(Ted Kennedy)竭力向对其已失去信任的公众解释"查帕奎迪克(Chppaquiddick)事件"时,他发现公众已经不再那么容易被取悦了。到了60年代,电视观众通过学习已经成为新媒体的批评者,无处不在的电视商业广告让人领教了劝服传播的种种技巧,观众已经知道那些耳熟能详、喋喋不休的信息与洗衣粉的叫卖广告没有什么区别,当肯尼迪在这种情况下现身时,观众就是如此联想的。

针对肯尼迪的道歉,法雷尔(Farrell, as quoted in Butler,1972)在1969年为《生活》杂志写了一篇评论,他说:"首先降临的是作为商业之神的咒文:淋浴花洒牌体香粉(Shower to shower body powder)、卡尔坎狗食、布鲁特古龙香水、《电视节目指南》,接着是泰德神情严峻的脸,泰德手握电子媒体这根绳索牵住3500万观众"(p.287)。当电视观众看到政客们运用同样的技巧推销其形象时,他们觉得这与商人推销狗食没有什么两样,他们对此嗤之以鼻。早在70年代,巴格迪坎(Bagdikian,1971)就说道:"富有经验的电视开拓者自以为得胜,但在多数场合,他们却遭受挫败。生活在60年代的'电视的一代'对电视宣传充满怀疑,他们简直就是一群愤世嫉俗者"(p.43)。

与此类似,电视观众在媒介空间感方面的经验日渐丰富,他们对那些不能适应电视媒体的演员,以及那些仍然运用公共演讲方式面对电视摄像机"亲密之眼"的政客们评头论足。就像演员一样,政治传播者在那些期待着更好、更可信的表演的观众面前如履薄冰,唯恐自己的表演过于夸张、过于矫揉造作。那些从现场舞台转移到电视演播室的演员必须竭尽努力,重新学习技艺,以适应新媒体的特性,以确保他(她)能够正常工作、举止得体,符合媒体的要求。从某一角度来说,对政治家的要求比对演员的要求更高,演员必须运用技巧以适应他在表演时刻媒体对他的要求。然而,政治家却经常要同时面对两种媒体,一方面,政治家在诸如政党集会之类的现场发表演讲,与此同时,电视将演讲的图像和声音传递给数以百万的观众,政治家因此也成为电视传播者。由于这两种演讲方式对于个人的要求彼此冲突,所以演讲者必须确定哪类受众是主要的,哪类受众是次要的。

结　论

受众对信息的接受很大程度上依赖于信源可信度。具有最大可信度的信源通常是那些被确认为专业、可信赖、镇定、富有活力、具有交际性、外向性以及受众相似性的信源。除此之外,如果要使受众接受自己的信息,传播者必须掌握电视语言。麦克卢汉(McLuhan)在其一部早期影片中注意到,电视媒介将催生一种新的传播者——他们更灵活、更随意、更富有个性。比尔·克林顿、罗纳德·里根以及吉米·卡特的风格体现了这种新的政治家风采,这是一种完全不同于他们同时代那些不受欢迎的政客以及他们前辈的风采。毫无疑问,具有牢固信源可信度的新千年的传播者将追随这一模式。对于那些负责为政治家、广告商以及政府制作信息的人来说,经验教训一目了然:传播策划者必须熟知信源可信度理论和知识。

9
信息设计：知觉、认知以及信息获取

本章将探讨知觉、认知以及信息过程和获取等相关理论，尤其是对知觉屏幕渗透、引发关注、信息理解、信息保持和回忆等相关理论进行探讨。本章还探讨了几种主要的学习范式，如工具性的、操作性的以及社会学习型的。

渗透知觉屏幕

克鲁格曼（Krugman，1965，1977）和朗格（Langer，1978）已经证明，大量学习活动发生在大脑处于休息状态的时候——也就是个体的认知活动处于较低水平的时候。巴特拉和雷（Batra and Ray，1983）注意到广告尤其善于利用受众的这种潜意识。早在20世纪20年代，爱德华·伯奈斯（Edward Bernays）（即所谓的"公关之父"）就懂得了利用这一策略来接近消费者。受他的姑父西格蒙德·弗洛伊德（Sigmund Freud）的影响，伯奈斯"用魔力无比的象征光环包装商品，借此偷偷绕过消费者的理智防线，溜进他们的梦乡"（Chernow，1998，p. 5）。

触发信号的功能

大多数研究者认为,人们会对广告的象征性体系产生反应,虽然他们并不是在意识层面上处理这些信息的(Chesebro,1984;Salomon,1987)。事实上,现代广告体现了人们以一种复杂的方式理解信息处理过程。例如,电视屏幕上各种形象的重复出现和快速闪现;印刷媒介中许多看似无关、彼此矛盾的图像的堆积;印刷媒介和电子媒介中那些试图激发观点和概念等精神联想的视觉和听觉符号的运用。人类信息处理系统将信息(以及与信息相关的各种态度)打包处理,然后通过"引燃"触发信号来激活这些信息,这类似于人们利用关键词在计算机中存储或检索信息。关键词就是那些经过简化和高度压缩的隐喻,它们体现了信息包中相关内容最为重要的特征。以电视为例,广告商以再三重复的方式将品牌名称植入观众的大脑中,然后他们再用30秒的简短广告激发人们对这些品牌名称和形象的回忆。拉森(Larson,1982)指出,这一激发回忆的过程在瞬间完成,观众既没有意识,也没有时间来研判证据、事先决策(p.539)。在观众积极行动之前,一切均已发生,观众没有机会调整行为以获得新的认知平衡。

社会科学家们对触发信号、暗示以及隐喻的功能有着长久的兴趣,它们都是接近认知存储系统的手段。近来人们对人工智能系统的兴趣与日俱增,这促进了社会科学家与心理学家之间的密切合作。鱼饵的设计就是一个有关触发刺激的有趣案例(Ferguson,1989):

> 一些最成功的鱼饵看起来一点也不像游动的或跳动的东西,但是当把它们投入池塘后却是另外一番景象。它们不但看起来像是小鱼或者青蛙,它们甚至看起来比真正的鱼或青蛙更为逼真,至少池塘的鱼都会误以为它们是真的。鱼饵的设计者努力抽离出一些独立的特征,

比如某些东西是不是独特的,或者鱼饵在水中游动的方式如何?设计者突出这些特征,而有意忽视其他不相关的因素。这就像印象派画家,他们总是将注意力集中在最具有意义的细节上。

隐喻的功能

研究显示,那些高度压缩的信息(比如隐喻)能够更顺利地渗透我们的知觉屏幕,因为这类信息不会与我们现存的信仰和价值观发生冲突,模糊性为解释信息预留了极大的自由空间。例如,对于广告的研究也就是要剖析高度压缩的代码,代码被定义为经过组织的信息意义系统。当形象或观点被高度压缩成代码时,这时的传播在本质上就具有了隐喻的性质。隐喻赋予传播以模糊性特征,这种模糊性促使人们去解释传播内容。艾柯(Eco,1976)认为这种模糊性具有积极意义:"不同于制造绝对的混乱,它(模糊性)调集了我的注意力,促使我努力寻求答案"(p.263)。

为了理解广告代码中模糊性的功能,我们有必要探究一下广告中图像的作用。人们以完全不同的方式处理视觉和听觉信息,在视觉信息的处理过程中,形象是出发点,而在听觉信息的处理过程中,形象是一系列解码过程的结果。为了剖析某一听觉信息,传播接收者依据语言提示建构出某一形象,当一系列词汇以某种独特的方式被赋予意义之后,形象便由此产生。某一特定文化中所共有的语言习俗使得人们达成共识成为可能。某个词汇的含义越是具体,对某一口语信息进行多样化解释的可能性越是受到限制。解码一条口语信息通常涉及后天习得的语言能力的运用,而与个人的创造能力关系不大。当一个人越是浸染于某种语言和文化群体环境之中时,这个人从某个语句中所领会到的意义的范围越是局限在这一环境之内,人们在某些专业领域获得的词汇进一步缩小了选择的可能性。但是,一个几乎没有什么(特定)语言或文化背景的人可能仅仅只能赋予一个单词或句子非常少量的意义,甚至无法赋予意义。因此对于这样的人来说,他只能将少量的意义传递给圈内人,或者根本无法向圈内人传递什么。诗歌、抒情音乐和隐秘代码是其中最为常见、经过高度语言压缩的艺术体裁,正因如此,它们也是最具有模糊性的语言代码,诗歌和歌曲所包含的意义依据个人对这些审美符号的不同解释而有所不同。

个人总是以形象为起始点去剖析广告的图像内容,所有的信息接收者都有一个起始点,接收图像同样如此。对信息的解释并不总是需要借助于语言,因为视觉信息绕过了语言过滤,广告商能够借此与大量多元化的受众相互交流。一种媒体在吸引观众方面越成功,就越表明受众的感知具有多样性。个人赋予视觉信息意义的过程具有高度的创造性,其中包含着赋予任何给定信息以多种解释的可能性。为了缩小选择的范围,广告商使用触发象征物(见第十章讨论)去激发那些最为普遍的共享价值观,广告商以这种方式设法将自己的产品与这些核心价值观悄然关联在一起。

广告中图像内容的模糊性允许大量不同的观众在面对同一信息时各取其意,而不论触发物是激发了价值观的共鸣,还是强化了对某一信息解释上的共识。莱斯、克兰和贾哈利(Leiss, Kline, and Jhally, 1986)认同视觉形象能够被赋予高度的模糊性,他们谈及"联想的不确定性"以及象征性在多样化产品类型中的适用性。"产品形象的开放性意味着无论是广告商还是消费者都能够自由地对其意义进行解释——或者说其意义可以被双方以不同的方式加以建构,在特殊的广告宣传中,这一点确信无疑"(p.245)。当重点由文本信息转向图像信息,转向对广告开放性代码以及产品象征性品质的细致解释的时候,高度的模糊性便由此产生了。

莱斯等人将文本视为剖析视觉形象的关键。他们认为早期广告商使用书写文本清晰明了地阐释信息。然而,自20世纪20年代开始,二者的关系变为互补的关系,人们开始用文本解释图像。第二次世界大战(特别是20世纪60年代)以来:

文本的功能已不再是解释图像,而是发展成为一种更为隐秘的方式,文本对于图像而言显得更为关键。总的说来,它的功能是使广告信息更具有模糊性。对于文本的阅读理解取决于与广告内在结构元素相关的诸多因素,而且因人而异,同时也取决于一些外部因素。(p.151)

巴尚德(Bachand,1988)也认为印刷媒介中广告的模糊性同样重要,他说这种模糊性促进了语义的转换。

新奇的和价值趋同的刺激物

新奇而费解的刺激物更容易渗透我们的知觉屏幕,因为我们的知觉屏幕中很少存留这类东西,我们必须建立起与这类刺激物的关联(Wilde,1993)。这些刺激物与已有的价值观既不明显相符,也不明显冲突。同理,那些与现有信仰、态度和价值观体系基本趋同的刺激物也更容易渗透知觉屏幕。

选择性暴露、感知和关注

人们总是有选择性地将自己暴露在那些自己大致认同的信息之中。民主党人士接受有关民主党的政治信息,当民主党人士开始演讲的时候,共和党人往往就转换电视频道。丰田老板浏览丰田产品广告,福特老板浏览有关福特公司的信息。选择性关注(selective attention)这一术语是指人们总是关注那些他们需要并期待关注的事物,那些处于饥饿中的人仅仅关注食物,那些希望找到伙伴的人会有意关注他人。同样,人们总是基于过去的经验去解释和理解信息。选择性感知(selective perception)受制于"家庭背景、心理和人格特征、文化差异以及其他因素"(Garnett,1992,p.23)。

什么东西能够引起受众和媒体的关注呢?大量研究证明以下

因素能够增加关注度：接近性或及时性、具体性、重要性、悬念、重复、熟悉度、简洁、新奇、冲突、活力、栩栩如生的内容、名人、表达情感内容的信息、幽默。

受众总是首先关注那些近在咫尺、与个人密切相关以及对自己的物质和精神生活最具重要意义的信息，他们总是抱着强烈的动机和诉求去接近某些信息（Andrew, & Shimp, 1990）。一般来说，受众更为关心国内事务而非国外事务。他们对未来的事更感兴趣，而对过去十年内的事情并不抱有特别的兴趣，这一事实对那些从事环境或健康传播的人造成了特殊的挑战。那些最关注妇女问题的女性承担着最大的风险（Yankelovich, 1991）。年轻人往往道德意识淡薄，那些吸烟的年轻人并不关心三十年或四十年之后他们是否会得癌症，他们最为关心的问题是自己是否会因为吸烟而使自己的外在形象受到影响（例如，皮肤问题），或者在下个月自己是否还会受人喜欢（例如，失去朋友和约会）。

提高公众在环境和政府预算法案等方面的意识困难重重，因为这些问题的"原因、结果以及专业术语"非常含糊、复杂、难以理解（Yankelovich, 1991, p.78）。因此，最有吸引力的信息是那些具有迫切性的信息，尤其是当这些信息能够满足年轻人在健康和安全方面需求的时候情况更是如此。化抽象为具体能够增进受众对某一问题的理解（Bransford & McCarrel, 1974）。例如，某个社区打算投资 100 万美元修建一个新的市政厅，一般人很难理解这条消息的含义，除非有人批评说 100 万美元相当于两台新的铲雪车和一辆消防车，这笔费用将难以承担。每小时有 400 人死于肺癌，可以用这样打比方的方式加以具体说明——它相当于每天有 24 架满载的巨型喷气式飞机坠毁。最有效的信息需要将相关数字转换成可感知的经验材料，并且需要考虑到受众的感受结果。

与即时性相关的一些因素也影响着受众关注。媒体通常仅仅报道当天发生的新闻事件，新闻的这一特点导致政客们在实践中的一些伦理问题，例如，他们可能会在当天的新闻见报之前拒绝发布一些不利的新闻。对于那些不希望受众在周一晚上之前读到某些新闻的人来说,周日上午稍晚一点的时间发布这些消息是最佳时期。福特在周日宣布尼克松获得豁免这一消息,他这样做是希望更少的报纸刊发这一报道。周末的新闻发布会较之工作日的新闻发布会吸引的记者要少很多,即使有些报纸刊载了这些新闻,但是由于剩下的截稿时间很有限,所以这些报纸经常无法针对这些新闻配发批评性的评论。对于媒体而言,假如新闻事件与有关事件的分析评论在时间上间隔太长,媒体就必须承担丧失新闻报道即时性的风险(Jamieson & Campbell,1988)。

人格化的思想和概念极有可能促使受众认同和接受与这些思想相关的东西,并且付诸行动。在发展中国家,为儿童募捐的组织经常使用这一颇见成效的技巧,它们请求人们收养某个指定的孩子,它们将孩子的照片和信件交付给领养人以便在两者之间建立起牢固的个人联系。当动物保护组织游说一项动物保护立法时,它们会以人格化的方式展示那些陷入困境的动物的照片。例如,一名学生演讲者将一只动物标本带到教室,这是她一位刚刚自杀的高中生朋友赠送给她的最新礼物。

这导致了另外一种关注元素:视觉的运用。就像耸人听闻和新奇怪异这类因素一样,高度视觉化的材料也会吸引受众。假如一群反对堕胎的人正在流产诊所门前抗议,当前来堕胎的妇女跨入大门时,抗议者投掷婴儿用品,电视台一定会报道这一事件。一位年轻寡妇的照片,她旁边是一座刚刚在一次军事行动中丧生的丈夫的坟墓,这样的照片一定比那些没有什么感情流露的照片更吸引眼球。索马里忍饥挨饿的孩子们的形象以及交通事故中鲜血淋漓的死者形象具有令人震撼的戏剧效果,这些都是电视所需要的。研究证实,明亮的色彩、尖锐的声音也会引起受众的关注(Taylor & Thompson,1982)。

幽默也是一种能够增加关注度的因素,尤其是在人际传播环境中(Johnston,1994)。但是,研究者也承认这种效果是有限度的。

尽管幽默能够使一条沉闷单调的信息变得有趣,但是对于那些本来就有趣的信息而言,再添幽默却显得多余(Gruner,1967,1970;Sternthal&Graig,1973)。

人们对那些富有情感色彩的诉求更为关注(Ray,1977),运用一些具有积极情感诉求的信息(例如,富有魅力的发言人、视觉图片、优美的艺术品、通俗歌曲)效果尤佳,一种"温馨感人"的情境能够吸引受众的关注,这种特殊情境可以改变受众的想法。受众通常认为他们从媒体信息中学习不到什么东西(Monahan,1995,p.85),这类诉求可以帮助受众建立起一种心境,促使他们接近信息,获取知识。

重复也可以提高关注度,最近一位新闻评论员评论说俄罗斯滑冰运动员在比赛中总会重复表演一些新动作,第一次表演时常无人喝彩,第二次表演时却掌声雷动。重复作为一种技巧贯穿于演讲发展的历史中,人们使用这一技巧以提高关注度。1940年,温斯顿·丘吉尔(Winston Churchill)发表了一次激动人心的演讲,在这次演讲中大量重复技巧的使用为演讲增添了不少光彩:

> 我们不会举旗投降,我们将战斗到底。我们将在法国战斗,我们将在海洋战斗,我们将在天空战斗,并且信心日增,力量日长。我们将保卫我们的国土,无论付出怎样的代价。我们将在田野和街道战斗,我们将在山野中战斗,我们决不投降。

1963年6月,约翰·肯尼迪总统在分隔东西德的柏林墙边发表演讲,他同样运用了这一富有感染力的技巧:

> 许多人并不真正知道,或者说他们不想知道什么是自由世界与共产主义之间最大的问题,让他们到柏林来。一些人说共产主义是未来的潮流,让他们到柏林来。欧

洲和其他地方的一些人说,我们能够与共产党一道工作,让他们到柏林来。甚至有少数人说尽管共产主义是邪恶的体制,但是它能够让我们的经济快速发展,让他们到柏林来。

马丁·路德·金(Martin Luther King)在那篇题为《我有一个梦想》的铿锵有力、扣人心弦的演讲中运用了类似的技巧,他在华盛顿面向 20 万示威者做了这次演讲后不久即遭暗杀。他的整篇演讲回响着"我有一个梦想""让自由辉耀""回去"等重复性的段落。

熟悉度和简洁性也是吸引受众的重要因素。扎荣茨(Zajonc,1980)认为,较之那些不熟悉的刺激物,人们更喜欢熟悉的刺激物(无论是无意义的还是有意义的)。或许正因为如此,一些政治信息的内容通常是"简洁的、熟悉的、理想化的"(Bennett,1996):

> 政治信息常常以一个关键段落、观点或主题开头,以此创造便利,使人们能够想起某一政治事务——也许是一个问题、一个事件,甚至某个人物。例如,富兰克林·罗斯福用"新政"这一简洁的术语去激发大众的希望,"新政"是指尚未实施的经济发展规划,它是一项复杂的体系。当约翰·肯尼迪向人民介绍他那名为"新边疆"的项目的时候,他也利用了间接性和理想主义的这一特点,从中可以看到"熟悉度"所发挥的重要作用。当罗纳德·里根试图摆脱罗斯福的"新政"、肯尼迪的"新边疆"以及约翰逊的"伟大社会"政策时,他为自己贴上了"新联邦主义"的标签。(p.82)

同样,新闻记者有时也缺乏专业知识撰写一些有关复杂问题的新闻报道(Bennett,1996),这一职业强调了成为通识专家和多面手的重要性。有关政治运动的报道证明,以最简洁的方式报道问题最为重要。媒体首先聚焦几个主要的竞争对手,报道的对象控制在自己力所能及的范围之内,在政治运动中通常有两到三位领跑者,最终有一人胜出,其余的败北(Nimmo & Combs,1990)。这个例子还展现了媒体对活力的偏爱——一些正处在发生过程中的事情。媒体还津津乐道于一些基于不同观点彼此交锋的公共辩论,诸如丑闻、欺诈和腐败这类涉及冲突和争议的东西都是媒体所需要的素材。

尽管熟悉的人、地方和事件能够吸引受众的注意力,但是,要使受众保持注意力还需要为他们提供更多的东西——新的信息和新的观点。运动组织者常常警告说,当过度曝光诸如反毒品、吸烟之类的问题时,组织者需要解释在这些宣传活动中有什么新东西(Backer, Rogers, & Sopory, 1992)。无论新奇的程度是大还是小,都会抓住受众的注意力,两相比较总会涉及强烈的对比,这种对比自然会提高受众的关注度。受众对于名人的偏好提高了媒体报道此类问题或事件的概率,受众也乐此不疲(Baldwin, 1989)。

当利益群体对一些活动鞭长莫及,因而无法吸引媒体进行报道时,它们会策划一些事件以吸引媒体关注自己(Dayan & Katz, 1992; Saxer, 1993)。如前所述,媒体不喜欢报道问题的历史背景,相反,媒体乐于报道那些涉及行动、丑闻、冲突、高度视觉化、具有急迫性、人格化、具有新奇性的故事——这样的报道才能吸引大量受众。为了迎合这种需要,利益群体会策划一些假性新闻。周年庆典、和平漫步、烛光守夜以及造访一位选民都可以算作假性新闻,其目的是为了吸引媒体对群体和个人进行正面报道。根据布尔斯汀(Boorstin, 1961)的观点,另外一些政治活动,如总统辩论、新闻发布会、炉边谈话、对其他假性新闻的评论分析等也属于假性新闻。这些人为制造的事件具有这样一些特点:(a)为新闻报道而人为制造、刻意包装并且具有表演性质;(b)为了感官愉悦而设计;(c)被赋予戏剧化特点。一个有趣的案例是发生在堪萨斯的假性新闻,它包含上述所有特征(Jamieson&Campbell,1988)。反堕胎组织的成员抬着一具小的白色棺材来到本地一家大医院,他们请求医院行政管理者交出流产的胎儿供他们掩埋。在他们到达医院之前,他们就将自己的意图告知了新闻媒体,这件事符合所有新闻价值标准。深感震惊的医院当局与反堕胎者之间的盛怒对峙具有强烈的戏剧化效果。专为小胎儿准备的小白色棺材使堕胎问题充满人性化色彩,这件事新奇而高度视觉化。这起人为的事件也有助于获得媒体的报道:医院就在电视台附近;双方对峙发生在白天,而且就在医院大门口;事情发生在下午稍早时刻,这使得电视台有时间拍摄、制作,并在截稿前将新闻报道出去;一个地方团体在本地策划的事件;最后,这一事件非常适合每条 99 秒的新闻,这样一起事件出现在晚间新闻中就成为指日可待之事。贾米森和坎贝尔认为,诸如此类精心策划的事件其实就是"基于特定观点角度的邀请报道"(p.103)。

前面我们已经讨论过外部因素在提高受众注意力等方面的重要性,传播信息如果忽视了注意力的外部影响因素,那么它可能无法引起受众的注意。

信息理解

如何设计信息会影响到受众对信息的领悟能力。一些研究证明,人们更加关注一系列消息中的第一条消息。简洁、通俗的语言会使信息更加易于理解、引人入胜(Stuyck,1990)。电视传播中存在大量技术性的语言,这些都降低了受众的满意度,降低了受众对信息的理解能力和回忆能力(Jackson,1992)。一些针对艾滋病且富有成效的信息证明了这样一个铁的事实:"简洁而直截了当的方式"至关重要(Baggaley,1988)。受众倾向于对那些复杂信息产生负面反应,那些希望媒体不要披露个人信息的人有时会采取相反的策略。

当代研究所在一篇题为《政治与椭圆办公室》的报告中建议里根总统应该"用技术数据淹没媒体代表",这样就能够避免媒体的抱怨,因为媒体总是抱怨说它们没有办法获得信息(Jamieson & Campbell,1988,pp.99-100)。复杂难懂的信息通常充斥着"法律术语、技术术语、俚语俗语、复杂句式、统计术语以及大量证据"(Bettinghaus & Cody,1994,p.63)。弗瑞(Früh,1980;also cited in Windahl & Signitzer,1992)认为许多文本因素会影响对书面语的理解:段落结构(例如行文分段和大小写运用)、词频、句子长度、从句数、句子结构的变化性以及常用词与非常用词出现的频率等。弗瑞坚持认为读者仅仅花费有限的精力去理解文本,他们会拒绝那些过度复杂或过度重复的观点和语句。

基于上述种种原因,报纸真正偏爱的话题特征包括:简洁明了、易于确认以及非技术化。媒体常常会为拒绝刊发一些报道寻找理由,这些理由包括"难以编辑、缺乏戏剧性、不够简洁以及缺乏细节"(Jamieson & Campbell,1988,p.96)——这些都是一般的新闻报道原则。诺瓦克(Novak,1982)注意到,电视新闻应该避免"死气沉沉的场景、僵硬死板的台词以及啰哩啰嗦的旁白"(p.21)。在电视报道中人物和镜头快速转换、言简意赅是最好的报道方式。

信息保持与信息回忆

选择性保持(selective retention)这一术语是指人们通常会忘记他们所感知到的大部分信息。对于一般人来说,每天都有大量的信息需要处理,这意味着其中大部分信息被转移到潜意识中储存起来,只有那些与现有价值观和信仰相吻合的信息才有可能在意识水平上得以保留(Cannell & MacDonald,1956)。吸烟者不大可能记住反吸烟作品中的具体细节,环保积极分子不大可能注意或记住某篇文章大肆吹嘘大气问题已经大大得到改善之类的论调及其细节。人们通过过滤掉那些不和谐的或令人不愉快的信息来获得自身的平衡(Festinger,1957)。已经发现一些因素可以调节人们对不和谐信息的反应,包括:人们在某些相关问题上被清楚告知的程度,人们的党派归属究竟如何,人们的信念强度以及他们的教育水平如何。

研究证实,与文字信息相比,人们能够更好地保留视觉信息(Alesandrini,1983;Childers & Houston,1984;Horton&Mills,1984;Lutz & Lutz,1977;MacInnis & Price,1987)。斯坦丁(Standing,1973)论证说,即使经过很长时间后人们也能够记住图像广告,人们回忆图像的能力大于回忆文字的能力,这一现象也被称为"图像优势效应"(pictorial superiority effect)。同理,那些代表各种具体事物(如一张大学文凭或一款流行服饰)的词语较之那些代表抽象概念(如教育或其他东西)的词语更容易被人们回忆起来(Paivio,1971)。印刷而成的大幅图像比小幅图像更便于学习和记忆(Kosslyn,1981)。其他研究还发现,较之报纸和杂志信息,受众能够更好地回忆起电视和广播信息(Brieger,1990)。

有些人认为幽默对信息理解的影响效果模棱两可(Johnston,1994),然而另外一些人却声称幽默可以使信息变得更容易被记住(Bettinghaus&Cody,1994)。在商业领域使用重复这种手法有助于消费者记住市场中的一些新产品、新品牌(Bettinghaus & Cody,1994)。一些研究证实,较短的电视广告(15秒相对于30秒,以及30秒相对于60秒)所产生的效果"相当于较长广告效果的三分之二或更多,但是广告花销要少得多"(Pfau&Parrott,1993,p.112)。

高度情感化作为技巧是否有助于人们领悟并回忆信息,目前的看法还存在分歧,里夫斯、纽哈根、美巴赫、巴西尔和库尔茨(Reeves,Newhagen,Maibach,Basil,Kurz,1991)争辩说这类技巧对受众影响极小。另外有一些研究者发现,较之那些包含积极情感的内容,观众更容易回忆起那些包含消极情感内容的信息(Newhagen & Reeves,1991)。这种效果看起来确实存在,因为受众总是花费更多心思去处理具有消极内容的信息,而花费较少心思去处理具有积极内容的信息。积极内容沿着外围路径进入意识（Petty & Cacioppo,1986）,正因如此,积极情感状况总是很快就消失了（Monahan,1955;see also Frijda,1988）。根据政治家的经验,消极广告比其他类型的广告具有更丰富的信息量（Garramone, Atkin, Pinkleton, & Cole,1990）。政治顾问们认为人们不喜欢消极性的广告,但是他们却记住了广告内容。尽管普遍认为人们更倾向于保留消极性的信息内容,费罗拉和美巴赫（Flora and Maibach,1990）却发现,一些与受众群体不甚相关的人更倾向于记住那些具有积极内容的信息。

一些研究显示,个人能够较好地回忆起一系列信息中的第一条信息。另外一些人相信,获取信息的需求和愿望对学习和记忆效果会产生影响（Cacioppo,Petty, & Morris,1983）。下面一节我们将详细讨论相关理论。

学习理论：工具性、操作性以及社会学习型

前面一节我们已经讨论了知觉、认知以及信息保持等相关理论,本节我们将讨论工具性、操作性和社会学习型这几种主要的有关学习的理论。

工具（操作）性学习（instrumental/operant learning）是指某种状态,即一个人因为获得某些习得行为而得到奖励或鼓励。根据斯金纳派（Skinnerian）的理论,当一只猴子用拳击打机器右边的一个按钮的时候,它就打开了一条通道,并拿到了一根香蕉,这是一种学习强化。以我们人类为例,一个人因为向一个退伍老兵组织提供捐赠而获得一位老兵的钥匙链；一位年轻人因为参加了一次戒毒运动而获得一张证书,这张证书可以证明他自己的行为是具有社会责任感的。宣传活动设计者以及其他谋求影响他人行为的人常常将奖励作为手段去强化和激发自己乐见的行为。一些人喜欢内在（intrinsic）奖励,如以此为乐、以健康行为为荣。有些人希

望得到外在（extrinsic）奖赏，例如金钱、感谢和表扬等。强调益处或者许诺奖励能够促进人们努力从信息中学习知识。基于积极意义的强化似乎比基于消极意义的强化更能促进人们进行学习，尽管二者都能起到一定的作用（Hilgard，1956）。付出努力和获得奖励的时间间隔越短，个人在以后继续保持努力的可能性就越大。同样，建立在遥远未来结果基础上的恐惧诉求对年轻人几乎产生不了什么效果，如果某一奖励的预期时间过于遥远，那么其效果也将所剩无几。

条件学习（conditioned learning，与约翰·华生相关）是指这样一种状况，动物学会将铃声（不熟悉的刺激）和食物的出现（熟悉和欲求的刺激物）联系在一起。或者，一个年轻人学会将吸烟（不熟悉的刺激物）和时髦（熟悉和欲求的刺激物）联系起来。那些希望年轻人戒烟的活动设计者有不同的选择达到目的，他们可以把两类刺激物人为分开，也可以用更健康的刺激物来替代香烟。在这种情况下，宣传活动设计者可以：(a)努力向吸烟的学生证明吸烟不受欢迎；(b)说明以体育运动替代吸烟将大受欢迎。广告商常通过激发人们联想到美女或俊男（熟悉和欲求的刺激物）去促销一款汽车、香皂或新款牛仔裤（不熟悉的刺激物）。他们拼命将自己的产品与一些人物挂上钩，奥林匹克运动员成为健身设备、橙汁饮料及谷物食品的象征，广告商希望受众在这些成功运动员与自己的产品之间建立起某种联系。

学术界已经承认班杜拉（Bandura，1977，1994）及其同事在社会学习和模仿研究领域中的突破性贡献。班杜拉证实，儿童会观察电视中的各种暴力行为，如果他们没有看到这些暴力行为受到惩罚，他们也将模仿这些暴力行为。班杜拉宣称电视暴力与年轻人的反社会行为具有关联，美国外科主任医师认同班杜拉的这一理论。近些年来，研究者将班杜拉的社会学习及模仿理论运用到对许多不同现象的解释中，包括宣传活动设计。与信息设计相关的社会学习及模仿理论运用原则包括以下几点：首先，信息应该具体指明表现出来的行为的真正性质(Barber, Bradshaw, & Wallsh, 1989);其次,信息应该鼓励人们找到具体的方法,以显示自己对这些行为所承担的义务(Mogielnicki et al., 1986);最后,信息的即时性应该确保人们能够在不久的将来付诸行动。为了获得最理想的效果,活动策划者可以鼓励那些率先行动的人佩戴一枚徽章或发表一次演讲对一种新的行为表示支持,这种支持可以激励其他人仿而效之。例如,法国鼓励人们在汽车的保险杠上贴上这样的标语:"我系安全带,你呢?"结果在法国部分地区自愿系安全带的人数成倍增加(Wilde, 1993, p. 990)。

北卡莱里亚(North Karelia)项目(一场面向严重心血管病患者的非常成功的健康护理活动)的设计者将模仿理论运用到他们的活动策划中。一些人扮演积极角色,这些小组成员的形象出现在那些致力于促进心脏健康行为的海报和广告中。项目策划者还组建了一个10人电视演艺小组来讨论他们在成功戒烟过程中所经历的抗拒戒烟、烦恼困扰等曲折感受。经过七周电视讨论,10名小组成员中有8名成功戒烟,他们来自不同的人口群体。与此同时,成千上万的观众也对小组成员的经验表示认同,并从中汲取了许多知识。北卡莱里亚项目还鼓励参与者佩戴这一项目的标识物——两枚红色的心脏图标。斯坦福心脏疾病预防小组也运用同样的策略,他们用一枚红色心形磁铁将一些说明资料压在电冰箱的门上,这个地方非常适合张贴有关营养进食的信息。后一案例采用了商业营销中柜台广告的方式,甚至心形标识的运用也体现了这一市场策略,它适合社交营销所追求的目标(Backer et al., 1992)。

总而言之,人们从积极地卷入和参与中受益颇多。正因如此,牧师们常常要求其信徒以非常公开的方式将生命托付给上帝,教会居民在教堂前开展的各种活动就是一种实际参与,它们同时也是承诺的体现。鼓励人们说出自己的观点,这样他们就会关注辩论的结果。无论是骑自行车、驾驶汽车还是学习打网球都是在获取技能，这些行为都是实践。知识或态度的获得同样如此，用来传授新知识和新行为方式的宣传活动常常激发起受众的积极参与(Bettinghaus,1973)。反复做某件事最后就会养成习惯做这件事，所谓习惯成自然，就像重复可以提高受众注意力一样，反复的刺激也可以增加受众从信息中获得新知的机会。电视明星和其他公众人物可能是具有消极意义的角色模型，同时也可能是积极意义的角色模型。许多人坚持认为，电视明星不应该表现出不良行为，如酗酒、吸烟等，因为年轻人可能会从他们那里学到不良行为。

结　论

我们在本章探讨了人们的学习方式。古典哲学常常如此问道：如果没有人在森林中看到或听到一棵树倒下了，那棵树倒下了吗？传播者也可以就学习这件事提出同样的问题："如果没有人听到，并且没有人理解，那么传播发生了没有？"一些研究者，比如加纳特(Garnett,1992)的回答是"没有发生"。他说："如果信息没有被那些怀抱着期待的受众听到或阅读到，那么公共管理者便遭遇到了传播失败"(p.22)。加纳特注意到，当人们觉察出信息与己无关或信源没有专业知识或没有信誉度时，他们会中止接收这类信息。那些遗漏掉信息的人常常包含最迫切需要这些信息的人，比如："潜在的艾滋病受害者或虐待同性恋者、少年未婚母亲、瘾君子以及闲混日子的雇员"(p.22)。活动设计者要确保人们听到、参与、理解并记住他们发布的信息，学习理论对此大有助益。

10
信息设计:劝服理论

作为一种经典的劝服模式,精细可能性模式(Elaboration Likelihood Model)对两类不同的劝服努力进行了区分,一种是通过刺激意识进行信息处理,另一种是通过刺激无意识进行信息处理(Petty & Cacioppo,1986)。该模式体现在克鲁格曼(Krugman,1965,1977)和朗格(Langer,1978)的研究中,他们提出了"意识连续体"概念,用以说明人们如何处理信息。这里所说的意识既包括"无意识"的思想,也包括"有意识"的思想:"有意识的信息处理假定,接收者将会主动辨别差异、赋予意义和创建分类,而无意识的信息处理受制于已有的差异和意义,或者依赖于被触发的情绪"(Pfau & Parrott,1993,p.175)。也就是说,信息内容的触发物(常常是视觉化的)将受众带回到早期经验中,并且引发受众对这些经验的情感反应。

可以采取上述两种方法中的任何一种进行劝服,也就是说,既可以通过刺激意识,也可以通过刺激无意识促使受众完成信息处理过程。广告通常会试图绕开受众的意识思想过程,由于产品之间的差异通常很小,从理论上说,广告商无法诉诸逻辑思维,他们总是在包装和形式上煞费心机,试图引发受众对产品的情感反应。但是,无论如何，宣传活动总要设法激起受众对信息内容的积极思考。

本章将探讨那些能激发受众主动思考的策略，尤其关注信息内容发展过程中的劝服理论文献、内容的组织和实现转变的策略。

信息内容

在本节中，作者将探讨以下劝服研究结论：支持性材料、单面讨论和双面讨论、明确的和含蓄的结论、栩栩如生的视觉化内容、积极性内容和消极性内容、情感诉求、恐惧诉求、创新和幽默以及参照群体诉求。

支持性材料

研究证明，有些支持性材料比其他材料更能有效地使受众的态度改变。案例、图表和病例比统计数据和其他概括数据更有说服力（Taylor & Thompson, 1982）。基于实例的论证最使人难以拒绝接受。科巴拉（Koballa, 1986）总结道，基于具体事实和病例而形成的态度与基于数据概括而形成的态度相比更加稳定而持久。对外公布说一位名人患有狂躁抑郁紊乱症或第一夫人患有酒精依赖症比最炫目的统计数据更有冲击力。同样，包括具体事实的信息更具有说服力，仅仅说使用电脑是危险的并不能让很多人信以为真，但假如说电脑病毒可以使医院的设备监控系统失灵、可以使地铁系统瘫痪、会引发空中交通系统灾难，那么情况将会大不一样。

单面讨论和双面讨论

研究发现，双面讨论比单面讨论更有助于受众接受某一信息（Jackson & Allen, 1987），这就是说大部分劝服性信息会呈现出双方观点，但是也会驳斥其中对立一方的观点。受过良好教育的受众，或者持有反方观点的受众尤其希望其在偏向某一方观点之前能够公平呈现双方观点。在某一领域已事先储备了相关知识的受众对于双面讨论的需求也更为迫切（Hovland, Janis, & Kelley, 1953）。对于美国人吸烟趋势所做的分析为这一结果提供了支持，这项研究证明，1967—1970年美国的广播媒体被强制给予烟草广告和反吸烟的公共服务广告以同样的广告时间，结果显示吸烟人数大幅下降，在政府完全禁播香烟广告期间吸烟率却没有出现任何下降。为了预防受众在将来某一时刻可能接触到相反观点，劝服者可以选择为这些持相反观点的受众做"预防注射"（Hovland et al., 1953; McGuire, 1961）。适合预防注射的时机很多（Reardon, 1991）：

> 政治候选人可以有效地事先警告选民说，政治对手会玩弄破坏自己声誉的鬼把戏。如果公司能够做些应急准备，事先告知相关信息，那么随后发生的大量裁员、价格暴涨、人员重组以及其他大变动所引发的员工及客户的愤怒、震惊将会得到减缓。(pp.54—55)

有些健康传播活动同样会使用"预防注射"这一策略。例如，芬兰赫尔辛基的一项研究发现，针对香烟广告的社会"预防注射"宣传在活动结束后对四到六年级的学生产生了明显的影响（Haukkala, Uutela, Vartianen, Burton, & Johnson, 1994）。当人们在某个问题上产生反对意见的时候，最有效的"预防注射"是将双方组织起来进行辩论（Tannenbaum, Macaulay, & Norris, 1966），也就是说，传播者提供相反的论辩，以防止受众在将来某一时刻不得不为自己的观点辩解。但是，当受众能够兼听双方观点时，传播者可以继续强化这些信念，而不必处理不同的观点（Hovland et al., 1953）。

明确的和含蓄的结论

一些研究认真探讨了信源是否应该包含明确的结论和意见，

还是让受众自己得出结论。大多数研究主张信息(尤其在可能引发恐惧的情形下)应该明确告诉人们怎么想或如何根据对信息的反应而行动(Cope & Richardson,1972;Fine,1957;Leventhal, Watts,& Pagano,1967)。有一些研究表明,像智力、教育、先前对话题的熟识度和参与度、自尊心会对受众关于明确意见的反应起到调解作用(Cacioppo,Petty,& Morris,1983;Hovland & Mandell,1952)。

栩栩如生的视觉化内容

视觉形象可以充当有力的说服者。例如,有些研究证明,视觉形象有助于人们对某一特殊产品品牌产生信任,并且能够使人们产生购买这一产品的愿望(Mitchell&Olson,1981)。事实上,视觉形象越庞大、越具体,人们所产生的积极反应越明显(Rossiter & Percy,1983)。有时候,栩栩如生的视觉刺激对态度的影响要比苍白空洞的信息大很多,因为前者可以激发出更强烈的情感,这些情感深埋在想象中,非常具体而实在。尽管如此,泰勒和汤普森(Taylor and Thompson,1982)对50项研究进行了回顾和总结,这些研究测试了形象化刺激的效果,但结论并非那么显著。

积极性内容和消极性内容

商业广告倾向于制作具有积极内容的信息(Monahan,1995)。但是,政治宣传顾问坚持认为,较之那些包含积极内容的较为理性化的信息,包含消极(否定性)内容的情感类信息具有更为强大的说服力:"人们倾向于因为反对什么,而不是赞成什么而投票,诉诸情感比诉诸逻辑更便利。消极性广告采取说长道短的方式,以口述式的宣传操纵信息"(Nugent,1987,p.49)。另一些人坚持认为,消极性广告比积极性广告包含的信息量更大、更具有可信性。"事实证明,高品位、大信息量的消极性政治广告对于投票者来说特别有帮助,它可以改善候选人的形象,对不同的候选人进行鉴别"

(Garramone, Atkin, Pinkleton, & Cole, 1990, p. 301)。提倡者声称,有些消极性政治广告能够提供有关候选人品格、地位和趣味的准确信息,这又迫使候选人不得不面对问题做出回应(Johnson-Cartee & Copeland,1991)。

然而,批评者认为,消极性广告给赞助者和竞争对手都带来了消极性的感觉(Merritt,1984;Naisbitt,1961)。20世纪90年代发生在加拿大的一个富有戏剧性的案例很好地说明了这一点。加拿大保守党策划了一条带有攻击性的广告,试图从自由党候选人让·克雷蒂安(Jean Chretien)手中争夺选票。由于克雷蒂安的一侧面部下方瘫痪,致使他只能用半边嘴巴说话,这对于一位政治家来说是一个不幸的缺陷。针对这一缺陷,保守党播出了一条消极性的宣传广告,把魁北克(Quebec)的政治家描绘成呆头呆脑、缺乏诚实的模样。在首次播出这条广告的当天,保守党就收到了被激怒的加拿大人打过来的数百个电话,打电话的人还包括许多保守党员。一些志愿者打电话说,他们不想与一个赞助这种广告的政党保持任何联系。保守党以最快的速度撤回了这条广告,但是不良影响已经造成。竞选结束后的票数统计结果显示,保守党甚至未能获得反对党地位,他们仅赢得了极少数席位,尽管他们曾经以压倒性多数赢得过上一次选举。尽管保守党这一次选举的失败有很多原因,但许多加拿大人认为,由于错误判断而播放那条消极性的广告可能产生了自作自受的后果,这说明保守党人就是这样的形象。

格里莫恩(Garramone,1985)讨论了使用消极性政治广告可能会产生的自作自受的后果,当投票者察觉到自己被迫处于一种过大的压力下投票时有可能产生这种后果。在这种情况下,公众开始对政治过程变得冷嘲热讽,并不再信任那些进行消极性宣传的人。当候选人尚未在公众面前建立起良好形象时,最易产生这类反应,在加拿大,金·坎贝尔(Kim Campbell)领导的政党试图使用消极性广告攻击广受人们爱戴的让·克雷蒂安正是这样一个例子。尽管存在风险,在美国政治史中,美国政客们还是不断使用消极性广告策略(Johnson-Cartee & Copeland,1991)。

情感诉求

一些人认为即使不使用消极内容,仅仅使用高度情感化的技巧就足以激发意想不到的非理性反应(Baggaley,1988;Zielske & Henry,1980),不仅如此,人们总是憎恨家教式或训诫式的腔调(Stephenson,1967)。然而,另外一些人则坚持认为,假如人们打算深思一些问题,一定程度的情感介入是必需的,他们相信人们更乐意接受带有一定情感色彩的信息(Reeves,Newhagen,Maibach,Basil,& Kurz,1991),这种诉求激励着人们去思考一些重大的社会问题。但是,如果一个人感觉受到了信息内容的威胁,那么他(她)就不太可能乐意去接受这些信息。事实上,这个人很可能会拒绝接受任何后续信息(Forest,Clark,Mills,& Isen,1979)。

恐惧诉求

经验研究已经证实,恐惧诉求具有一定的限度。贝克尔、罗杰斯和斯波里(Backer,Rogers,and Sopory,1992)所引用的大多数宣传研究的先驱都不相信强烈的恐惧诉求是行之有效的;他们注意到强烈的恐惧诉求(建立在伤害或死亡威胁基础上的)会导致人们防御性地避免接触这类信息,那些预言社会困境或倒退的信息更易于对青少年产生影响,青少年害怕朋友和父母知道他们的不良行为。基于高度可能性而非主要基于后果的诉求,比那种主要基于严重后果而非基于可能性的诉求更为有效(Atkin,1992)。王尔德(Wilde,1993)对许多观点进行了总结,他说:"如果受众有便利的机会去践行某种主张,并且其焦虑感确实有所缓解,那么温和的或者适度的恐惧诉求就会产生一定的作用"(p.987)。尽管如此,两项有关恐惧诉求的研究表明,当传播者成功诱发了受众恐惧诉求的时候,信息的劝服效果就会大很多(Boster & Mongeau,1984;Sutton,1982)。博斯特(Boster)和蒙高(Mongeau)总结了以往文献,他们认为很难证明强烈的恐惧感具有什么样的效果,因为有关恐惧诉求的实验很少能够针对受众成功地制造出高强度的恐惧,他们也质疑在实验环境中针对受众制造高强度恐惧感的伦理道德问题。奥基弗(OKeefe,1990)解释说,如果受众不喜欢接受那些令人感到恐怖的信息,不妨适当降低信息的恐怖程度。博斯特和蒙高坚持认为,不同的受众以不同的方式对恐惧诉求产生反应,这取决于他们的年龄、已有的焦虑程度以及其他因素。对于一些具有焦虑性人格的人而言,越是提高他们的恐惧感,就越会强化他们对恐惧感的排斥(Janis & Feshbach,1954)。阿金(Arkin,1992)注意到,恐惧诉求的短期效果比长期效果更为明显。迈耶罗维茨和柴肯(Meyerowitz and Chaiken,1987)提出建议,在构思和设计恐惧诉求时,最好强调受众将失去什么,而不是强调他们会得到什么。无论如何,即使是那些具有恐惧诉求特点的信息也必须使受众明白,如果他们遵从信息中给出的建议,他们就能够避免某些恶果(Petty & Cacioppo,1981)。

创新与幽默

独创性和娱乐性是公共服务宣传和广告信息宣传获得成功的基本条件之一。但是,幽默的益处受到较多质疑,幽默有时会造成有限的积极效果,也就是说,"作为幽默造成的结果,一些人乐于接受一些劝服性信息"(Johnston,1994,p.132)。幽默还能够促使受众迁就一些简单的诉求(例如,品尝一款新咖啡或订阅一份新报纸)。佩里(Perry)和他的同事(1997,p.36)证实:"总的说来,商业广告越是幽默,产品广告商就越是能够从中获益。"除非附带广告的节目自身就是幽默节目,在后一种情况下,商业广告必须比节目本身更幽默才有可能产生效果。

尽管如此,比较测试显示,较之那些非幽默感的诉求,幽默诉求并不能对受众的态度改变产生更大的影响(Jahnston,1994)。尤其是,幽默几乎不可能劝服人们改变一些重度行为,例如酗酒或滥用药物、吸烟、漫不经心的驾车习惯等(Bettinghaus & Cody,1994)。尽管大肆渲染,20世纪60年代至70年代早期的苏打水推广却没有卖出多少产品(Pfau & Parrott,1973)。幽默甚至有可能降低信源的可信度(Bryant,Brown,Silberberg,& Elliott,1981;Munn & Gruner ,1981)。自相矛盾的是,那些由于创新和幽默而赢得赞誉的广告宣传在商业上却常常最终失败(Ogilvy,1985),那些靠笑话和插科打诨取胜的商业广告比那些正规叙事的广告更容易被人们忘掉(Bettinghaus &Cody,1994)。大量重复的幽默信息无异于浪费受众和消费者宝贵的收视时间,大众传媒中的幽默运用是否有效取决于它与劝服目标的关系,取决于它是否适合受众(受众是否欣赏这些幽默)。

参照群体诉求

参照群体(reference group)是指一些人所属或期望所属的某个群体(Patton &Giffin,1981),帝王牌威士忌广告在《纽约客》杂志的封底刊载了许多年,这一广告就采用了群体归属这一技巧。每周一期的杂志封面刊载着不同的人物,他们与不同的群体相关联,这些参照群体依性别、年龄、职业、习俗以及兴趣而划分,广告中所有人物的共同特点是他们都属于"雅皮士"(yuppies,上流的、年轻的、极其成功的男士和女士),并且都喝帝王牌威士忌。同样,宣传活动设计者也可以将自己的产品与来自不同参照群体、具有信誉的信源相关联,这一方法对于年轻人尤其管用。

信息的组织

信息的组织也会影响到对受众的劝服效果,以下将讨论信息组织的不同模式,包括辩论升序排列与降序排列、首因效应与近因效应等。

信息的心理序列

门罗(Monroe,1945)提出的劝服信息的组织模式是广受欢迎的模式之一,这一模式如下:(a)注意;(b)需要;(c)满意;(d)前景;(e)行动。为了成功劝服,信源必须获得受众的关注,必须使受众认识到某一需要或问题确实存在,必须提出可以满足这些需要的解决方案,必须帮助受众描述有或没有解决方案可能形成的未来图景,必须规划出具体的行动步骤。门罗的动机序列和杜威(Dewey,1933)的"反思性思考"模式略有差异,后者在整个过程中以评估环节代替了前者的具体行动环节,评估环节是对最终结果的一种预见。

首因效应与近因效应

首因—近因研究详尽分析了在劝服情境中(例如辩论)某一信息的最先呈现和最后呈现的利弊,或者将某一诉求置于开头或置于结尾的利弊。总而言之,研究的结论似是而非,从一开始有关这一领域的研究结论就彼此分歧,不甚明了(Cromwell,1950;Ehrensberger,1945;Hovland, Harvey,& Sherif,1957;Jersild,1928;Lund,1925)。从目前的理论成果来看,两种情形都不具备通常意义上的优势。尽管如此,在某些具体情况下,其中的一种方式或许比另外一种方式更具有劝服的优势。例如,如果受众对某件事本来就不是信以为真(没有预设态度等),那么他们可能更倾向于认同第一位发言者所说的话,在讨论中较早提出的诉求更容易造成他们观点的动摇。换言之,在这种情况下,首因效应将发挥主导作用。当受众本来就倾向于接受辩论中某一方的观点的时候,首因效应也会产生主导作用。罗斯诺和罗宾逊(Rosnow and Robinson,1967)得出进一步结论,他们认为当问题相对来说不太重要的时候,首因效应似乎会发生作用;如果话题有趣并充满对立,听众就会从较早的演讲者那里获得对问题的较好理解,并且接受更多的信息(在产生疲劳之前),尽快做出判断成本反而更小些。当一个人的人格备受争议时,首因效应最可能产生作用(Lind,1982)。与之相反,当话题缺乏趣味,或问题虽然重要却不包含争议冲突,并且受众对话题比较陌生的时候,近因效应就可能发挥作用。如果一件事缺乏趣味,受众可能不会在一开始就给予大量关注,即使如此,如果问题非常重要,他们仍然会继续关注。如果话题比较陌生,他们可能要等到了解大多数情况后才会做出判断。无论如何,两种效应的差别比较小。其他一些因素,比如辩论的激烈程度还可能冲淡或消解这两种效应(Rosnow & Robinson,1967)。

辩论的升序排列和降序排列

第二类研究关乎这样一个问题:辩论中最精彩的部分或最薄弱的部分究竟放在什么地方最好(辩论的升序排列和降序排列)。也就是说,应该将劝服中最有力量的部分放在演说的开头、中间还是结尾?升序排列是指将最有力量的内容放在演说的最后,降序排列则是指将最有力量的内容放在演说的开头。从这个意义上来说,有关升序排列和降序排列的研究大体上覆盖了首因效应和近因效应的研究。

对上述问题的研究表明,两种不同的信息排列方式没有明显的优劣(Gilkinson, Paulson, & Sikkink, 1954; Sponberg, 1946)。但是一些研究者建议,当受众可能会中途中止对某些信息的关注时,那些试图劝服他人的人不应该采用升序排列;研究者还建议,信息设计者还应该避免将最精彩的段落放在文本的中间(Bettinghaus & Cody,1994)。杰克逊和艾伦(Jackson and Allen,1987)发现的证据证实了这种观点,即支持性的辩论内容应该置于反驳性的内容之前,或者两者应相互交织。

信息策略

以下我们将探讨的策略考量与此相关:识别目标受众、判断信息可接受度范围、制定即时战略决策、长期承诺、反向预期、运用重复技巧、通过融入新闻内容来提升信息相关度以及考虑跨文化因素。

识别目标受众

对于宣传活动而言,确定合适的目标受众至关重要。劝服应该使信息顺应具体的受众和文化——也就是那些对信息怀有巨大需求(并且感兴趣)的人。将艾滋病宣传册分发给 1700 万人不过是浪费资源。卡伯特森(Culbertson,1994)探讨了精确定位受众的必要性——从地理分布方面、从媒体方面、从议题方面等。

为了把握这些受众,传播者还必须考虑到意见领袖的影响,也就是那些被其他人高度尊崇的人。意见领袖总是站在更超然的高度,而不是站在社会体制之内对信息做出更全面的反应,他们的态度也更倾向于普世主义,他们更易于接受变化和创新(Rogers & Shoemaker,1971)。

可接受度范围的判断

受众面对信息时所具有的初始态度对于潜在的态度和行为改变会造成极大影响,在受众不必牺牲他们的适意感的前提下,劝服才有可能是最有效的,前面提到的系安全带宣传即属此例(Ashley,1992)。尤其是,信息往往对那些没有预设态度的人影响最大。王尔德(1993)坚持认为,信息宣传者鼓吹的态度和行为变化不应该超出信息接收者的可接受度范围:

> 在可接受度范围内,倡导的变化幅度越大,劝服效果也就越大。例如,在高速公路上张贴每小时 100 公里的

限速告示比在维也纳六车道高速公路上张贴每小时80公里的告示更具有降低车速的效果。但是,假如倡导的变化超过了可接受度范围,那么什么变化都不会发生,或者情况会变得更糟,这时信息可能带来对抗性的后果,也就是说会产生"适得其反"的效果。(p. 987)

如果对可接受度的范围不甚了解,活动策划者应该在一定时间内按照由小到大、适量控制变化的方式予以调节。

许多研究者研究了差异性(接收者对某个问题的最初观点与劝服者试图令其接受的观点之间的差异)与说服力之间的关系,有关这一问题的证据并不清晰,因为早期研究发现了大量自相矛盾之处,它们都与这些劝服性的结果密切相关(Hovland & Pritzker, 1957)。但是,另外有一些研究报告显示,在某些情况下,例如,当受众的观点与信源呈现的观点差距增大的时候,将会导致劝服力下降。奥基弗(1990)认为(就像他引用的其他文献所认为的那样),劝服效果上升到一定的差异水平后将会自然下降;换言之,存在一个类似于王尔德所说的"可接受度",没有任何一个劝服者可以超越这个限度。意料之中的是,有一些研究发现,那些高可信度信源比那些低可信度信源能够有效造成更具差异性的态度和行为改变(Aronson, Turner, & Carlsmith, 1963; Bochner & Insko, 1966)。另外一些变量与受众对相关问题的事先介入有关,对事物事先介入的程度越深,受众的可接受度范围就越小(Freedman, 1964)。

制定即时战略决策

人们对创新或变化的反应方式可以分为两类,一类是渐增式的,另一类是防御性的。渐增式(incremental)创新是指在不久的将来可以从投入中获得所欲求的回报的创新(例如,通过种植一种新的作物而提高产量),而防御性(preventative)创新是指防止一件不希望发生的事情尽可能比较晚地在未来某一时刻发生(例如,一次不希望发生的怀孕、癌症或艾滋病等)。受众采取防御性措施并非易事,因为后果要到遥远的未来才可能知道——假如某些事情最终发生的话。尤其是,即使采取了预防措施也未必能够阻止人们陷于某种后果,纵然他(她)中规中矩。创新接受度在时间轴线上呈现出 S 状(Backer et al.,1992):

> 最初在单位时间内采用新观点的人数相对很少,当大约 15% 或 20%—25% 的人开始采用后,采用率开始"起飞",单位时间内采用的人数开始急剧上升。(p.9)

那些主张创新的人必须设法达到这一"临界点",一旦达到这一"临界点",创新的扩散将可以自我维持。这一理论主张,组织必须在运动的初期投入较多资源,早期的采用者与朋友、家人分享他们的新观点,由此帮助他们达到"临界点"。另一方面,劝服理论还表明,当人们努力改变他人的时候,人们也常常进行自我改变(Reardon,1991)。

传播者应当使信息在恰当的时间和地点到达受众,例如,可以安排有关避孕套使用的信息在下午六点钟的时候到达受众那里。但是,并非每个人在这时接收到这类信息都会感到舒服,一些目标观众可能倾向于在晚上十点的时候收到这类信息,因为这个时间他们的父母不在身边。

长期承诺:持久的重要性

最有效果的劝服活动是那些立足于长远的劝服活动。研究发现,人们对劝服信息的反应时间因人而异。例如,罗杰斯和休梅克(Rogers and Shoemaker,1971)将人群划分为以下几类:(a)创新者或率先采用创新的人(常常是社会中的边缘人);(b)较早的采用者(能够很好地融入社会体系、身份较高的人);(c)早期的多数人(在某个系统中比同伴更多地使用媒体、社会地位一般的人);(d)后期的大多数人(仅与同伴之间进行人际互动、身份较低的人);(e)落后者(系统中的传统成员,最后被劝服的人)。这种反应时间的差异意味着劝服活动策划者必须着眼于长期准备,以获得最大效果。

反向预期

相关研究(Hunt, Smith, & Kernan, 1985; Settle & Golden, 1974)证明,那些坦白承认某一产品并非尽善尽美(但其他产品确实如此)的广告比那些吹嘘所有产品都尽善尽美的广告更具有可信性和说服力。本书第八章在讨论信源可信度时已经涉及类似研究发现——人们倾向于信任那些自证其非的信源。

运用重复技巧强化改变

持续接收某一信息也可以提高态度和行为改变的可能性。一些研究发现,接收反吸烟信息的频率与停止(或减少)吸烟具有正相关关系(Ben-Sira, 1982)。大多数研究证实,仅仅通过广播这种单一渠道进行劝服对态度或行为的改变效果有限,任何单一信息只能使少部分受众的态度和行为发生改变。但是,那些经过精心策划的信息如果通过多种渠道反复传播,其效果就会非常可观(Wilde, 1993)。受众倾向于喜爱熟悉的产品、人以及事物。优秀的广告可以提升效果,直至达到某一个"临界点"(Bettinghaus&Cody, 1994)。过于频繁地传播信息也会造成受众厌倦。研究证明,最佳的重复次数是三次(对经典研究的评论参见Bettinghaus & Cody, 1994;也可参见Schultz, 1990)。当然,经过改头换面的信息可以重复传播更多次。

通过融入新闻内容来提升信息相关度

为了获得最大传播效果,公共传播活动应该将活动信息置于相关社会问题的新闻背景当中,将那些与健康相关的话题融入新闻报道中也能够提高信息的传播效果(Ettema, Brown, & Luepker, 1983)。例如,交通事故中酒精作用的问题、驾驶年龄的问题、性行为以及安全套使用等问题的讨论都可以成为提醒公众注意健康风险、制定防范措施的有效方式。与此类似,政治家们很早以前就知道模糊商业广告与新闻之间的界限可以提高信息的影响效果,为了达到这一目的,他们将广告附加到电视新闻和公共事务节目中(Jamieson & Campbell, 1988)。有时候商业广告包含着真实的新闻片段,有时候广告看起来像是新闻。手持摄像机和自然光的使用看起来真实自然,在栩栩如生的商业广告中,政客与公众互相衬托,这番情景感觉像是新闻报道,摄像机就像是在偷听选民、家庭成员以及朋友之间的谈话。

考虑跨文化因素

传播者在针对某一种族群体挑选象征符号或色彩时必须考虑到跨文化含义。例如,中国人认为蓝色是用于丧葬的颜色。墨西哥银行的徽标设计者在草帽图像的顶部增添了一只鹰,这样墨西哥人就不会感觉到这一徽标过于美国化。一项有关埃及卫生保健课程的研究显示,埃及人将用于社交营销活动的红色的"X"视为死亡的象征(Garland, 1982)。不同的国度以不同的方式处理同样的主题。美国的报纸广告展示出赤裸裸的警告:"不带避孕套就别出门",广告图案是散落的女人钱包中的东西,其中包括避孕套。形成鲜明对比的是,特立尼达的广告所展示的图画是:一位男子和他的女友坐在公园的凳子上,附带的文字解释内容是"一位情侣就是安全,避免艾滋病"。法国和瑞士以低调和实事求是的方式传达性安全信息。日本的表达方式却"谨慎而委婉"(Magdenko, Disman, & Raphael, n.d.)。文化还调节着人们对劝服企图做出反应,例如,美国人倾向于接受消极度较高的广告,但是加拿大人却不这样。

结　论

　　人们习惯于抵制变化和创新。心理学家库尔特·勒温（Kurt Lewin,1951）提醒道,要"解冻"人们的行为就必须增强人的"驱动力",同时降低人的"抑制力"。那些希望戒酒的人要面对许多纵容他们继续酗酒的强大力量：模特和名流的饮酒示范；饮酒有助于社交以及协作；朋友同道之间互相影响；电视和电影中对于饮酒的正面渲染。正因如此,劝服理论和知识对于宣传活动策划者来说非常重要,因为后者致力于提升有关态度和行为积极改变的意识和效果。本章探讨了劝服者通过行动实现目标的行为和方法,详尽论述了如何处理信息内容、组织安排信息结构,以达到有效改变态度和行为的目的。

11

选择渠道：经验总结

本章将介绍和探讨以下研究成果：什么样的媒体适合什么样的传播活动。具体来说，就是人们如何使用媒体提升意识并影响态度和行为。本章还将探讨相关理论的局限性和有效使用媒体的策略。最后，本章会详细阐述议程设置理论。

人们如何使用媒体

许多研究试图发现人们如何使用不同的媒体。一些研究发现人们更多地将电视用于监测环境，或用于准社交性以及人际性的目的，而不是借助于电视获取信息。最近的研究表明，尽管读者在减少，但是报纸仍然是美国公众"获取公共事务信息的主要来源"(Robinson & Levy, 1996, p. 135)。与此同时，诸如《麦克尼尔-莱勒报告》(*MacNeil-Lehrer Report*)这类特别的有线电视节目以及诸如 C-SPAN 这样的电视频道已经开始挑战新闻报纸和新闻杂志，它们试图成为政治知识的长期提供者。人们对不同媒体的使用模式取决于相关主题和人口统计特征，例如，研究显示人们宁可通过电视而不愿通过报纸获取一般新闻信息(Roper, 1985; Roper as cited in Reagan & Collins,1987,p.560)。对于越来越多的人来说,电视已经成为他们获取新闻信息的主要媒介。年轻人、老年人、贫困者以及残疾人都是极重度电视观众(Comstock,Chaffee,Katzman,McCombs,& Roberts,1978)——这一点对那些旨在面向风险观众的组织尤为相关。同时,人们更信任电视而不是其他媒体,无论是就一般情况而言,还是涉及健康信息这样的具体情况。大学生同样依赖电视,他们在诸如艾滋病这样的话题领域将电视看作获取信息的首要来源(McDermott,Hawkins,Moore,& Cittadino,1987)。对黑人吸烟的调查显示,人们大多从电视中听说有关吸烟带来的健康风险,其次是广播、报纸、杂志、地方通讯和公告以及其他来源(Cernada et al.,1989/1990)。

有些受众通过使用电视和广播来帮助自己解决问题。由赫佐格(Herzog,1944)领导的一项经典研究发现,41%的广播肥皂剧听众说肥皂剧帮助他们学会了如何应对问题。一个案例研究详细分析了《我的孩子们》(*All My Children*)中对酗酒形象的展示,最后得出结论说,健康教育工作者可通过与娱乐媒体协同努力,以讲故事的方式"扩大并加深"健康信息的传播(DeFoe & Breed,1991)。健康传播研究者坚持认为电视有助于形成亲社会(prosocial)角色模式,并会对态度和行为产生影响。电视能够提供诸如心脏病、糖尿病和慢性支气管炎等方面的知识。肥皂剧、电视剧等娱乐节目还能帮助受众利用电视进行人际交往或用于其他目的(Montgomery,1990)。

媒体在提升意识、影响态度和行为方面的成功

多年来,研究者一直在调查媒体在健康护理问题上提升意识、影响态度和行为方面的能力。大多数研究认为,正确合理使用电视,将电视与人际传播之类的手段结合起来,电视完全可能有效地传递信息、影响态度。要提高公众在某些具体问题上的觉悟就必

须借助于宣传,包括电视在内的大众媒介是最好的手段(Yankelovich,1991)。以下将介绍有关这方面的研究成果。

艾滋病危机引发了大量相关研究,这些研究致力于探索电视在提升意识、传播知识、形成态度和行为方面的效果。一项针对1006人(年龄在16—54岁之间)的调查显示,某项电视公共健康及教育宣传活动在普及艾滋病知识方面起到了积极作用(Wober, 1988)。通过对505名大学生的访谈得出这样的结论,由于接触和关注大众媒介信息,这些大学生的相关知识水平和风险防控行为水平均有提高,这505名访谈对象从威斯康辛大学的本科生中随机抽取(Dunwoody & Neuwirth,1988)。伴随着阿司匹林的使用与"雷尔氏综合征"之间关联的发现,媒体在影响消费者购药习惯方面发挥了关键作用。在得克萨斯的休斯敦,一项针对儿童虐待现象的媒体宣传导致虐待儿童案件报告量的急剧上升(Friedrich, 1977)。经过新闻媒体广泛地报道,因使用宫内节育器(IUD)从而造成死亡的案例已不复存在,而科学期刊、医药包装插页却一直未能劝服医生将宫内节育器从孕妇患者体内取出(Cates,Grimes, Ory,& Tyler,1977)。

有些反吸烟运动也提供了一些令人信服的媒介效果证据。来自某印刷媒体和广播媒体反吸烟宣传活动头28周的数据显示,在那些曾经接收过印刷媒体和广播媒体宣传信息的社区中,有更多的人希望获得更多的相关信息,其数量是那些未曾接收类似信息的社区需求量的10倍(Cummings,Sciandra,David,& Rimer, 1989)。在另外一个例子中,研究者对5458名小学生进行了为期四年的跟踪研究,在这群学生中有一些人从学校、广播和电视中接收反吸烟信息,但是另外一些人仅仅从学校接收这类信息。研究发现,作为学校干预项目的补充,针对高风险青少年的大众媒介干预效果显著(Flynn et al.,1992)。调查数据还证实,一项芬兰反吸烟运动结束后,有大约10000名成人吸烟者平均每人戒烟至少6个月(McAlister,1980)。另外一些最新的研究也证实了媒介宣传在维护社会准则、强调吸烟危害等方面的价值(Wallack & Sciandra, 1990/1991)。

在挪威,研究者对一项旨在改善人们生活方式的全国媒体健康运动的效果进行了评估,对878人的调查访谈显示,22%的人声称他们改变了一项以上的习惯,33%的人说他们改变了更多的习惯,25%的人报告说他们已经减少或停止了吸烟(Sogaard & Fonnebo,1992)。另外一些研究发现,精心策划的电视信息有助于人们改变饮食习惯,增加要求细致医学检查的人数,减少引发心血管疾病的高危行为,降低吸烟率(Solomon,1982)。研究还证实,即使是幼儿园的孩子们也能够理解并记住电视中出现的与健康相关的信息(Faber,1984)。

电视越来越多地承载着传播有关精神健康方面的信息,对这一传播效果的研究证明,电视纪录片的出现正在不断提高信息水平,倡导积极的态度,改变着人们关于精神疾病的一些观念(Medvene & Bridge,1990)。大多数研究者认同,在发展中国家电视作为教育媒介发挥着关键作用。

媒介效果的局限:影响的可变性

尽管大众媒体总体上来说具有积极效果,但研究也发现对于某些类型的信息,大众媒体的可接受度也具有局限性。例如,一项针对美国588名大学生的调查证明,大学生相信人们更倾向于接受来自人际交往和机构内的信息,而不是来自大众媒体的信息(Cline & Engel,1991)。人们倾向于将媒体渠道与其他信源,如医生、朋友及家庭混合使用(Johnson & Meishoke,1992)。一些研究认为,假如媒体确实产生了大量可使用的信息,那么人们还是更愿意将媒体作为自己的信息来源。其他一些研究得出结论说,大众媒体不能够为目标受众提供物有所值的信息。

对信息的接受情况根据不同的个体而变化。一项研究发现,白人、女性、青少年以及那些将来不打算吸烟的人更有可能对广播电视中的反吸烟节目做出反应(Bauman, Padgett, & Koch, 1989)。第二项研究证实,较之中度风险群体,那些高风险群体(例如重度吸烟者)很少接触或极少回忆那些反吸烟的信息(Ben-Sira, 1982)。澳大利亚研究者揭示了媒体曝光与社会态度之间的关联,那些将自己暴露于有关艾滋病节目之中的人对同性性取向的恐惧感要少一些,对死亡的惧怕也少一些,他们的社会保守色彩也较淡一些(Ross & Carson, 1988)。人们在如何接触艾滋病信息方面表现得非常不同,处理信息的能力和信息获取的动机在很大程度上预示着人们的经验和知识水平(Rosser, Flora, Chaffee, & Farquhar, 1990)。稍后的研究并没有发现人们的社会经济地位、教育程度或经济收入水平与他们是否经常接触媒体信息有什么必然的关联,但是文化适应确实与接触媒体信息具有一定的关联(Ruiz, Marks, & Richardson, 1992)。

另外有些研究坚持认为,几乎没有什么证据表明运用大众媒体项目可以改变健康行为(Redman, Spencer, & Sanson-Fisher, 1990)。尽管媒体对有关健康护理问题的议程设置具有一定影响,但是它们基本上没有能力改变人们的行为(Peterson, Jeffrey, Bridgwater, & Dawson, 1984)。

澳大利亚的一项宣传活动试图增进人们对宫颈涂片技术的了解,并试图改变人们的态度和习得的行为模式。从某种程度上看,前两项努力富有成效,但是第三种努力以失败告终(Shelley, 1991)。一些人认为,在社会环境中消极性的影响无处不在(例如香烟广告和含酒精的饮料广告),它们限制了电视对社会进行有意义改造的潜力,这些批评者认为在电视能够有所作为之前必须对社会进行彻底的结构和制度变革(Wallack, 1983)。

改善媒介效果

为了解决上述问题,健康专家们常常采取以下措施:(a)使用多媒体信源,确保多元化的信息到达受众;(b)使自己的宣传活动与大规模社区干预活动融为一体;(c)遵循即时性原则,确保信息及时到达受众。

尽管广播电视经常被用于大规模的宣传活动,可是人们在使用这一工具的同时也会使用报纸、杂志和其他媒体。霍夫斯泰特、舒尔茨和穆维西尔(Hofstetter, Schultze, and Mulvihill, 1992)发现,多媒体信源的广泛覆盖增加了人们报告健康相关问题、个人兴趣和个人行为的可能性。瓦内克、朗根伯格、翁、弗雷和库克(Warnecke, Langenberg, Wong, Flay, and Cook, 1992)发现,电视上播出美国肺脏协会手册《20天内戒除烟瘾》的节目片段后人们反响强烈,这些反响大多来自那些参与了健康项目、收看了节目,且每天阅读手册的人。最成功的干预既依赖于印刷媒体,同时也依赖于电视媒体。威弗斯、阿赫杰维奇和佩吉(Wewers, Ahijevych, and Page, 1991)通过对运用印刷媒体和电视媒体进行的戒烟宣传效果的评估也得出了类似结论。

北卡莱里亚项目始于1972年的芬兰,这一项目针对人口中高发的心血管疾病展开斗争,该项目将电视与一对一的人际传播融为一体,同时在项目组成员和超市、面包厂及其他行业之间促成合作(Backer, Rogers, & Sopory, 1992)。这一芬兰项目还将自助性的电视咨询系列活动融入其中。索梅雷、罗斯-迪格南和卡恩(Soumerai, Ross-Degnan, and Kahn, 1992)解释了媒体在公众教育方面的成功表现,这些教育主要集中在阿司匹林产品与"雷尔氏综合征"之间的关联方面:

> 在过去仅由媒体一方参与的健康教育活动很少获得

成功,尤其是在致力于长期行为改变的复杂健康行为领域……媒体对一般药品的危害提出警告能够成功改变消费者的行为,但是必须满足以下条件:疾病泛滥的时候;所揭示的行为信息非常简洁易懂;提出的建议易于接受,建议的选项不是太多;综合性的宣传方式,包括多样化的专业群体参与指导。(p.178)

斯坦福心脏疾病防预项目是一项最广为人知的长期研究项目,它的目标群体是加利福尼亚州三个城镇中那些高风险心血管疾病群体。这个项目将大众传播(例如,电视、广播、报纸以及通过大众媒体分发的印制品)与人际传播(例如,小群体需氧健身组和戒烟组)相结合。为了达到教育公众的目的,这个项目还采用了混合媒体和人际传播组(竞赛、通讯课程以及组织西班牙语广播、报纸和大众媒体分发印制品等特别活动)这类方式,斯坦福项目还鼓励意见领袖参与到活动中。

项目结束时,研究者得出结论,媒体干预在风险教育方面成效显著。在某些情况下,那些同时接收面对面人际传播信息和媒体指导信息的群体在态度和行为方面发生了较大、较持久的改变(Meyer, Nash, & McAlister, 1980; Schooler, Flora, & Farquhar, 1993)。参与媒体和人群是获得态度改变的成功策略。阿什利(Ashley,1992)认为,媒体为其他准备播种的人准备好了土壤,换言之,人际接触必须伴随着媒体的参与。尽管先前的讨论强调电视的重要性,但是许多人相信广播同样行之有效(Ashley,1992)。

以媒体为基础,整合其他大型社区或研究机构干预项目的宣传活动可以对行为变化产生最大程度的影响(Arkin,1992)。"媒体加社区"这种方法可以为反酗酒运动营造长期的公共政策议程,同时为相关公共政策凝聚支持力量(Casswell, Ransom, & Gilmore,1990)。

即时性原则会对媒体的信息选择产生一定的影响。这一原则与这样一种观念相关,即一旦受众接受了某项劝服或接收到日常信息之后,应该有能力展示出新的行为方式。对于某些信息而言,电视是一种低即时性信息传播渠道。例如,建议安全工作或建议在下雨天开灯行车这类信息,在这种情况下受众并没有即刻的机会展示他们的行为。但是,对于酒类广告而言,电视却是一种高即时性的媒介,因为许多人有机会在安装了电视设备的环境中(酒吧和家中)饮酒。与此类似,柜台广告对于消费者来说具有高即时性,这些人进入商店就是为了购买香烟或食物(Wilde,1993)。

议程设置

议程设置(agenda setting)是指大众媒体将受众注意力导向某一具体问题的能力。科恩(Cohen,1963)提醒说:"在大多数情况下,报纸在告诉人们想什么方面可能并不是十分成功的,但是在告诉读者怎么想方面却惊人地成功"(p.4)。罗杰斯和迪林(Rogers and Dearing,1988)探讨了三种类型的议程设置:公共议程设置、媒体议程设置,以及政策议程设置。他们总结说在这三种不同的议程设置之间存在某些关联,也就是说,媒体具有引导作用,通常会对公共议程和政策议程产生强大的影响,公共议程反过来会对政策议程产生影响。研究者就下列议程设置问题提出疑问:谁设置了媒体议程?媒体怎样通过议程设置牢牢抓住受众?有哪些变量因素对议程设置过程产生了影响?

谁设置了媒体议程?

报纸在宣传活动的最初几周中扮演着关键角色,但是,在选举日期临近的时候,电视变得更加重要(Shaw & McCombs,1977)。媒体议程设置的早期研究发现,通讯社倾向于使客户报纸的内容标准化(McCombs & Shaw,1976),另外一些报纸也能够充当议程设置者。例如,《纽约时报》在毒品问题上成为引导《华盛顿邮报》

和《洛杉矶时报》的议程设置者(Reese & Danielian,1989)。在连续几年追踪加拿大报纸对外交事务报道期间,我注意到《纽约时报》同样影响了加拿大主要报纸的议程,例如《环球邮报》。政治广告对报纸和电视的议程都产生了影响。尽管广告对报纸的议程产生了更大影响,但是报纸却设置了电视的议程(Roberts & Mc-Combs,1994)。

韦弗(Weaver,1994)对美国大选的研究证实了草根议程设置的存在。在1992年的选举中,许多候选人选择了通过谈话节目、市民小报、电子市政厅会议、免费电话拨打、计算机公告栏等方式与公众进行交流,公众可以直接向候选人提出问题,而不必经过中间环节的过滤。在竞选活动进行过程中,非常明显的是,那些候选人及其顾问、新闻记者、民意调查人员、学者以及其他感兴趣的公民都在讨论首次出现在传统媒体中的这些问题。与此同时,主流媒体也在讨论这些同样的问题,结果这次选举的投票率达到了自1968年总统选举以来的最高值(达到投票人数的56%),这使人们对新媒体参与投票事务并积极发挥作用的前景抱有更大的信心,在20世纪没有任何一次其他的总统选举出现过如此高的投票率。1992年的那次调查研究由142人组成,没有一个人说他们是从新闻评论员、分析师或者专家学者那里了解候选人的,相反,他们提及的渠道是电视谈话节目、早间谈话节目以及由候选人赞助的谈话节目(Sandell,Mattley,Evarts,Lengel,& Ziyati,1993)。当收集到选举人在某些重要问题上的意见后,一部分广播电视台和报纸任由这些问题推动它们的选举报道(Roberts&McCombs,1994),其中,一些报道集中在如何解决由选举人提出的这些问题上。

研究者和社会批评家非常关注这一事实,即许多群体都试图操控媒体议程,当事件以及对事件的分析和评论存在太长的时间间隔的时候,组织宁可相信某条新闻已经失去了效果或影响。与此同时,一些组织还可能在当期报刊面世之前,拒绝向受众发布那些对自己不利的新闻。对于不希望有关新闻报道在周一晚间之前呈现给公众的人来说,周日上午晚些时候发布新闻是一个有利的时间。福特是在周日上午公布尼克松获得豁免的消息的,他这样做是希望仅有少数媒体有机会刊载这一新闻(Jamieson & Campbell,1988)。与工作日期间的新闻发布会相比,在周末举行新闻发布会吸引更少的记者。假如某个组织希望有大量的人能够接收到自己在某一时间发布的新闻,就应该反其道而行之。许多群体将他们策划的活动安排在媒体最可能予以报道的时间内进行(例如适合电视直播的黄金时间)。政党常常在收视高峰时段组织集会,以便他们推选的领袖发表提名演讲。他们吸取了乔治·麦戈文(George McGovern)的教训,因为被民主党提名,他在上午很早的时候发表答谢致辞,结果仅有少数观众恰好在此时醒来,听到了他的演讲。在秋天电视季的开放周发布信息可以获得最大数量的观众。

媒体如何诱导受众和建构问题?

媒体还可以影响公众评价政府及企业的标准,媒体通过自己确认的重要性排序"诱导"(prime)公众评价政治家以及其他人物的表现(Iyengar & Kinder,1987)。如果失业问题排在封面头条位置,那么受众就会依据领导人如何处理这一问题来评价他们。然而,如果健康保健问题成为头条新闻,这些问题就将成为公众评价政客及行政官员的标准,媒体就是这样根据自己的重要性标准来诱导受众关注某些中心议题。在着手准备一次竞选活动的过程中,纳尔逊·洛克菲勒(Nelson Rockefeller)州长得知,竞争对手几乎在所有方面都比他获得更多的好评和支持,仅在高速公路建设方面是个例外,但是仅有不足5%的选民认为后者非常重要。在没有其他选择的情况下,洛克菲勒对他的广告代理商说:"让它成为一项议题",在随后的几个月中纽约州的选民被那些赞美州高速公路的广告所淹没……在竞选的后期,道路和高速公路成为最引人注目的问题,洛克菲勒又重新当选(Reid,1988,p.137)。

如果某些问题在媒体议程上保留足够长的时间,公众就会根据领导人在这些问题上的表现来对他们作出评价,因此,可以假设媒体对于人们如何感知领导人以及相关问题具有直接和重要的影响。

有些研究者建议我们应该注意在媒体告诉我们"想什么"和"想干什么"之间划分一条明确的界线。这些研究者认为,议程设置也可以导致行动——也就是说,面对媒体议程设置中的那些问题,人们更倾向于去做,而不是仅仅去想。他们会去参加更多的会议,写更多的信,发出更多的呼吁,在更多的选举中投票。但是,他们必须获得一种应验的感觉,他们必须确认他们的投票和行动能够使事情有所不同:"议程设置既可以促进政治参与,也可以使市民之间彼此疏离,这取决于被设置的议程是自上而下的,还是自下而上的,也取决于被强调的问题是真实的问题,还是虚假的问题"(Weaver,1994,p. 354)。

有关框架问题的研究也假设媒体对故事描述具有重要影响:"框架分析承认,媒体能够传达某一特定观点,或者有'倾向性'地陈述它们所报道的问题,反过来,这又可能会影响公众对某一问题的态度"(Wimmer & Dominick,1997,pp. 356-357)。新闻故事可能会强调某一特殊情节,或者依据公众认定的社会责任建立起一个评判的标准(Rhee,1997)。政客们常常抱怨说媒体解释并重构了他们所说的一切。图 11.1 演示了这一多级影响过程,这一过程涉及解释阶段,包括专业讲解者、电视评论员、意见领袖的若干层级以及公众。

发送者→专业讲解者→电视评论员→意见领袖→意见领袖→接收者

图 11.1 影响模式(来源:弗格森授权使用,1994 年)

公众接受媒体议程的限度

一些研究证实,公众对媒体议程的自愿接受存在一定的限度,这一限度与问题特征、受众、情境以及新闻实践有关。

问题特征

一些问题本身就很突出,它们不能被忽略,另外有些问题并不突出,对我们的日常生活影响有限。比较而言,人们对有些问题更关注,而对另外一些问题并不是那么关注。在有些人看来,那些对社区或者国家重要的问题(公共议程中的问题)可能与那些在个人层面上来说最重要的问题(私人议程中的问题)非常不同(McCombs,1978)。一旦必须要做出选择时,选民们将会把私人议程列为优先选项,比尔·克林顿的丑闻就证明了这一点。公众较少关心克林顿与珍妮弗·弗劳尔斯(Jennifer Flowers)以及莫妮卡·莱温斯基(Monica Lewinsky)之间的故事,他们更关心工作机会及削减赤字。反对派不断试图诱导公众在道德失范层面去评价克林顿总统。

当公众害怕听到或者读到某一议题时,"问题疲劳"就出现了,尤其是当公众或者媒体议程中罗列的问题与人们在私人议程中罗列的问题不相符时情况更是如此(Ferguson,1994)。就此而言,公众会说:"够了!"在另外一些情况下,问题疲劳源于一种无力感,这种感觉就是没有一种答案能够令各方满意,或者满足解决问题的要求。公众很可能既不是麻木不仁,也不是无动于衷,他们不过是对自己的能力失去了信心,并希望借助于他人的力量找到问题的答案。有时候,一些问题已经存在很长时间(例如加拿大的分立问题、中东地区的争端、北爱尔兰地区新教反对天主教的战争),人们开始感觉到在这些问题上任何事或者任何人都没有什么区别,尽管媒体没完没了地报道这些问题,但是公众早已对其失去了兴趣。

受众特征

受众特征对媒体在某些问题上进行公共议程设置的企图构成限制。例如,一些研究显示,媒体议程仅对那些对某些问题感兴趣的受众产生较大的影响(McCombs,1994,Weaver,1994)。对某些问题的了解程度也可能限制议程设置对受众产生影响(Weaver,1994)。另一些影响变量与受众定位有关(Wanta&Hu,1994)。一些研究发现,受过良好教育的受众更倾向于认同报纸上的议程设置,但是受教育程度较低的受众却倾向于认同电视上的议程设置。另外一项影响变量是政治参与的程度(Williams&Semlak,1978)。

情　境

议程设置的影响力依据"宣传活动的情境、被关注的时间长度、被研究的效果种类"而变化(Weaver,1994,p.348)。麦库姆斯和肖(McCombs and Shaw,1972)的结论是,在竞选期间当议程设置的影响变得更大时,选民比任何时候都更关注政治新闻。在政治选举最激烈的时候,意见会变得更为一致。

新闻实践

一些研究注意到文化体制和组织因素也会对媒体议程产生影响(Reese,1991),尤其是新闻传统、新闻实践和新闻价值对议程的影响力更大(McCombs,1994)。各个媒体都建立了截稿制度,每一位记者、编辑和制作人都必须遵守截稿规定,媒体总是急于最快发布新闻,它们认为过时的新闻不是新闻。因此,如果一个组织在媒体截稿之前很短的时间内发布一些具有争议性的信息,媒体对这一事件或问题的最初报道很可能就不那么具有批评性,因为在如此紧迫的时间内,媒体只能报道一些最基本的事实。假如这一议题仍然保持其新闻价值,并且没有更新鲜的事件突然出现在媒体议程上,有关这一议题的讨论和评论才会继续跟进。

事先准备好适合媒体的材料也可以增加媒体报道组织观点的机会。由于记者面临紧迫的截稿时间压力,所以他们只能稍微加工现成的材料就付诸报道。同样,栏目编辑常常用那些从公关人员那里得到的材料去填充节目最后一分钟的时间空隙(Saxer,1993)。把关人理论分析了报纸新闻以及电视新闻的特征(风格和内容变量),这些特征使有些内容可以通过新闻记者的把关。研究发现,最有可能通过把关门槛的新闻是那些短小精炼、涉及本地财经的新闻,也包括家乡摄影图片(Wimmer & Dominick,1997)。麦库姆斯(1994)解释道:

> 即使是像《纽约时报》《华盛顿邮报》这样拥有庞大采编队伍的一流全国性大报,他们半数以上的消息也是来自新闻通稿、新闻发布会以及政府机构、社团和其他利益群体的日常渠道,仅有一小部分新闻来自新闻机构的原创。(p.11)

许多研究者论述了"打包新闻"(pack journalism)现象,也就是记者们随大流、彼此之间借用新闻的倾向[蒂莫西·科鲁斯(Timothy Crouse)首先在《公共汽车上的男孩》(*The Boys on the Bus*,1972)中描述了这一现象]。假如合众国际社(UPI)和美联社(AP)将某一事件列入报道日程,其他媒体就会担心漏掉了这一事件。如果一位令人尊敬的记者或者一家精英媒体报道了某一问题,那么其他媒体也会闻风而动。记者们彼此跟风、相互攀比,他们追随业界精英,共同打造出每天的头条新闻。

新闻记者还面临着商业化的紧迫压力,媒体为了生存就必须考虑能"卖"什么,因此可以想象那些能够摆上议程的新闻故事会是什么模样。高度形象化的材料对媒介受众最具有吸引力,就像耸人听闻和怪异的故事一样——死刑处决、求生故事以及超自然的玄奥都属于这一类。例如,一群反堕胎者站在一家流产诊所门口,当一位妇女走进诊所的时候,他们便会用利器猛扎婴儿礼物,这一场景肯定会引起媒体的关注。一位年轻寡妇的照片,她的身旁是在军事行动中被杀死的丈夫的墓地,这张照片极具个性,令人动容。索马里的饥饿儿童以及坠毁航班上鲜血淋漓的尸体的图片具有电视报道所需要的令人震撼的戏剧性效果。媒体津津乐道于人类的缺点和癖好——丑闻、欺诈和腐败。与此类似,新闻以搬弄是非为能事。一般的趋势是,新闻报道偏爱那些简单、容易获得证实并且技术含量低的问题——这一立场正好与利益集团的努力相反,利益集团希望公众面对具有复杂历史的问题,并以此教育公众。新闻媒体还尽量回避解释和分析——对于记者来说,这是一项更劳神费力的事情。许多记者自诩为通才,事实上,他们一旦面临某些问题,在处理这些问题时都缺乏令人满意的深度知识。

名流的出场同样能够提高媒体报道某一事件的机会。在位者比不在位者更有权势,对名人的独家采访令新闻报道万无一失,被高层泄露的消息更具有新闻价值。因为新闻机构需要与位高权重者保持持久的良好关系,所以它们自然会迁就这些官员以换取门路畅通(Picard,1991)。

技术方面的要求也会影响新闻报道。摄影师和摄影小组需要充足的灯光,需要合适的设备以确保声音和图像质量,还需要合适的电压来录制现场新闻。那些希望得到媒体现场报道的组织必须策划好事件,即使是在白天也要确保良好的光照水平,这些条件的具备有助于媒体报道组织策划的这次事件。帕塔科斯(Pattakos,1992)注意到,一些激进主义团体会利用很多媒体机会,包括写信、静坐、游行示威、守夜祈祷、研讨会和宣讲以及撰写并分发印刷材料。他还观察到一些极端的、颇受质疑的参与策略,包括暴力和骚扰——例如,在流产诊所制造爆炸、把钉子和其他尖状物钉入即将结出果实的树中、骚扰雇员、从实验室中盗取动物、为了抗议银行政策将死鱼放进保险柜中。

结 论

本章就传播活动中的媒介选择和使用问题进行了探讨和介绍。我特别详细地介绍了一些成功案例,指明了已有结论的局限性,提出了改善媒介效果的建议,对议程设置文献也进行了探讨。

许多因素使得研究媒介效果中的影响变量成为一件困难的事情。人们的媒介使用方式因人而异,不同社区在态度和行为准则方面也千差万别,这使得过去的一些相关研究结论疑点重重,一些研究已经时过境迁。更重要的是,在广阔的社会环境中存在太多变量因素,很难将其中的因果关系彼此分离。一些合乎常理、令人信服的证据表明,融合人际和组织资源,媒体在传播信息、影响态度方面更富有成效,在少数情况下也能够改变人们的行为,尤其是在不同媒体共同努力的情况下效果更好。

与媒介渠道效果相关的大量研究源于对信息和广告宣传活动的评估,许多这类商业研究并不适合公共或学术领域。

第四部分

战略路径

12
问题管理策划的战略路径

从理论上讲,战略传播策划包括问题管理(issues management),问题管理包括组织中的所有问题。当然,支持策划中也可以涉及对个别问题的管理。问题管理的战略路径源于对以下问题的认识:(1)组织是否存在问题?(2)在有多个利益相关者的情况下,谁对问题负责?(3)问题对组织可能产生什么样的重大影响?(4)影响问题控制的因素是什么?(5)组织如何帮助公众对问题进行"社会判断"?

问题的责任人:单独的还是多方的?

责任归属问题与组织的使命和任务紧密相关。因此,战略策划人员在制定战略策划时必须审核一下:"该问题是否属于组织的使命或任务范畴?"为了做出合理而权威的界定,组织必须掌握关键问题的关键方面,换言之,组织必须具备控制问题的能力。问题是,在这种权威性缺失的情况下,特别是在一个政治色彩浓厚的环境中,组织可能会受到公众呼吁的压力而采取行动;面对公众呼吁,官员、政客或企业家有可能受到诱导而对此做出反应。在这种情况下，组织确定问题责任范围就显得十分重要，组织必须确定哪些问题应由组织负责，而哪些问题不是组织的责任。

西雅图第一国家银行在成为华盛顿公共电力供应系统（WPPSS）第三期工程的债券委托人后不久，就遭遇了责任归属问题。该工程是要建设一座新的核电站，WPPSS在成本严重超支后，便把费用转移到了消费者身上。愤怒的消费者知道现存的法律可以让WPPSS以投票的形式决定是否进一步对核电站进行融资。处于消费者和债券持有者之间的两难境地，西雅图第一国家银行不得不对这项法律提起诉讼。如果它没有采取这样的行动，那么它就很容易被愤怒的债券持有者起诉，并且消费者也会发起"激进的纳税人运动"来对此做出回应——鼓励西雅图第一国家银行的客户们撤销账户。这时，该银行就会面临一个并非由自己造成的问题：它成了激进的消费者反对第三方责任人的替罪羊。对于WPPSS的巨额透支，它并没有义务来承担责任，也没有义务去挽救这个问题。后来，该银行积极进行媒体公关，对它的顾客、员工、记者、债券持有者和实际客户进行解释——事实上西雅图第一国家银行并不对这个问题负责。结果，公众舆论发生了巨大转变，该银行仅受到极小的负面影响（Howard & Matthews,1985）。

能说明这一点的另一个典型例子发生在1990年的加拿大。一场关于神圣的莫霍克族墓地（位于魁北克省奥卡市，计划被改造成一个高尔夫球场）所有权的争论，逐步激化成了莫霍克人与魁北克警察以及最终与加拿大军方之间的对峙。所有权问题的模糊性使得风险管理变得尤为困难，这种模糊性存在于所有层次的政府机构（联邦的、省级的、市级的）以及坎那沙塔奇的两大主要管理委员会之中。对所有权问题的争论扩展到了这些委员会内部的各部门中：后备队中的莫霍克人、居住在奥卡市的莫霍克人、印第安人第一国际联盟（一个加拿大印第安人的团体）。莫霍克母系氏族社会的性质加重了问题领导权的模糊性，陆军刚刚重新开放了位于夏杜盖的墨西尔大桥（Mercier Bridge），卡纳威克自治区的妇女们就举行了这个夏天最大的一次游行示威。为了显示对最近发生在奥卡市的抗争的支持,她们封锁了一条通往墨西尔大桥的单行道。一位妇女发言人说道:"我们感到此时此刻是向国家、向世界表达我们想法的时候,即卡纳威克自治区的女人们是认真的……我们抚养大的男人在做他们应该做的事情,这些并非完全偶然"(Macleod,1993)。两周后,为了向军队和警方发布驱逐通知,另外一些妇女领导了一场针对卡纳威克内阁的游行。一位评论员评论道:"以前军方只和男人们进行洽谈,现在他们意识到在这个社会中,女人们才是一股真正的政治力量"(Macleod,1993)。总之,宣示领导权的争论使联邦政府或省政府难以找到一位可以适当代表民族立场的谈判者(Roth,1990)。事实上,民族立场根本就是不存在的。

在奥卡市的此次事件中,武装部队相对于任何利益相关者而言都拥有最为明确的指令。卡格登(Cogden,1990)在军队的这次行动中强调了这一重要性:

> 人们必须意识到军队并非决策者,我们与正在推行的政策毫无关系……我认为加拿大人仍旧不知道问题(是什么)……我的意思是,它是一个法律和命令的问题,还是一个民族问题?我认为人们并非真正了解这些……但是我们知道——对于我们来说,它是一个非常明确的问题,它是一个法律问题——我们在整个魁北克省所执行的任务是合法的……它就是一个简单的法律和命令问题。它并非一个民族问题,也并非一个联邦—省层面的问题。(pp. 127,134)

一位加拿大士兵说:"在我们看来,我们并没有处理其他问题……我们得到命令、坚守命令、执行命令,并且这些命令都是合法的"(Anonymous,1990,pp. 140−141)。虽然如此,高级军官们通常还是必须解释联邦政府发布的政策或政策的变化,即使他们无权影响这些决定。戴夫·斯坎伦少尉(Dave Scanlon,1990)说,"军队发言人私底下常常抱怨他们'背黑锅'(p.84)",即他们被迫对他们根本没有权力去解决的问题承担责任。

责任归属越是明晰,问题管理团队的工作就越简单;责任归属越是模糊,管理工作就越困难。政客和官员们的一个主要任务是向公众阐明责任归属问题,执行属于其组织范围内的使命和任务,使公众理解在没有得到授权的领域组织缺乏行事权限。罗宾逊(Robinson,1990)评论道:"显然,传播的情景就是定义混乱的情景……即试图阐明谁对什么问题负责,谁将对什么问题做出解释"(p.173)。

如果责任归属的争论发生在组织内部(如政府内部各个部门),问题管理就会变得更加困难。例如,加拿大司法部(Department of the Solicitor General)下属有一个惩教署(Correctional Services)和一个假释局(Parole Board),当一个小旅馆发生了一起谋杀案时,争论通常就爆发了:是哪个政府部门没有保护好公众?在责任认定上,通常上述两个部门会来回互扔这个"烫手的山芋"。惩教署会认为是假释局错在释放罪犯太快了,而假释局则会指责是惩教署没有对假释犯进行适当的监管。同样的情况发生在奥卡市军队和魁北克警方之间,当要求解除国家维和部队(莫霍克武装的地方警察)时,争论产生了——奥卡市军队和魁北克警察双方都对该决议视而不见。而在面对批评时,两支可能曾经在一起工作的维和部队将轮流指责对方(MacLeod,1993)。

当媒体刊载这些具有争议的责任归属问题时,高级执行官和政客(他们代表更大层级的组织,并非局部的或业务层面的单位)将面临难以应付的局面。因此,问题应交由组织的顶层人员管理,而不能交由利益相关者管理。一个战略策划团队应该代表这个更宏观的视野,并确保信息和应对措施之间的协调。

谁来分担问题管理的责任？

当某个组织承担某个问题的全部或部分责任后，它必须马上确定这一责任应该由哪些人来分担，是其下属单位还是其他组织？换言之，谁是问题的其他利益相关者？召回公司生产的瑕疵品，可能引发几个业务部门出现问题：设计部、制造部、法律咨询部等。在政府内部，多部门对同一问题负责更是极为正常。

"利益相关者"指"能影响组织行为、决定、政策、实践、目标的任何个人和群体，或者被组织的行为、决定、政策、实践、目标影响的任何个人和群体"（Freeman，1984，p.25），或"跟组织利益在一方面或多方面一致的群体"（Brody，1988，p.81）。问题中的利益相关者由以下因素决定：地区因素（例如，社区、城市、州和国家）、民族或种族因素、政治导向因素，或者其他人口统计学上的、心理学上的因素。确定问题的维度有助于确认利益相关者，问题常常出现在政治、社会和文化、法律和犯罪、人权、科技、生态环境、规章制度、公共健康和社会安全等方面，因为这些方面都涉及社会关切领域，并且它们还展示了社会制度在发展过程中是如何来回应这些关切的。政府将这些社会关切领域以行政部门和行政机构的形式制度化——例如，环保局（与生态环境领域相关）、卫生部（与公共健康领域相关）、内政部（与文化领域相关）。一位华盛顿官员描述了他所在组织的关切问题是怎样在众议院和参议院聚集起来的（Lusterman，1988）：

> 不管是什么问题，我的工作人员都会带着它们去众议院、参议院以及其他领导机构，因为他们带去的一堆问题大致相同，这些问题都涉及国会。例如，税收和贸易问题主要由众议院筹款委员会和参议院财政委员会负责……公共工程委员会和环境委员会两个部门也会遇到对一个

问题负责的情况。最终,国会大厦的各个委员会将决定问题的分配。(p.3)

通过确定一个问题的维度,问题管理团队就能确定责任机构的范围、特殊的社会人士、与问题有关的利益集团(即传播对象)。例如,有关动物权益的问题维度包括:

- 政治上——动物权益协会、政府、猎人协会和动物基本医疗研究基金会。
- 社会和文化上——地方组织。
- 经济上——税务局、时尚业、地市级商会、商业游说团体和旅游业。
- 技术上——研究委员会、化妆品行业和医疗研究群体。
- 生态环境上——造成物种濒危的集团。

对烟草问题的分析同样显示了确认利益相关者的有用性,政府部门的顾问在管理某一个问题时,应该对以下维度进行分析:

- 政治上——州政府、卫生局局长、烟草业游说团体和禁烟协会。
- 健康上——卫生部、健康护理业、药物研究人员、心肺协会。
- 经济上——保险公司、烟草公司。
- 生态环境上——环保局。
- 法律和犯罪上——司法部、地方警察局。
- 社会上——学校董事会、地方学校和青少年组织。

在前面提到的奥卡市事件中,加拿大政府决定对该问题承担一部分责任,这意味着其管辖范围内的众多利益相关者将牵涉进来:法律和犯罪维度方面涉及加拿大司法部、检察院,包括加拿大皇家骑警，社会和文化维度方面涉及印第安和北方事务部，政治维度方面涉及总理办公室，公共安全维度方面涉及国防部，经济维度方面涉及环保局。本次危机过后，省属警察阻止把食物和医疗急需品运到坎那沙塔奇和卡纳维克的储备区，这时加拿大卫生部和人权委员会变成了问题的利益相关者。同样，为了在奥卡市处理这个问题，加拿大政府不得不与其他辖区和组织中的利益相关者协作，包括法律和犯罪维度上的利益相关者（魁北克司法部）、社会和文化维度上的利益相关者（魁北克原住民事务部、其他原住民社区和一些多元文化团体）、政治维度上的利益相关者（魁北克省长及其内阁、易洛魁族人联盟、加拿大第一国民大会、加拿大社议会、政府办公室、其他正在为土地债权纠纷谈判的莫霍克原住民、国际协会等）、公共安全维度上的利益相关者（魁北克保安局、奥卡市警方、地方维和部队）、生态环境维度上的利益相关者（加拿大各地游行反对森林破坏、修建大坝及其他环境问题的原住民团体）、公共健康维度上的利益相关者（魁北克健康部）和人权维度上的利益相关者（魁北克人权协会和联合国人权协会）。

组织界限的日趋模糊使责任归属问题日益复杂，解决问题的办法不再限于一个组织中的一个部门，因此，组织必须要确定其他利益相关者，从而一起找到解决和管理多维度问题的办法。总而言之，可以说一个问题的维度越多，利益相关者的数量就越多；一个问题中的利益相关者数量越多，问题的管理就会越复杂和困难。

问题特性

在解答了责任归属这一问题后，组织接下来应考虑"问题对组织可能产生怎样的重大影响？"由于组织资源有限，组织必然仅仅通过问题监控和传播活动处理一些问题而忽略另外一些问题。根据具体情况，组织努力鉴别那些最为关键的问题——即那些触及生存底线、关系到组织生死存亡的问题（Lauzen，1995）。组织必须直接地、公开地处理这些问题。一些组织为了确定问题对组织的潜在影响而设立一些标准,例如,施乐公司(Xerox)的报告中使用了以下分类方案(Brown,1970,p.33):

  高级优先项——"指在提供信息咨询或采取特殊行动时,我们必须提及的那些问题"。
  充分了解项——"指那些有趣但并非关键也并非紧迫的问题,它们不值得花费不相称的时间和资源"。
  不确定项——"指那些不确定的或大体框架尚未形成的,但一旦某些事情发生或某人提及就变得重要的问题"。

同样的,根据问题的潜在影响,PPG工业公司把问题分为以下几类(Brown,1970,p.33):

  优先项A——"与确保管理得到执行相关的问题,包括定期检查问题、人员参与计划执行,这些问题对PPG而言至关重要"。
  优先项B——"与部门经理和员工承担的使命任务相关的问题,它们也会对PPG产生非常关键的影响"。
  优先项C——"与政府和公共事业部门承担的使命任务相关的问题,例如监督、评价和新闻报道,它们会对PPG产生潜在的影响"。

  一些研究人员对问题的影响力和发生的可能性进行评估。按照问题影响力的大小,研究人员把问题分为A、B、C、D、E五个等级,并用1到10来为之打分,每个问题得到一个分数后,研究人员再对问题发生的可能性进行估算,估算的数值范围在0到1.0之间,最后,再将问题的预期影响力乘以问题发生的可能性,就得到了该问题的总排名。问题的影响力与组织的基本情况、组织形象、组织内部精神面貌等因素相关(Meng,1992)。表12.1展现的就是这种计算方式。如果要在这些考虑因素中再增加一个时间要素,那么分析者就要在表格中另外增加一列,再为这个选出来的、可能对问题产生影响的日期估分,日期越靠前,问题的影响力就越大。问题的分类由研究人员共同商讨确定。

表12.1 计算问题的优先性

问题	影响力 (1-10)	发生的 可能性	影响力× 发生的可能性	问题优先性 排名
A	8.8	0.3	2.64	4
B	6.7	0.7	4.69	1
C	4.4	0.9	3.96	2
D	3.8	0.8	3.04	3
E	2.1	0.5	1.05	5

来源:弗格森授权使用(1994,p.57)

然而由于影响力的标准难以确定,所以这种公式具有不确定性。一个影响力相对较低而发生的可能性比较大的问题和一个中等影响力而具有中度发生可能性的问题,或一个影响力大而发生的可能性小的问题,三者的分值极有可能是相同的。另外,不管发生的可能性有多大,一个影响力小的问题对于一个组织的利益来说,其影响都是极其有限的。然而,发生的可能性极小,但影响力很大的问题却可能潜伏着严重的后果,甚至是组织绝不能忽视的威胁。又如,假设某环保局要确定三个问题的优先顺序:取消老员工的停车场地、一个心怀不满的雇员制造的枪击事件以及污染问题,车位问题发生的可能性极高(0.8),但是这个问题的最终决定对组织的影响极小(2.0)。枪击事件发生的可能性很低(0.2),但是影响力却极大(0.8)。污染问题发生的可能性为中等(0.4),对组织的影响力也是中等(0.4)。尽管问题的外延不同,但三个问题的排名都处于同一位置。

以下讨论为以更加定性的方式分析问题的特性提供了基础,要考虑的因素包括问题的宗系、显著性、价值潜力、成熟度、寿命、衍生能力和影响领域(Ferguson,1994)。

问题的宗系(Genealogy and Family Ties)

了解问题的背景极为重要,这些背景包括问题的根源、与其他问题的联系以及围绕该问题所展开的争论。一些问题经历了漫长而曲折的历史,特别是宗教问题和主权问题尤为突出(例如,北爱尔兰、中东、东欧等地的冲突),另外一些问题(如死刑、枪支限制和非法堕胎等争论)在过去一个世纪里一直位居美国议题榜首。此外,还有一些问题的历史相对较短,但是它们的影响却极大,如信息高速公路的出现使得隐私问题在过去十年里与之相伴而生,这和克隆、先进的生物基因工程所带来的问题一样。同一宗系里的各个问题之间存在着联系,隐私问题与信息自由属同一宗系,克隆与其他许多生物基因工程问题属同一宗系。

问题的显著性(Salience)

问题的显著性与问题的出现频率相关,诸如堕胎这种问题的出现频率一直都很高,而其他问题仅仅在特定条件下短暂出现,例如,无家可归这个问题随着媒体议程而出现和消失,"它以难以预测的时间周期消退,继而又重现"(Musto,1993)。那么,什么样的行为能使问题变得重要,从而使得类似无家可归这样的问题变得显著呢?一个无家可归的人死于城市街区可能引发一个问题,而名人或精英人物的关注和参与能使该问题变得更为显著。例如,当梅兰妮·格里菲斯(Melanie Griffith)出现在救济食品发放中心(食物银行)时,并且她的眼中含着泪水,怀里装满了食品——这样的场景必定会吸引众多媒体的关注和报道。又如，当查尔斯王子被安排在一个收容所里会见一位老同学，且这位老同学现在正处于无家可归的状态，那么无家可归这个问题的出现频率就会得到迅速提升。倡议团体能把问题推向媒体头条，系统性的影响力也会驱使媒体进行大量报道。例如，媒体每年都会对索韦托起义纪念日、曼德拉的诞辰、联邦会议、人权事件等进行集中报道，从而使得媒体多年来对南非发生种族隔离问题的预测达到了相当高的水平。同样的，各种法律问题也会按照时间顺序在问题系统中发生，当这些问题出现了一定的次数后，研究人员就能预测它们以后出现的时间。例如，审前听证会、审讯、宣判和上诉，研究人员依此制作一张行动日程表，"对于公关人员来说，了解问题在媒体议程设置中的起落十分重要"(Dyer，1996)。

问题的价值潜力(Value Potency)

最重要的价值蕴藏在那些最具威胁的问题中。养老保险和就业问题、员工的安全问题、工作中的生活质量问题等与以下这些价值相关：物质舒适、职业道德、关爱他人、个人世界观等。当公司搞内幕交易时，它就违反了诚信原则；当商家谋取暴利时，它就违背了社会责任和社会行为的价值取向原则。

与其他价值相比，一些问题更加紧密地与第一价值联系在一起。企业活动和政治活动往往把家庭价值作为"机构理念"(organizing concept，Reid，1988，p.138)。堕胎问题承载的价值使公众人物把它列为避免提及项。然而，反堕胎组织将生存权视为第一价值；而主张堕胎合法化的组织却把堕胎问题与个人决定论联系起来。由于从优先项的各个方面来看，生命权都优先于个人决定论，从而使得主张堕胎合法化的组织的任务更加艰巨。事实上，在一些很注重个人决定论的文化氛围中，提倡堕胎合法化的组织把妇女的决定权和孩子的生命权对比时才发现，他们的说服要比想象中容易一些。因此，提倡堕胎合法化的组织把挂衣钩的图片印在T恤衫上来提醒妇女,堕胎不仅仅关乎未出生的孩子的生命。这样,它们就把堕胎合法化提到了一个相对更高的价值层面,而非简单的自我决定论。同样的,当行动团体反对某公司在环境问题上(如有毒废弃物、保护臭氧层)的定位时,它们就应该把这些争论性问题同生命权、生活质量、社会责任等问题联系起来。20世纪70年代,美国爆发了一场"让美国保持美丽"的环保运动,伯德·约翰逊夫人呼吁"干净"和"美丽"这些等级较低的价值,才使得人们对第一价值和第二价值的集中关注发生了转变。当然,一些问题能通过一系列间接问题和第一价值联系起来,例如,在奥卡市事件中与法律产生冲突的女人们可能会把公正问题和家庭核心价值联系起来。

问题的成熟度(Maturity of the Issue)

总的来说,决策者对发展不成熟的问题几乎不感兴趣,直到倡议团体抛出一个问题,或者媒体、公众对问题感兴趣时,高级执行官和政治家才会关注该问题。因此,战略策划人员可以通过公共政策的周期来跟踪问题的进程,他们认为公共政策问题的连续性越强,问题就越有可能得到人们的支持,而组织影响它将来发展的可能性就越小(Getz,1991)。一个问题最常见的发展阶段包括以下几个阶段(Ferguson,1994):

出现阶段:组织行为和公众期望之间的差距使得公众对组织产生了显而易见的不满。继而人们开始讨论问题并且产生对该问题的看法,这种看法产生于非正式会议和非主流媒体(例如,社区报纸、协会会议、非主流和少数族裔媒体),或者通过脱口秀、电视纪录片、电影、情景喜剧等形式反映出来。随后,商业公司和政府部门开始关注和它们所处领域相关的问题,有关这些问题的资料偶尔会出现在新闻发布会和声明之中。面对涉及面窄的、复杂的、内在政治性的以及政策尚在制定中的问题,决策者们与公众之间最有可能产生认知上的差距。

组织阶段:在某些情况下,行动团体中持有共同态度和意见的成员将提出他们的观点,他们的代表开始组织请愿和游说立法者就相关问题采取行动。其实,诉诸媒体报道比这种早期阶段的抗议更为明智。一些利益团体成为广泛的社会运动的一分子,它们谋求整体性的改变。例如,那些反对政府支持东帝汶政权的人权主义者最终与那些满怀抱怨的环保主义者联手。与人权主义者相比,环保主义者具有更多资金和更大影响力,二者联手是双方明智的选择。

立法阶段:在这一阶段,正式磋商开始进行。一个或多个官员将源于组织的一些问题引入到正式的决策进程。就公共政策议程而言,这表明问题已经进入到一个新的发展阶段。随着立法程序的进行,持反对观点的团体变得更为声势浩大,与此同时,媒体加紧对该问题进行议程设置,立法者也会在政治演讲和记者招待会上更多地突出这些问题。

实施阶段:最后,政府监督新法规和新政策的实施。政府与企业就这些新法规和新政策的执行标准以及时间表等问题进行磋商,最后阶段的磋商通常也充满了争执。

在公共政策形成的周期,各类问题的发展速度有所不同,有些问题并不遵循通常的发展周期规律,可能会爆发全面危机。例如,泛美航空公司的飞机在苏格兰的洛克比上空爆炸、美国挑战者号宇航员的惨死、瑞士航空公司和环球航空公司飞机的坠毁等,这些问题都会立刻吸引人们的广泛关注。有时,问题发展到公共政策周期的后期阶段却遭遇阻碍,或遭遇反对势力的攻击,或遭遇失败,或失去推进力,最后不得不退回到早期阶段,开始新一轮的循环。确定问题在公共政策体系中所处的位置能使策划人员判断问题的成熟度,并判断出问题对组织构成的潜在威胁。

问题的衍生能力(Reproductive Capabilities)

即使某个问题独立存在,有时候它也会衍生出另外一些新问题。例如,清洁水源的问题能够激起或复燃一场新的争论,如用氯化物杀死细菌问题、酸雨危害问题、环境污染者的审判问题、对罪犯活动的量刑问题、政府在环保中的角色扮演问题、妨碍城市居民健康生活的问题、新型水源净化系统的费用问题和其他一系列问题。又如,关于劳教行为能否起作用的争论能够引发以下相关问题:监狱中生活的舒适度、目前监狱体制中的经济行为、区别对待原住民罪犯的价值(如为原住民罪犯修建住处)等。另外,如何对待马戏团里的熊和海豚可能会引发这样一些问题:个人是否可以购买野生动物作为宠物、是否可以为了移植手术而销售动物器官以及一些发展中国家海豚的危险处境问题等。

有时候,被宣传的个别事件能够在一段时间内引发公众讨论,如果没有媒体的宣传报道,这些问题可能根本不会引起公众的注意。威尔士王妃戴安娜之死激起了人们对英国现代社会实行君主制的争论——最终,这场争论迫使伊丽莎白女王和查尔斯王子不得不寻求影响公众的新方法:戴安娜逝世一年后,伊丽莎白女王被拍到与一位戴鼻环、染着一头粉红色头发的摇滚明星聊天,一年前,这样的拍摄会因为强烈的抗议而遭到抵制。查尔斯王子把他的儿子带到位于温哥华的一所中学里,这里的女孩们疯狂地痴迷威廉王子,而这里的男孩们也开始接受这位年轻王子喜爱的T恤和其他东西,在整个君主制时代,戴安娜之死并不是第一起引发公众激烈讨论的事件。几年前,媒体对温莎城堡着火事件进行了报道,虽然报道的情绪化内容较少,但同样引发了严重的问题:英国王室是否应该为修复温莎城堡交税和买单。由此可见,一些问题具有衍生出很多相关问题的潜力。

问题的影响领域(Field of Influence)

"影响领域"是指问题的影响范围及该问题与其他问题的关系(Ferguson,1994)。首先,问题的范围是指问题被关注的地理领域,即问题与地方、州、区域、国家、国际的利益相关吗?策划人员制定传播战略将根据其受众的特点量体裁衣。其次,该问题与其他哪些问题相关？例如,生态问题会不可避免地与经济问题、原住民权利问题及其他许多焦点问题发生冲突;野生资源保护者想通过法律途径来反对发展中国家的非法狩猎,绿色和平组织想阻止纽芬兰海域的猎杀行为等,这些组织在演说中会提到文化、经济、主权等远远超出生态问题本身的问题。在美国,枪支控制问题与政府是否有权干预公民隐私问题相关,死刑问题与政府不能有效控制犯罪率之间的争论也非常激烈;安乐死问题与艾滋病、堕胎等问题相关;在西方国家,禁止氯氟烃产品的运动被广大公众所接受,但当把禁止氯氟烃产品的运动放到国际舞台上进行讨论时,这个问题又和失业问题、经济问题等相关。

问题的寿命（Longevity）

一些问题会持续很长一段时间,另一些问题在历史上虽转瞬即逝却常常令人震惊。耶瑞克和托德（Yeric and Todd,1989）对时政的评论虽占据媒体头条,但几乎没有产生什么持续的影响力。问题的寿命由以下几种情况决定（Ferguson,1994）：

- 一些问题看起来竞争力不强,但因为其中包含着切实可行的内容,从而赋予这些问题无限的生命力。
- 一些问题具有较好的内容（如具有潜在的戏剧性）,那么这类问题就能够维持很长一段时间。
- 有一些问题对那些持相反立场的利益相关者具有吸引力,这类问题可能断断续续地出现在公众视线内。
- 有时当利益集团发现维持某个特殊问题非常有用,因为这类问题能够确保利益集团重点关注的其他问题受到集中关注。
- 具有巨大价值潜力的问题可以拥有无限的生命力。

问题的重要性（如前所述）并不一定意味着问题的长久生命

力。例如,死刑这类问题一直不是很明显,但是它从来没有从议题榜中消失,另外一些所谓重要的问题却仅仅是转瞬即逝的。

问题的可控性

蔡斯(Chase,1984)讨论了控制问题的重要性。控制某个问题的发展意味着存在这种可能,即可以通过磋商来改变人们在这一问题上的态度和立场。但是,问题越显著,就越难以通过磋商改变公众观点,一个问题越是受到媒体过多关注,这个问题就越难以管理,因为这种妥协需要公众公开转变自己的观点,在一个重视信念的社会中,那些思想摇摆不定的人会在形象方面遭受长期的损害。那些促使公众改变想法的个人或组织常常被贴上"软弱的""缺乏力量的"或"犹豫不决的"标签,人们并不认为那是灵活的、稳健的和易于接受新观点的表现,他们被看作是随机善变的。美国前总统里根就曾经说道,他宁愿被看作是错误的而不是软弱的(Jamieson & Campbell,1988)。同样,问题越显著,对问题的不同看法就越多,双方达成一致的过程就越复杂。

问题中的信仰越是居于核心地位,就越难以改变

控制问题的能力也就是影响公众意见的能力,核心信仰对于任何变化来说都具有更强的抗拒力,基于各种问题的态度又与这些核心信仰密切相关,从而使得态度也很难被改变。参见第七章对这一问题所做的详细讨论。

问题的影响领域越广,就越难控制

一般认为,地方级问题比州级问题更容易控制,州级问题比国家级问题更容易控制,国家级问题比国际问题更容易控制。贝克(引自 Yeric & Todd,1983)发现,州级问题不可能与国家级问题受到同等关注:"因此,完全可以得出结论,州级公众意见只是全国公

众意见的极小部分"(p.198)。当一个问题的影响范围扩展到另一个问题领域时,该问题的管理过程也就变得更复杂。需要考虑的问题范围越广,在这些问题中涉及多元化(常常是冲突性的)信仰体系的可能性就越大,它们与更为核心的信仰之间产生联系的可能性也越大。

问题的维度(社会、政治、技术、经济、法律)越多,就越难控制

例如,投资问题具有很强的经济性和法律性,但如果这个问题没有涉及社会和政治问题(如日本购买了大量的美国财产),那么管理起来并不会太困难。因为环境问题拥有多个维度,所以有关环境的潜在问题会此消彼长,从而引起公众对这类问题的持续关注,以至于该问题几乎延伸到了我们生活中的每个领域。

问题越具有突发性,就越难控制

管理问题意味着可以做问题预案——预测问题将会产生影响的时刻。然而,很难预测问题所引发的另外一些后续事件(例如,恐怖袭击和小学枪击案)。虽然无法预测初始事件的发生,但仍可以预测由其导致的结果(例如,对罪犯的审讯和量刑)。通常,最不稳定的突发事件与生命健康和环境问题相关。

与组织立场对立的利益相关者的权能越大,问题越难控制

"权能"(power capability)这一术语特指个人或组织所具有的特性,这些特性能够使一个政党保持政治影响力(Adams,1967)。严格来讲,个人或组织必须能够展现其潜在的权能。利益相关者的权能源于预算、会员资格、偿付能力或业务经营的规模,以上各种资源可以转化成更多的顾问、员工和媒体宣传机会(Davis,1995)。并不是每个人的意见在决策过程中都能发挥同样的作用,一些意见(例如专家的看法)总是更有价值。为了评估那些处于对立面的利益相关者的权能,组织必须了解该利益团体属于哪种性质的组织:是制度化组织(institutionalized,是否具有相对稳定的成员、长期稳定的非正式政府接触渠道)、准制度化组织(quasi-institutionalized,曾有过短暂的成员汇集期,与政府有过较正式的关系),还是临时组织(emergent,成员结构既不明确也不稳定,政治影响力不确定)。当面临威胁时,制度化团体比准制度化团体更有优势,准制度化团体比临时性团体更有优势。一些组织(例如,媒体研究和行动项目)可以帮助边缘团体利用新闻,就像利用政治资源那样(Ryan,Carragee, & Schwerner,1998)。

在北美,媒体接近权是倡议团体最为强大的能力之一,这些团体常常以此为骄傲。接近媒体能使最弱小的对手变得强大。那些具有相同诉求的公众向政府当局或政治代表施压,他们仅仅通过一个广播就可以对公众舆论产生实质性影响,电视调查节目也经常维护那些弱势群体的权利。正如前面讨论过的那样,只需涉及下列一个影响因素就可以接近媒体,这些因素包括:问题的新闻价值、问题中利益相关者的新闻价值、大众对倡议立场的支持、利益相关者的经济资源、技术技能等。只要具备这些要素中的任何一项,就能克服组织上的其他弱点,如规模、资金水平和人力短缺等。

有些问题天生能够吸引媒体的注意——例如,海豚面临危机、发展中国家儿童所处的困境、"旅行者"犯罪活动(一个居住在南卡罗来纳州墨菲市的怪异爱尔兰团体,据说,这个团体通过在美国行骗已经生存了一个多世纪)。与这些问题相关的群体本身就具有新闻价值,而利益相关者的新闻价值也会增加这一问题的新闻价值,这就是简·方达、杰克·尼科尔森和伊丽莎白·泰勒能轻易出现在媒体上的原因。梅丽尔·斯特里普努力向 Alar(一种农药)施压,要求它从市场上撤出,这一行为导致接下来的数周里,食品安全问题成为了报纸的头版新闻,而且"在企业界掀起了一阵浪潮"(Rose,1991, p.29)。大量的草根成员也可以成为倡议团体的一股力量。其他团体拥有大量的资金和专业人员,包括律师、公关专家、说客等。同新闻价值、名人和大众焦点模式一样,具有大量财产的权能者通过同样的途径引起媒体的注意:"在与报道者讨价还价以及控制新闻的过程中,信源充裕者较之信源贫乏者处于更为强势的地位,从而具备一定的优势"(Goldenberg,1975,p.145)。在美国,30多个中心机构为贫困者提供技术支持,以挑战上述不平等机制,中西部地区学校称已经在900多个组织中培训了20000多名这样的人才(Pattakos,1992)。

利益相关者的信用度也会影响问题的可控性,竞争对手的信用度越高,就会对组织造成更多的威胁,很多倡议团体已经学会了如何利用这种模式为自己服务:"拉尔夫·纳德和其他受关注度高的律师已经成为受人尊敬的名人,他们经常因为法律问题而接受采访。他们西装革履、仪态端庄地坐在桌前或书架前,接受记者拍照;他们被视为专家,大众对他们深信不疑"(Gitlin,1980,p.284)。最近,电视媒体以阿尔·戈尔不断成功的政治生涯为主线,记录了他从一名主张对"温室效应"采取行动的国会议员成为如今的副总统这段漫长人生经历中的事件,并以此为例讨论了戈尔20世纪80年代与现今完全不同的信用度问题。信用度依赖于诸如个人的身份地位、专业知识、社交能力、精神状态、性格、可信度、与他人的相似性和个人沉稳性等因素(对这些因素的讨论详见第八章)。传播领域的经典研究已经证明信用对我们日常生活中做出的普通非政治性决定(例如,是否跟着其他人在街上闯红灯)和政治性决定(例如,是否接受演讲者的观点或者为某些候选人投票)具有重要影响(Lefkowitz,Blake,& Mouton,1955)。

与之相反,组织的权能和信用度越低,控制问题就越难。战略策划人员必须考虑以下问题:组织在管理特定问题时具有哪些权能?是否具有人脉资源、财政资源、媒体接近能力以及组织能力?是否得到了公众或利益团体的支持?(Ferguson,1994)应该注意到,竞争对手拥有的一些权能因素也能成为组织自己的权能。

问题中的利益相关者越多,就越难控制

问题管理的责任被分解后,会牵涉到多个业务部门或政府部门,如何协调不同部门之间的利益问题就会变得非常重要。分解责任必然会在不同组织和部门之间造成冲突,这些组织中的成员会以不同的方式对同一个问题进行解释,这完全取决于他们个人的观点或者承诺。北美自由贸易区的磋商会议就说明了这一点,在自由贸易磋商会议召开之前,美国政府应当弄清楚会议流程和有关利益,以便把自身利益放在首位。然而,一旦磋商会议开始进行,美国政府责任范围内的监管工作不得不变得分散。即便如此,美国政府还是必须保证其利益相关者关心的焦点问题位于会议议题榜首,其磋商团队也必须确保墨西哥团队和加拿大团队能进行相互信任的谈判,从而使三个国家共同关心的问题能够被提升到议程的首要位置上来。

问题管理过程中遭遇到的许多困难还源于单一问题团体(single-issue groups)的存在,这些团体围绕在那些处理相同问题的组织或个人周围(Badaracco,1992)。耶瑞克和托德(1989)如此评论道:

> 越来越多的迹象表明,美国的政治体系确实已经破裂成众多狭窄的公众面,这一趋势的相关证据即体现在单一问题团体数量的增加上,这些团体被称为政治行动委员会(political action committees,PACs)。传统意义上的利益团体以政治派别相区分,但是在政治系统中又会结成伙伴。与这种传统的利益团体不同,这些单一问题团体仅仅是一些具有单一问题聚焦面的群体,各个团体一天中最重要的事就是忙着处理"自身的问题"和"它所关注的问题";每个政治行动委员会的任务是营造对之有益的意见环境,政治行动委员会把注意力转移到不同层

级的政府决策者身上。1985年,国家政治行动委员会的官方注册人数超过14000人……政治问题的单一性使决策者的工作变得更为困难,因为公民运用选择性认知,这使得他们总是选择那些"最重要的"问题,这类问题不需要跟其他组织妥协、讨价还价或者协商谈判。(p.237)

利益相关者越极端,问题就越难控制

当出现与堕胎、死刑等问题相关的特殊事件时,大量公众会一致朝着事件发展的反方向思考,负责问题管理的人员这时会发现他们的工作是如此之困难。最容易被说服的人是那些持中立态度的利益相关者——也就是那些想法待定的人,而那些持强烈赞成或反对意见的利益相关者几乎不可能被说服而改变态度。如果一些信息不符合人们目前的生存价值体系,就会被人们过滤或者曲解。撒乌耳·阿林斯基(Saul Alinsky, as quoted in Pattakos, 1992)告诫那些维权者:"选定目标,利用它,分化它"(p.114)。

希思(Heath,1988)写道:

> 一项成功的传播活动始于制作具有影响力的战略策划,并考虑哪些政治问题会让步于传播活动,而哪些政治问题不会让步。因为围绕某些问题的观点具有敌对性和严肃性,一些传播活动不会产生作用,所以对这些问题进行策划是白费力气。策划过程必须考虑什么时候应该变更公司的任务、宗旨或执行手段,而不是考虑如何发起一场传播活动。(p.171)

在组织摒弃一个"战略失控"的问题前,问题管理团队应该考虑还有没有"其他利益相关者(供应商、顾客、新产品的潜在提供者),这些利益相关者的利益及参与问题管理是否有可能控制问题"(Stoffels,1982,p.11)。当然,问题的某些部分可能会被成功控制,而其余部分却不能得到控制。

帮助公众对问题作出社会判断

根据杨科洛维奇(Yankelovich,1991)的说法,要对现实问题作出"社会判断",每个人都需要经历三个阶段:第一个阶段是引发意识行为阶段,即制造关注点,使公众了解某个问题,为接收到的信息贴上标签,并作出快速反应,这个阶段的出现由媒体引发。有的时候,第一阶段的发展速度非常慢,但有时一些时事新闻(例如,吸毒致死的摇滚明星、美国学生在成绩考试中的低分现象和经济的衰退等)会提高公众对问题的关注度。为了鼓励人们对问题作出社会判断,媒体必须在此阶段为公众提供一系列不同的选择。

在第二个阶段,个体产生改变的想法——即态度或行为的改变。人们必须发自内心地积极参与思考问题,只有这样才有可能使行为发生改变。尽管媒体在引发公众意识行为阶段能够发挥促进作用,但"完成工作"所需的时间受制于期待中的变化对人们情感的影响。一些问题只需几分钟即可解决,一些问题则需要几个世纪来解决,例如,中东战争、北爱尔兰的战争以及北非的游行示威。要想改变公众对争议性问题的看法可能会非常困难,而且决策者通常会选择与其他精英专家来共同处理问题,而非选择普通大众。有效激发意识行为可以使受众尽快接受观点并改变行为,从而缩短解决问题所需的时间。例如,在艾滋病问题上,媒体为观众制造了许多烦恼不堪的困难选项,诸如注射针和安全套的分发、工作场地的检测以及艾滋病的保险费用等,以至于公众满脑子想的都是如何消化这些选项,然后作出决定。媒体应该尽量为人们提供便利,为人们提供那些可能的选项,鉴别那些最可能的结果,尽量使这些问题在媒体议程中保留足够长的时间,让公众真正明白各种选择。媒体报道不断地从一个问题跳到另一个问题只会使公众越发糊涂,无法对问题作出正确判断。

第三个阶段是解决问题阶段。问题的解决需要磋商、相互妥协及接受多数人的意见。为实现个人层面上的问题解决,个人必须明确自己在"认知、情感、道德"方面的立场是什么(Yankelovich,1991,p.65)。认知意义上的问题解决体现在以下方面:清理思路、协调矛盾、认清问题各个方面之间的关系、了解不同选择可能产生的结果。情感意义上的问题解决意味着承认相互矛盾的感情、接受令人不愉快的现实、容忍彼此冲突的价值观。而道德意义上的问题解决则意味着将伦理义务置于个人需求和愿望之上。在这一基础上,个人才算是作出了"社会判断"。

杨科洛维奇(1991)认为,"成熟的判断"也就是"对问题的坚定的、前后一致的和负责任的判断"(p.160),他为那些希望获得成熟判断的领袖们提供了一些指导性原则,包括:

(1)发现并设法满足公众的"基本需求"。
(2)不要指望专家会给公众呈现问题,他们说的是另一种语言(行话和官腔)。
(3)在考虑问题的其他方面时,必须首先发现并设法解决公众最关心的问题。
(4)让公众知道有人在关注该问题。
(5)控制公众必须面对的问题数量,最好不超过两到三个。
(6)给公众提供多角度思考问题的选择。
(7)突出各个选项背后的价值成分。
(8)帮助公众走出优柔寡断的拖延模式。
(9)当某个问题存在彼此对立的价值观时,在提议的解决方案中努力保留每种价值观的部分元素。
(10)为公众预留足够的时间解决问题,从而作出公共判断。

结　论

为了生存和获胜,组织必须管理好它们的关键性政策问题。战略传播策划包含着部分问题管理,以确定传播优先项。传播者还要为许多不同的个别问题的管理撰写支持策划。此外,本章还论述了问题管理的战略路径,包括:责任人问题、问题对组织的影响、组织控制和化解危机的能力、帮助公众作出社会判断的方法和途径。

13

战略合作策划:合作、协商与谈判

英国作家塞缪尔·约翰逊(Samuel Johnson)曾经说道:"婚姻有许多艰辛,但单身生活也不见得有什么乐趣。"尽管合作有诸多不易之处,但是一些组织还是认为在当今大背景下"孤军作战"更糟糕。当前的市场领域充斥着一些词语,如战略伙伴、联合公司、合作关系、收购兼并、跨国组织、整合营销传播等。从前组织基于竞争压力对信息传播持保守和遏制态度,然而,现在不少组织采取资源共享、资产合并及互利合作的途径以获取竞争优势,商业、工业、政府、公益性组织及高校合力完成它们无法独立完成的项目,广告、公关及市场营销部门的管理人员相互协商、彼此合作。正如第28任美国总统伍德罗·威尔逊所说:"我们不应仅局限于自身智慧,而应该运用一切可能的力量。"本章内容将揭示合作与资源共享的趋势及其在传播战略中的体现。

合作与资源共享趋势

在业务领域,越来越多的组织开始以横向网络(技术共享、所有权以及网络关系扩展)代替垂直层级,与消费者、供应商甚至竞争者建立多功能团队和伙伴关系是当今组织的共同之处。例如，1997年两家电影公司共同出资拍摄影片《泰坦尼克号》；米高梅近来与尼曼（Neiman Marcus）的一家分公司共同做服装市场营销；1998年克莱斯勒和通用汽车合资生产并销售电动车；在航空市场无法支撑多条线路选择时，达美和大陆航空两家公司互购航班；位于加拿大新斯科舍省的 The New Breton 公司投身于每年一度的公开策划活动，这一活动面向所有感兴趣的团体，在此期间制定公司年度目标及最优方案；在汽车行业，美国汽车三巨头已经与日本竞争对手成立供应联盟，如通用汽车与五十铃、福特与马自达、日产以及克莱斯勒与三菱；许多大型公司将自身看作是"分包商网络"（Peters,1990,pp.13,16）。商界和政府正在合力解决从公共到个人领域的热点问题（如工作场所应急药物、老年人住房、环境项目、残疾人用品和服务）。加拿大卫生部在其"Really Me"禁毒活动中与40多家私营组织、公益组织合作，在美国，"Just Say No"活动也产生了同样的合作关系。一些组织通过整合促销、营销传播和广告部门的力量最大限度利用有限资源。据说，一种被称为整合营销传播（IMC）的新兴研究领域已经兴起，整合营销传播教授学生商业、传播和营销概念，培养多功能复合型人才。

　　公司越来越趋向于外聘专家、高峰期增员以及吸纳新观点。合作联盟、协商谈判、第三方合作者及自由职业公司补充了组织内部资源（Sonnenberg,1992）。上述各种组织之间的交流越来越去边界化、去障碍化。在这方面最具代表性的是一家由115名员工组成的、位于美国旧金山的公司 Galoob Toys,它的业务建立在合作之上："它将生产和包装业务承包给十几家合同方，并且使用外分销商，从来不向厂商提货，也不向厂商出售商品"（Keen,1991,p.6），这样的交易过程改变了传统意义上的"组织"概念。传统意义上的"组织"一词指代传播中心（如空间位置局限于建筑物或工厂），现在这种说法已不再实用了。例如，旅行社为客户预订旅馆、租借汽车、介绍保险政策及组建旅游团体，导致工作人员与其他组织的员工和消费者的交流要比与旅行社内部人员的交流更为频繁。同样,诸如 MCI 之类的公司其实就是一个网络和交换机——一种类似于电子连接组的企业,它们将许多相关企业紧紧连接在一起,诸如此类的组织几乎无法明确区分它们彼此之间的界限(Ferguson & Ferguson,1988)。

　　要使合作或联盟生效,组织成员必须协调目标,理解不同需求,甚至共同承担风险(Lewis,1990)。成功的战略合作伙伴关系意味着合作而非竞争。控制和独占信息这一老套手法已不适用于当下,大多数组织发现竞争的最佳途径是有意识地与竞争者、客户和消费者、赞助者、各级政府部门以及其他利益相关者进行合作,渐渐地,信息逐步成为具有共享性、开放性、流动性的资源。如果组织和政府无法适应这一新的环境,那么就将受到惩罚(Cleveland,1985),多数有进取心的组织认识到"保护措施"是对社会信息全球化的不当回应(Ferguson,1994)。

将协商策略纳入策划中

　　协商策略意味着兼顾合作伙伴和客户群体的利益、组织讨论以及建立同盟。协商聚焦于参与决策制定过程,而谈判则将重点放在双边的劝服过程上。恰到好处的协商可以省去不必要的谈判程序(解决矛盾),越来越多的公众、私营组织或非营利性组织已经意识到协商的重要性,近年来许多组织已经在传播策划中写明协商策略。

　　协商形式包括正式书面提交、公开征询更具有互动性的措施,如专题讨论会、顾问委员会。协商的一个显著特征是由决策者最终决定转让给利益相关者多大程度的话语权。图 13.1 由塔嫩鲍姆和施密特(Tannenbaum and Schmidt,1985)提出,它是一个规范的协商模型,这一模型假设组织注重利益相关者适度参与决策,表现出利益相关者参与组织决策的不同程度。

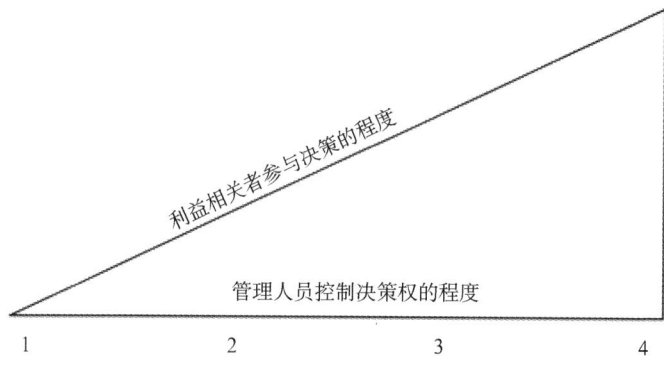

1. 管理人员做出决定,采取行动。
2. 管理人员征求利益相关者意见,做出决定,采取行动。
3. 管理人员与利益相关者协商,达成一致,采取行动。
4. 管理人员听取利益相关者的行动指示,采取相应行动。

图 13.1　利益相关者参与图示(源自 Ferguson,1998a,p.203,国际传播协会)

管理人员考虑是否需要协商取决于环境、组织和利益相关者等变量因素。环境变量包括问题的属性(如威胁公众安全)和紧急意识(威胁的紧迫性),组织变量包括资源可获得性(人力和财力)以及协商意愿。与众多利益相关者进行协商需要花费大量时间和金钱,所以组织不可能针对小问题或者少数意见进行协商,而针对高于利益相关者个人议程的问题(如健康保险或津贴)进行协商的可能性要大一些。而且,与公众探讨专业问题(如贸易措施)通常是不恰当的。最后,协商主要针对有争议的提议,而非针对那些受欢迎的提议。

图 13.1 中的位置 1 表明,管理人员做出单边决定并实施行动,在危急情况下,公关专家以及法律顾问通常鼓励管理层立即做出回应,同时也保留在随后某些时候进行协商的权利。在另外一些极端情况下,例如,一些利益相关者对日常事务的决定兴趣度非常低,这时仅仅进行少量协商或者不予协商也是恰当的。在危急情

况下,组织内部协商过程可能仅仅局限于高层主管、法律顾问、高级公关顾问以及技术专家范围内(根据要求)。

图 13.1 中的位置 2 表明,管理人员在决定行动方针之前邀请利益相关者提供建议。管理人员有权决定是将协商范围限制在意见领袖或专家范围内,还是邀请大量利益相关者加入其中。比较而言,公众并不具备针对专业问题提供意见的知识基础,而利益团体或专家组织可能就此问题已经搜集了大量相关信息。当组织认为没有必要立即行动或希望用更多时间来设计可行性行动方针时,他们往往处于图 13.1 中的位置 2。建议箱和酒店调查问卷为轻松改善工作和建立良好客户关系提供了条件。然而,政府通常会要求把时间用在出台政策方面,这样,它们做出了行动承诺,却延迟了相关决策的及时推出。

图 13.1 中的位置 3 表明,管理人员意识到利益相关者高度参与决策已经成为十分迫切的事情。例如,某州政府决定就补贴住房一事与资深人士进行协商。政府致力于与意见领袖和公众利益相关者协商以达成共识。有时,合作就产生于这样的协商行为之中。位置 3 表明管理人员同意给予利益相关者更多的决策权,位置 4 表明组织已经同意将决策权交给利益相关者全权处理。例如,当政府呼吁公民投票表决时,政府就处于这个位置。私营组织几乎没有机会处在这个位置上。

利益相关者参与决策的权变理论认为,从公关人员的角度看,线段上任意一个选择或位置都不是亘古不变的,许多不同的变量因素(组织、利益相关者、环境)影响着利益相关者参与决策的时间和程度,没有任何一个位置具有永久优势。例如,没有人认为我们应该将刑罚决定权转交给最具利益相关性的罪犯。阿金(Arkin, 1992)提醒道,顾问群体应该是公众信息活动中"遥远的合作伙伴",她解释说,这些顾问可能会通过辩论改善问题,但是有时候问题也可能因此而走向反面,这就需要项目评估者针对组织立场是否恰当进行判断。公关专家参与协商过程的程度在线段上的位置是变化的,然而,无论如何变化,他们都可能始终充当着顾问角色。

谈判策略

许多人认为组织应当主动与公众进行交流,通过建立理解机制和关系纽带来解决矛盾——换句话说,与公众合作和协商可以增进双方的相互理解(Dozier,Grunig,& Grunig,1995;Plowman et al.,1995;Vasquez,1996)。根据谈判理论,最好的结果是能够达成整合性协议(双方完全可能通过谈判取得共赢),而不是制定折中协议(双方让步,共同利益削弱)。塞里尼(Serini,1993)认为,当组织中的公关人员具备恰当的谈判机遇、谈判时间和谈判信度时,最有可能影响事态的发展。策略失败源于以下几点:(a)缺乏对谈判需求的认知;(b)缺乏谈判和整合多方利益的能力;(c)缺乏足够的惩罚和奖励措施;(d)缺乏信任(Benveniste,1989)。传播策划应该详列谈判的具体要求。

结 论

以上讨论了20世纪组织的主要特征——资源共享以及合作共赢的趋势。借用传播学术语来说,这一趋势意味着一场由公众、政府和商业组织共同参与,致力于促进人们健康福利事业的公众信息运动的来临。这一趋势要求聚集巨量资源(广告、营销传播以及公共关系),充分利用不同领域的专家、知识和技能,为人们创造机会,为组织提供服务。最后,这一趋势也表明,合作策划对于解决和管理问题具有十分重要的意义,在传统组织框架内,这些问题无法通过单一策划渠道予以解决。

参考文献

Adams, R. (1967). Political power and social structures. In C. Veliz (Ed.), *The politics of conformity* (pp. 15—42). Oxford, UK: Oxford University Press.

Adler, R. B., & Towne, N. (1990). *Looking out, looking in*. New York: Holt, Rinehart & Winston.

Adorno, T. W., Frenkel-Brunswik, E., Levinson, D. J., & Sanford, R. N. (1950). *The authoritarian personality*. New York: Harper & Brothers.

Alesandrini, K. L. (1983). Strategies that influence memory for advertising communication. In R. J. Harris (Ed.), *Information processing research in advertising* (pp. 65—82). Hillsdale, NJ: Lawrence Erlbaum.

Allport, G. W., Vernon, P. E., & Lindzey, G. (1950). *A study of values: A scale for measuring the dominant interests in personality*. Boston: Houghton Mifflin.

Andrews, J. C., & Shimp, T. P. (1990). Effects of involvement, argument strength, and source characteristics on central and peripheral processing of advertising. *Psychology and Marketing*, 7(3), 195—214.

Andriole, S. J. (1985). Software tools for high order corporate crisis management. In S. J. Andriole(Ed.), *Corporate crisis management* (pp. 259—278). Princeton, NJ: Petrocelli.

Anonymous. (1990, November). *Post-Oka Communications Symposium* [Speech]. Symposium conducted by the Department of National Defence, National Defence Headquarters, Ottawa, Ontario.

Arkin, E. B. (1992). Interview. In T. E. Backer, E. M. Rogers, & P. Sopory(Eds.), *Designing health communication campaigns: What works?* (pp. 36—40). Newbury Park, CA: Sage.

Arnheim, R. (1971). Film and reality. In A. Kirschner & L. Kirschner(Eds.), *Film: Readings in the mass media* (pp. 68—74). New York: Odyssey.

Arnold, W. E., & McCroskey, J. C. (1967). The credibility of reluctant testimony. *Central States Speech Journal*, 18(2), 97—103.

Aronson, E., Turner, J. A., & Carlsmith, J. M. (1963). Communicator credibility and communication discrepancy as determinants of opinion change. *Journal of Abnormal and Social Psychology*, 67, 31—36.

Ashley, W. J. (1992). Interview. In T. E. Backer, E. M. Rogers, & P. Sopory(Eds.), *Designing health communication campaigns: What works?* Newbury Park, CA: Sage.

Atkin, C. K. (1992). Interview. In T. E. Backer, E. M. Rogers, & P. Sopory (Eds.), *Designing health communication campaigns: What works?* (pp. 46—50). Newbury Park, CA: Sage.

Atkinson, M. (1984). *Our master's voices: The language and body language of politics*. London: Methuen.

Atkinson, R. L., Atkinson, R. C., Smith, E. E., & Bem, D. J. (1990). *Introduction to psychology* (10th ed.). San Diego: Harcourt Brace Jovanovich.

Bachand, D. (1988). The marketing of ideas: Advertising and road safety. *International Journal of Research in Marketing*, 4(4), 291—309.

Backer, T. E., Rogers, E. M., & Sopory, P. (Eds.). (1992). *Designing health communication campaigns: What works?* Newbury Park, CA: Sage.

Badaracco, C. (1992). Religious lobbyists in the public square. *Public Relations Quarterly*, 37, 30—36.

Bagdikian, B. H. (1971). *The information machines: Their impact on men and the media*. New York: Harper & Row.

Baggaley, J. P. (1988). Perceived effectiveness of international AIDS campaigns. *Health Education Research*, 3, 7—17.

Baldwin, H. (1989). *How to create effective TV commercials* (2nd ed.). Lincolnwood, IL: National Textbook.

Ball-Rokeach, S. J., Rokeach, M., & Grube, J. W. (1984). *The great American values test*. New York: Free Press.

Bandura, A. (1977). *Social learning theory*. Englewood Cliffs, NJ: Prentice Hall.

Bandura, A. (1994). Social cognitive theory of mass communication. In J. Bryant & D. Zillmann (Eds.), *Media effects: Advances in theory and research*. Hillsdale, NJ: Lawrence Erlbaum.

Barber, J. G., Bradshaw, R., & Walsh, C. (1989). Reducing alcohol consumption through television advertising. *Journal of Consulting and Clinical Psychology*, 57, 613—618.

Batra, R., & Ray, M. L. (1983). Advertising situations: The implications of differential involvement and accompanying affect responses. In R. J. Harris (Ed.), *Information processing research in advertising* (pp. 127−151). Hillsdale, NJ: Lawrence Erlbaum.

Baugniet, R. N. (1984). Crisis communications management: Forewarned is forearmed. *Emergency Planning Digest*, 11(4), 6−7.

Bauman, K. E., Padgett, C. A., & Koch, G. G. (1989). A media-based campaign to encourage personal communication among adolescents about not smoking cigarettes: Participation, selection and consequences. *Health Education Research*, 4, 35−44.

Bearden, W. O., Netemeyer, R. G., & Mobley, M. F. (1993). *Handbook of marketing scales*. Newbury Park, CA: Sage.

Bennett, W. L. (1996). *News: The politics of illusion* (3rd ed.). White Plains, NY: Longman.

Ben-Sira, Z. (1982). The health promoting function of mass media and reference groups: Motivating or reinforcing of behavior change. *Social Science and Medicine*, 16(7), 825−834.

Benveniste, G. (1989). *Mastering the politics of planning: Crafting credible plans and policies that make a difference*. San Francisco: Jossey-Bass.

Bergeron, P. G. (1989). *Modern management in Canada: Concepts and practices*. Scarborough, ON: Nelson Canada.

Best, J. (1973). *Public opinion: Micro and macro*. Homewood, IL: Dorsey.

Bettinghaus, E. P. (1973). *Persuasive communication* (2nd ed.). New York: Holt, Rinehart & Winston.

Bettinghaus, E. P, and Cody, M. J. (1994). *Persuasive communication(5th ed.). Fort Worth,TX:Harcourt Brace College.

Bochner,S. , & Insko,C. A. (1966). Communicator discrepancy, source credibility, and opinion change. *Journal of Personality and Social Psychology*,4(6),614—621.

Boorstin,D. J. (1961). *The image:A guide to pseudo events in America*. New York: Atheneum.

Boster,F. J. , & Mongeau, P. (1984). Fear-arousing persuasive messages. In R. N. Bostrom & B. H. Westley(Eds.),*Communication yearbook* 8(pp. 330—375). Beverly Hills,CA:Sage.

Bouchard, A. (1992). Freak explosion jolts Baie des Ha! Ha! *Public Relations Journal*,48(10),42—44.

Bransford,J. , & McCarrell,N. (1974). A sketch of a cognitive approach to comprehension. In W. B. Weimar & D. S. Palermo (Eds.),*Cognition and the symbolic processes*. Hillsdale, NJ: Lawrence Erlbaum.

Brieger,W. (1990). Mass media and health communication in rural Nigeria. *Health Policy and Planning*,5,77—81.

Brockner,J. , & Elkind, M. (1985). Self-esteem and reactance: Further evidence of attitudinal and motivational consequences. *Journal of Experimental Social Psychology*, 21 (4), 346 —361.

Brody,E. W. (1988). *Public relations programming and production*. New York: Praeger.

Brody,E. W. , & Stone,G. C. (1989). *Public relations research*. New York:Praeger.

Brooker,R. E. , Jr. (1991). Orchestrating the planning process. *Journal of Business Strategy*,12(4),4—9.

Broom,G. M. , & Dozier,D. M. (1990).*Using research in public relations:Applications to program management.* Englewood

Cliffs, NJ: Prentice Hall.

Brown, J. K. (1970). *This business of issues: Coping with the company's environments*. New York: Conference Board.

Brummett, B. (1988). The homology hypothesis: Pornography on the VCR. *Critical Studies in Mass Communication*, 5(3), 202—216.

Bryant, J., Brown, D., Silberberg, A. R., & Elliott, S. M. (1981). Effects of humorous illustrations in college textbooks. *Human Communication Research*, 8, 43—57.

Bryson, J. M. (1988). A strategic planning process for public and non-profit organizations. *Long Range Planning*, 21, 75—81.

Burkhart, P. J., & Reuss, S. (1993). *Successful strategic planning*. Newbury Park, CA: Sage.

Butler, S. D. (1971). *Edwin Edwards: A study in ethos*. Unpublished master's thesis, University of Houston, Houston, TX.

Butler, S. D. (1972). The apologia, 1971 genre. *Southern Speech Communication Journal*, 37(3), 281—289.

Cacioppo, J. T., Petty, R. E., & Morris, K. J. (1983). Effects of need for cognition on message evaluation, recall, and persuasion. *Journal of Personality and Social Psychology*, 45(4), 805—818.

Cain, C. (1986, August 17). Advertisers flock to famous faces. *Sioux Falls Argus Leader*, pp. 1E, 2E.

Cannell, C., & MacDonald, J. (1956). The impact of health news on attitudes and behavior. *Journalism Quarterly*, 33, 315—323.

Casswell, S., Ransom, R., & Gilmore, L. (1990). Evaluation of a mass media campaign for the primary prevention of alcohol-related problems. *Health Promotion International*, 5, 9—17.

Cater, D. (1981). Television and thinking people. In R. P. Adler (Ed.), *Understanding television: Essays on television as a social and political force* (pp. 11—18). New York: Praeger.

Cates, W., Jr., Grimes, D. A., Ory, H. W., & Tyler, C. W., Jr. (1977). Publicity and the public health: The elimination of IUD-related abortion deaths. *Family Planning Perspectives*, 9(3), 138—140.

Cernada, G. P., Darity, W. A., Chen, T. T. L., Winder, A. E., Benn, S., Jackson, R., & Tolbert, J. (1989/1990). Mass media usage among black smokers: A first look. *International Quarterly of Community Health Education*, 10(4), 347—364.

Chase, W. H. (1984). *Issues management: Origins of the future*. Stamford, CT: Issue Action.

Chernow, R. (1998, August 16). First among flacks. In *New York Times Book Review* (p. 5) [Book review of *The father of spin: Edward L. Bernays and the birth of public relations* by L. Tye]. New York: Crown.

Chesebro, J. W. (1984). The media reality: Epistemological functions of media in cultural systems. *Critical Studies in Mass Communication*, 1(2), 111—130.

Childers, T. L., & Houston, M. J. (1984). Conditions for a picture-superiority effect on consumer memory. *Journal of Consumer Research*, 11(2), 643—654.

Churchill, W. (1940, June 4). We shall fight on the beaches [Speech]. In *Complete speeches of Winston Churchill*. http://www.winstonchurchill.org/beaches.htm.

Cleveland, H. (1985). The twilight of hierarchy: Speculations on the global information society. *Public Administration Review*, 45, 185—195.

Cogden, D. (1990, November). *Post-Oka Communications Symposium* [Transcript]. Symposium conducted by the Department of National Defence, National Defence Headquarters, Ottawa, Ontario.

Cohen, B. C. (1963). *The press and foreign policy*. Princeton, NJ: Princeton University Press.

Comstock, G., Chaffee, S., Katzman, N., McCombs, M., & Roberts, D. (1978). *Television and human behavior*. New York: Columbia University Press.

Coombs, W. T., & Holliday, S. J. (1996). Communication and attributions in a crisis: An experimental study in crisis communication. *JournaL of Public Relations Research*, 8(4), 279—295.

Cooper, D. A. (1992). CEO must weigh legal and public relations approaches. *Public Relations Journal*, 48. 39—40.

Cope, F., & Richardson, D. (1972). The effects of reassuring recommendations in a fear-arousing speech. *Speech Monographs*, 39, 148—150.

Correctional Services of Canada. (1990, August). *Mission of the Correctional Service of Canada*. Ottawa, Ontario: Minister of Supply and Services Canada.

Cromwell, H. (1950). The relative effect on audience attitude of the first versus the second argumentative speech of a series. *Speech Monographs*, 17, 105—122.

Crouse, T. (1972). *The boys on the bus: Riding with the campaign press corps*. New York: Random House.

Culbertson, H. M. (1994). Working with the press between elections. In G. H. Stempel, III (Ed.), *The practice of political communication* (pp. 117—133). Englewood Cliffs, NJ: Prentice Hall.

Cummings, K. M., Sciandra, R., Davis, S., & Rimer, B. (1989). Response to anti-smoking campaign aimed at mothers with young children. *Health Education Research*, 4(4), 429—437.

Cutlip, S. M., Center, A. H., & Broom, G. M. (1994). *Effective public relations* (7th ed.). Englewood Cliffs, NJ: Prentice Hall.

Davis, S. (1995). The role of communication and symbolism in interest group competition: The case of the Siskiyou national forest, 1983—1992. *Political Communication Journal*, 12, 27—42.

Dayan, D., & Katz, E. (1992). *Media events*. Cambridge, MA: Harvard University Press.

DeFleur, M. L., & Dennis, E. E. (1985). *Understanding mass communication*. Boston: Houghton Mifflin.

DeFoe, J. R., & Breed, W. (1991, August). *Consulting with media for health education: Some new directions*. Paper presented at the annual meeting of the American Psychological Association, San Francisco.

Dewey, J. (1933). *How we think*. Boston: Heath.

Dickinson, R. (1990). Beyond the moral panic: AIDS, the mass media and mass communication research. *Communications*, 15(1/2), 21—36.

Downs, A. (1967). *Inside bureaucracy*. Boston: Little, Brown.

Dozier, D. M., & Ehling, W. P. (1992). Evaluation of public relations programs: What the literature tells us about their effects. In J. E. Grunig (Ed.), *Excellence in public relations and communication management* (pp. 159—184). Hillsdale, NJ: Lawrence Erlbaum.

Dozier, D. M., Grunig, L. A., & Grunig, J. E. (1995). *Manager's guide to excellence in public relations and communication management*. Hillsdale,NJ:Lawrence Erlbaum.

Dozier,D. M. ,& Repper,F. C. (1992). Research firms and public relations practices. In J. E. Grunig(Ed.),*Excellence in public relations and communication management* (pp. 185 — 215). Hillsdale,NJ:Lawrence Erlbaum.

Dunwoody,S. ,& Neuwirth, K. (1988,July). *The impact of information on AIDS risk judgments and behavioral change among young adults*. Paper presented at the annual meeting of the Association for Education in Journalism and Mass Communication,Portland,OR.

Dutton,J. E. , Stumpf, S. A. , & Wagner,D. (1990). Diagnosing strategic issues and managerial investment of resources. In P. Shrivastava & R. Lam(Eds.),*Advances in strategic management* (Vol. 6,pp. 143—167). Greenwich,CT:JAI.

Dyer,S. C. (1996). Descriptive modeling for public relations scanning:A practitioner's perspective. *Journal of Public Relations Research*,8(3),137—150.

Eagley,A. H. ,Wood, W. , & Chaiken, S. (1981). An attribution analysis of persuasion. In J. H. Harvey,W. Ickes,& R. F. Kidd (Eds.),*New directions in attribution research* (Vol. 3,pp. 37—62). Hillsdale,NJ:Lawrence Erlbaum.

Easterlin,R. A. ,& Crimmins,E. M. (1991). Private materialism, personal self-fulfillment, family life, and public interest: The nature,effects,and causes of recent changes in the values of American youth. *Public Opinion Quarterly*,55(4),499—533.

Eco,U. (1976). *A theory of semiotics*. Bloomington:Indiana University Press.

Ehrensberger,R. (1945). An experimental study of the relative effectiveness of certain forms of emphasis on public speaking.

Speech Monographs, 12, 94—111.

Ettema, J. S., Brown, J. W, & Leupker, R. V. (1983). Knowledge-gap effects in a health information campaign. *Public Opinion Quarterly*, 47(4), 516—527.

Faber, R. J. (1984). The effectiveness of health disclosures within children's television commercials. *Journal of Broadcasting*, 28(4), 463—476.

Fearn-Banks, K. (1996). *Crisis communications: A casebook approach*. Mahwah, NJ: Lawrence Erlbaum.

Ferguson, S. (1989, May). *Presentation to Government of Canada communicators*. Seminar on strategic planning, University of Ottawa, Ottawa, Ontario, Canada.

Ferguson, S., & Ferguson, S. D. (1978). Proxemics and television: The politician's dilemma. *Canadian Journal of Communication*, 4(4), 26—35.

Ferguson, S. D. (1973). A study of the good will speaking of a U. S. congressman. *Southern Speech Communication Journal*, 38(3), 235—243.

Ferguson, S. D. (1988). Advertising effectiveness as a consequence of congruence with information processing models. *Recherches Semiotique/Semiotic Inquiry*, 8(3), 319—337.

Ferguson, S. D. (1993). Strategic planning for issues management: The communicator as environmental analyst. *Canadian Journal of Communication*, 18, 33—50.

Ferguson, S. D. (1994). *Mastering the public opinion challenge*. Burr Ridge, IL: Irwin.

Ferguson, S. D. (1998a). Constructing a theoretical framework for evaluating public relations programs and activities. In M. E. Roloff (Ed.), *Communication yearbook 21* (pp. 190 — 229).

Thousand Oaks,CA:Sage.

Ferguson,S. D. (1998b,May). *Performance indicators in communication*. Presentation to the Conference on Performance Measurement for Government, sponsored by International Quality and Productivity Center,Ottawa,Ontario,Canada.

Ferguson,S. D. , & Ferguson,S. (1988). The systems school. In S. D. Ferguson & S. Ferguson(Eds.),*Organizational communication*(pp. 38—60). Rochelle Park, NJ:Transaction Publishing.

Festinger,L. (1957). *A theory of cognitive dissonance*. Stanford, CA:Stanford University Press.

Fine,B. J. (1957). Conclusion-drawing,communicator credibility, and anxiety as factors in opinion change. *Journal of Abnormal and Social Psychology*,54(4), 369—374.

Fink,S. (1986). *Crisis management:Planning for the inevitable*. New York:American Management Association.

Fiske,J. (1982). *Introduction to communication studies*. London: Methuen.

Flesch,R. (1948). A new readability yardstick. *Journal of Applied Psychology*,32(2), 221—233.

Flora,J. A. , & Maibach, E. W. (1990). Cognitive responses to AIDS information: The effects of issue involvement and message appeal. *Communication Research*, 17,759—774.

Flynn,B. S. ,Worden,J. K. ,Secker-Walker,R. H. ,Badger,G. J. , Geller,B. M. , & Costanza, M. C. (1992). Prevention of cigarette smoking through mass media intervention and school programs. *American Journal of Public Health*,82(6), 827—834.

Forest,D. ,Clark,M. S. ,Mills,J. , & Isen,A. M. (1979). Helping as a function of feeling state and nature of the helping behavior. *Motivation and Emotion*,3, 161—169.

Freedman,J. L. (1964). Involvement, discrepancy, and change. *Journal of Abnormal and Social Psychology*, 69 (3), 290—295.

Freeman,R. E. (1984). *Strategic management:A stakeholder approach*. Boston: Pitman.

Friedrich,W. N. (1977). Evaluation of a media campaign's effect on reporting patterns of child abuse. *Perceptual and Motor Skills*,45,161—162.

Frijda,N. (1988). The laws of emotion. *American Psychologist*, 43(5),349—358.

Früh,W. (1980). *Lesen, verstehen, urteilen:Untersuchungen über den zusammenhang von textgestaltung*. Freiberg: Verlag Karl Alber.

Fry,E. (1977). Fry's readability graph: Clarifications, validity, and extension to level 17. *Journal of Reading*,21(3),242-252.

Garland,K. (1982). The use of short term feedback in the preparation of technical and instructional illustration. In *Research in illustration:Conference proceedings*, Part Ⅲ (pp. 63—80). Brighton,UK:Brighton Polytechnic.

Garnett,J. L. (1992). *Communicating for results in government: A strategic approach for public managers*. San Francisco: Jossey-Bass.

Garramone, G. M. (1985). Motivation and selective attention to political information formats. *Journalism Quarterly*, 62, 37—44.

Garramone,G. M. ,Atkin,C. K. ,Pinkleton,B. E. ,& Cole,R. T. (1990). Effects of negative political advertising on the political process. *Journal of Broadcasting and Electronic Media*, 34

(3),299—311.

Garramone,G. M. , & Smith,S. J. (1984). Reactions to political advertising: Clarifying sponsor effects. *Journalism Quarterly*, 61(4),771—775.

Getz,K. (1991,August). Selecting corporate political tactics. In J. Wall & L. R. Jauch(Eds.),*Academy of Management best papers*(51st annual meeting, Miami Beach, FL). Briarcliffe Manor, NY: Academy of Management.

Gilkinson,H. ,Paulson,S. F, & Sikkink,D. E. (1954). Effects of order and authority in an argumentative speech. *Quarterly Journal of Speech*,40(2),183—192.

Ginn, R. D. (1989). *Continuity planning: Preventing, surviving and recovering from disaster*. Oxford,UK: Elsevier Advanced Technology.

Gitlin,T. (1980). *The whole world is watching: Mass media in the making of the New Left*. Berkeley: University of California Press.

Goldenberg,E. N. (1975). *Making the papers*. Lexington,MA: D. C. Heath.

Gruner,C. (1967). Effect of humor on speaker ethos and audience information gain. *Journal of Communication*,17(3),228—233.

Gruner,C. (1970). The effect of humor in dull and interesting informative speeches. *Central States Speech Journal*,21(3),160—166.

Grunig,J. E. , & Hunt,T. (1984). *Managing public relations*. New York: Holt, Rinehart & Winston.

Gunning,R. (1968). *The technique of clear writing* (2nd ed.). New York: McGraw-Hill.

Hahn, D. (1970). The effect of television on presidential campaign. *Today's Speech*, 18,8—10.

Hall,E. T. (1966). *The hidden dimension*. Garden City,NY:Doubleday.

Hass,R. G. (1981). Effects of source characteristics on cognitive responses and persuasion. In R. E. Petty,T. M. Ostrom, & T. C. Brock(Eds.),*Cognitive responses in persuasion*(pp. 141—172). Hillsdale,NJ:Lawrence Erlbaum.

Haukkala,A. ,Uutela,A. ,Vartianen,E. ,Burton,D. , & Johnson, C. A. (1994). Social inoculation against cigarette advertisements in a culture allowing cigarette advertising and in another banning it. *Community Health*,17,13—18.

Hayakawa,S. I. (1949). *Language in thought and action*. New York:Harcourt Brace.

Heath,R. L. , & Associates. (1988). *Strategic issues management*. San Francisco:Jossey-Bass.

Heider,F. (1946). Attitudinal and cognitive organization. *Journal of Psychology*, 21(first half),107—112.

Herzog,H. (1944). What do we really know about daytime serial listeners? In P. Lazarsfeld & F. N. Stanton(Eds.),*Radio research:1942-1943*. New York:Duell, Sloan, & Pearce.

Hiam,A. (1990). Exposing four myths of strategic planning. *Journal of Business Strategy*,11(5),23—29.

Hilgard,E. R. (1956). *Theories of learning*. New York:Appleton-Century-Crofts.

Hofstede,G. (1980). Motivation,leadership,and organization:Do American theories apply abroad? *Organization Dynamics*,9, 42-63.

Hofstetter,C. R. ,Schultze,W. A. , & Mulvihill,M. M. (1992). Communication media,public health,and public affairs:Exposure in a multimedia community. *Health Communication*, 4(4), 259—271.

Hon, L. C. (1997). What have you done for me lately? Exploring effectiveness in public relations. *Journal of Public Relations Research*, 9, 1—30.

Hon, L. C. (1998). Demonstrating effectiveness in public relations: Goals, objectives, and evaluation. *Journal of Public Relations Research*, 10(2), 103—136.

Horton, D. L., & Mills, C. B. (1984). Human learning and memory. *Annual Review of Psychology*, 35, 361—394.

Hovland, C. I., Harvey, O. J., & Sherif, M. (1957). Assimilation and contrast effects in reaction to communication and attitude change. *Journal of Abnormal and Social Psychology*, 55(2), 244—252.

Hovland, C. J., Janis, I. L., & Kelley, H. H. (1953). *Communication and persuasion*. New Haven, CT: Yale University Press.

Hovland, C., & Mandell, W. (1952). An experimental comparison of conclusion-drawing by the communicator and by the audience. *Journal of Abnormal and Social Psychology*, 47. 581—588.

Hovland, C. I., Mandell, W., Campbell, E. H., Brock, T., Luchins, A. S., Cohen, A. R., McGuire, W. J., Janis, I. L., Feirabend, R. L., & Anderson, N. H. (1957). *The order of presentation in persuasion*. New Haven, CT: Yale University Press.

Hovland, C. I., & Pritzker, H. A. (1957). Extent of opinion change as a function of amount of change advocated. *Journal of Abnormal and Social Psychology*, 54(2), 257—261.

Howard, C., & Mathews, W. (1985). *On deadline: Managing*

media relations. Prospect Heights, IL: Waveland.

Hume, S. (1989, November/December). Reporting disasters: What's the media thinking of? *Content*, pp. 19—21.

Hunt, J. M., Smith, M. F., & Kernan, J. B. (1985). The effects of expectancy disconfirmation and argument strength on message processing level: An application to personal selling. In E. C. Hirschman & M. B. Holbrook (Eds.), *Advances in consumer research* (Vol. 12, pp. 450—454). Provo, UT: Association for Consumer Research.

Ingstrup, O. (1990). Unpublished speech by Commissioner of Correctional Services, Government of Canada, Ottawa, Ontario.

Ireland, R. D., Hitt, M. A., & Williams, J. C. (1992). Mission statements: Importance, challenge, and recommendations for development. *Business Horizons*, 35, 36—43.

Iyengar, S., & Kinder, D. R. (1987). *News that matters: Television and American opinion*. Chicago: University of Chicago Press.

Jackson, L. D. (1992). Information complexity and medical communication, the effects of technical language and amount of information in a medical message. *Health Communication*, 4(3), 197—210.

Jackson, S., & Allen, M. (1987, May). *Meta-analysis of the effectiveness of one-sided and two-sided argumentation*. Paper presented at the annual meeting of the International Communication Association, Montreal, Canada.

Jahoda, M., & Warren, N. (1966). Introduction. In M. Jahoda & N. Warren (Eds.), *Attitudes: Selected readings* (pp. 7—12). Baltimore, MD: Penguin.

Jamieson, K. H., & Campbell, K. K. (1988). *The interplay of influence:*Mass media and their publics in news,advertising, politics*(2nd ed.). Belmont,CA: Wadsworth.

Janis,I. L. ,& Feshbach,F. (1954). Effects of fear-arousing communications. *Journal of Abnormal and Social Psychology*,49, 211—218.

Jersild,A. (1928). Modes of emphasis in public speaking. *Journal of Applied Psychology*,12,611—620.

Johnson,J. D. , & Meishoke, H. (1992). Cancer-related channel selection. *Health Communication*,4(3),183—196.

Johnson, M. A. (1997). Public relations and technology: Practitioner perspectives. *Journal of Public Relations Research*, 9 (3),213—236.

Johnson-Cartee,K. S. , & Copeland,G. A. (1991). *Negative political advertising :Coming of age*. Hillsdale,NJ:Lawrence Erlbaum.

Johnston,D. D. (1994). *The art and science of persuasion*. Dubuque,IA:William C. Brown/Benchmark.

Kahle,L. R. ,Poulos,B. , & Sukhdial,A. (1988). Changes in social values in the United States during the past decade. *Journal of Advertising Research*,28,35—41.

Kanter, R. M. (1991). Championing change: An interview with Bell Atlantic's CEO Raymond Smith. *Harvard Business Review*,69,118—130.

Katz,E. , Haas, H. , & Gurevitch,M. (1997). 20 years of television in Israel:Are there long-run effects on values,social connectedness,and cultural practices? *Journal of Communication*, 47(2),3—20.

Kaufman,R. (1992). *Strategic planning plus:An organizational guide*. Newbury Park,CA:Sage.

Keen,P. G. W. (1991). Redesigning the organization through information technology. *Planning Review*,19(3),4—15.

Kennedy,J. F. (1963,June 25). Speech given at city hall,West Berlin,Federal Republic of Germany. http://www.geocities.com/newgeneration/Ichbin.htm.

Kinkead,R. W. ,& Winokur,D. (1992,October). How public relations professionals help CEOs make the right moves. *Public Relations Journal*,48(10),18—23.

Koballa,T. R. ,Jr. (1986). Persuading teachers to reexamine the innovative elementary science programs of yesterday:The effect of anecdotal versus data-summary communications. *Journal of Research in Science Teaching*,23(5),437—449.

Kosslyn,S. M. (1981). The medium and the message in mental imagery:A theory. *Psychological Review*,88,46—66.

Krugman,H. E. (1965). The impact of television advertising:Learning without involvement. *Public Opinion Quarterly*, 29(3),349—356.

Krugman,H. E. (1997). Memory without recall,exposure without perception. *Journal of Advertising Research*,37(4),7—14.

Langer,E. J. (1978). Rethinking the role of thought in social interaction. In J. H. Harvey,W. J. Ickes,& R. F. Kidd(Eds.), *New directions in attribution research* (Vol. 2,pp. 35—58). Hillsdale,NJ:Lawrence Erlbaum.

Larson,C. U. (1982). Media metaphors:Two perspectives for the rhetorical criticism of TV commercials. *Central States Speech Journal*,33(4).533—546.

Lauzen,M. M. (1995). Toward a model of environmental scanning. *Journal of Public Relations Research*,7(3),187—204.

Lefkowitz,M. ,Blake,R. R. ,& Mouton,J. S. (1955). Status factors in pedestrian violation of traffic signals. *Journal of Abnor-*

mal and Social Psychology, 51, 704—706.

Leiss, W., Kline, S., & Jhally, S. (1986). *Social communication in advertising*. Toronto: Methuen.

Leonard, J. (1978). And a picture tube shall lead them. In R. Atwan, B. Orton, & W. Vesterman (Eds.), *American mass media: Industries and issues* (pp. 374—382). New York: Random House.

Leventhal, H., & Perloe, S. I. (1962). A relationship between self-esteem and persuasibility. *Journal of Abnormal and Social Psychology*, 64(5), 385—388.

Leventhal, H., & Trembly, G. (1968). Negative emotions and persuasion. *Journal of Personality and Social Psychology*, 36, 154—168.

Leventhal, H., Watts, J. C., & Pagano, F. (1967). Effects of fear and instructions on how to cope with danger. *Journal of Personality and Social Psychology*, 6(3), 313—321.

Lewin, K. (1951). *Field theory in social sciences: Selected theoretical papers* (D. Cartwright, Ed.). New York: Harper.

Lewis, J. D. (1990). Using alliances to build market power. *Planning Review*, 18(5), 4—9, 48.

Lind, E. A. (1982). The psychology of courtroom procedure. In N. L. Kerr & R. M. Bray (Eds.), *The psychology of the courtroom* (pp. 13—38). New York: Academic Press.

Lipset, S. M. (1967). *The first new nation*. New York: Anchor.

Lund, F. H. (1925). The psychology of belief: A study of its emotional and volitional determinants. *Journal of Abnormal and Social Psychology*, 20(2), 174—196.

Lusterman, S. (1988). *Managing federal government relations*. New York: Conference Board.

Lutz, K. A. , & Lutz, R. J. (1977). Effects of interactive imagery on learning: Applications to advertising. *Journal of Applied Psychology*, 62(4), 493—498.

MacInnis, D. J. , & Price, L. L. (1987). The role of imagery in information processing. *Journal of Consumer Research*, 13(4), 473—491.

MacLeod, A. G. (Director). (1993). *Acts of defiance* [Videotape]. Montreal: National Film Board.

Magdenko, L. (with Disman, M. , & Raphael, D.)(n. d.). *A theoretical framework for the study of visuals in health promotion*. Toronto: Centre for Health Promotion.

Maslow, A. H. (1954). *Motivation and personality*. New York: Harper.

McAlister, A. (1980). Mass communication and community organization for public health education. *American Psychologist*, 35(4), 375—379.

McClelland, D. C. (1961). *The achieving society*. Princeton, NJ: Van Nostrand.

McClelland, D. C. , Atkinson, J. W. , Clark, R. A. , & Lowell, E. L. (1953). *The achievement motive*. New York: Appleton-Century-Crofts.

McCombs, M. E. (1978). Public response to the daily news. In L. K. Epstein (Ed.), *Women and the news* (pp. 1—14). New York: Hastings House.

McCombs, M. E. (1994). News influence on our pictures of the world. In J. Bryant & D. Zillmann (Eds.), *Media effects: Advances in theory and research* (pp. 1—16). Hillsdale, NJ: Lawrence Erlbaum.

McCombs, M. E. , & Shaw, D. L. (1972). The agenda-setting function of mass media. *Public Opinion Quarterly*, 36(2), 176−187.

McCombs, M. E., & Shaw, D. L. (1976). Structuring the "unseen" environment. *Journal of Communication*, 26(2), 18−22.

McCroskey, J. C. (1966). Scales for the measurement of ethos. *Speech Monographs*, 33, 65−72.

McCroskey J. C., & Mehrley, R. S. (1969). The effects of disorganization and nonfluency on attitude change and source credibility. *Speech Monographs*, 36, 13−21.

McDermott, R. J., Hawkins, M. J., Moore, J. R., & Cittadino, S. K. (1987, March). AIDS awareness and information sources among selected university students. *Journal of American College Health*, 35(5), 222-226.

McGuire, W. J. (1961). The effectiveness of supportive and refutational defenses in immunizing and restoring beliefs against persuasion. *Sociometry*, 24(2), 184−197.

McLoughlin, B. (1990, Summer). Who shapes the agenda? *Manager's Magazine*, pp. 38.

Medvene, L. J., & Bridge, R. G. (1990). Using television to create more favorable attitudes toward community facilities for deinstitutionalized psychiatric patients. *Journal of Applied Social Psychology*, 20(2), 1863−1878.

Meng, M. (1992, March). Early identification aids issues management. *Public Relations Journal*, 48(3), 22−24.

Merritt, S. (1984). Negative political advertising: Some empirical findings. *Journal of Advertising*, 13(3), 27−38.

Meyboom, P. (1989, Summer). Read the signs: Manage the crisis. *Manager's Magazine*, pp. 25−28.

Meyer, A. D., Brooks, G. R., & Goes, J. B. (1990, Summer). Environmental jolts and industry revolutions: Organizational responses to discontinuous change [Special issue]. *Strategic Management Journal*, pp. 93—110.

Meyer, A. J. , Nash, J. D. , & McAlister, A. L. (1980). Skills training in a cardiovascular health education campaign. *Journal of Consulting and Clinical Psychology*, 48(2), 129—142.

Meyerowitz, B. E. , & Chaiken, S. (1987). The effect of message framing on breast self-examination attitudes, intentions, and behaviors. *Journal of Personality and Social Psychology*, 52, 500—510.

Meyrowitz, J. (1985). *No sense of place: The impact of electronic media on social behavior*. New York: Oxford University Press.

Mintzberg, H. (1973). *The nature of managerial work*. New York: Harper & Row.

Mitchell, A. (1983). *The nine American lifestyles: Who we are and where we are going*. New York: Macmillan.

Mitchell, A. A. , & Olson, J. C. (1981, August). Are product attribute beliefs the only mediator of advertising effects on brand attitude? *Journal of Marketing Research*, 18(3), 318—332.

Mitroff, I. I. , & Pearson, C. M. (1993). *Crisis management: Diagnostic guide for improving your organization's crisis preparedness*. San Francisco: Jossey-Bass.

Moffitt, M. A. (1994). A cultural studies perspective toward understanding corporate image: A case study of State Farm Insurance. *Journal of Public Relations Research*, 6, 41—66.

Mogielnicki, R. P. , Neslin, S. , Dulac, J. , Balestra, D. , Gillie, E. , & Corson, J. (1986). Tailored media can enhance the success of smoking cessation clinics. *Journal of Behavioral Medicine*, 9(2), 141—161.

Monahan, J. L. (1995). Using positive affect when designing health messages. In E. Maibach & R. L. Parrott(Eds.), *Designing health messages* (pp. 81—98). Thousand Oaks, CA: Sage.

Monroe, A. H. (1945). *Principles and types of speech*. Glenview, IL: Scott, Foresman.

Montgomery, K. C. (1990). Promoting health through entertainment television. In C. Atkin & L. Wallack(Eds.), *Mass communication and public health: Complexities and conflicts* (pp. 114—128). Newbury Park, CA: Sage.

Morgan, G. (1992). Proactive management. In D. Mercer(Ed.), *Managing the external environment: A strategic perspective* (pp. 24—37). Newbury Park, CA: Sage.

Munn, W. C., & Gruner, C. R. (1981). "Sick" jokes, speaker sex, and informative speech. *Southern Speech Communication Journal*, 46(4), 411—418.

Musto, L. (1993, Fall). Unpublished paper on homelessness, produced for the Canadian Mortgage and Housing Corporation, Ottawa, Ontario, Canada.

Naisbitt, J. (1961, March). The great holiday massacre: A study of impact. *Traffic Safety*, 58, 12-15, 36, 48—49.

Nakra, P. (1991). The changing role of public relations in marketing communications. *Public Relations Quarterly*, 36, 42-45.

National Performance Review. (1997). *Serving the American public: Best practices in performance measurement*. Washington, DC: Government Printing Office. (http://www.npr.gov/library/papers/benchmark/nprnotebook.html; in 1998, the name was changed to National Partnership for Reinventing Government)

Newcomb, T. M. (1953). An approach to the study of communicative acts. *Psychological Review*, 60(6), 393—404.

Newhagen, J. E., & Reeves, B. (1991). Emotions and memory responses for negative political advertising: A study of television commercials used in the 1988 presidential election. In F. Biocca (Ed.), *Television and political advertising. Vol. 1: Psychological processes* (pp. 197—220). Hillsdale, NJ: Lawrence Erlbaum.

Nimmo, D., & Combs, J. (1990). *Mediated political realities* (2nd ed.). New York: Longman.

Nisbett, R. E., & Gordon, A. (1967). Self-esteem and susceptibility to social influence. *Journal of Personality and Social Psychology*, 5, 268—279.

Novak, M. (1982). Television shapes the soul. In G. Gumpert & R. Cathcart (Eds.), *INTERMEDIA: Interpersonal communication in a media world* (pp. 334—347). New York: Oxford University Press.

Nugent, J. (1987). Positively negative. *Campaigns and Elections*, 7, 47—49.

Nunnally, J. C., & Bobren, H. M. (1959). Variables governing the willingness to receive communications on mental health. *Journal of Personality*, 27, 275—290.

Ogilvy, D. (1985). *Ogilvy on advertising*. New York: Vintage.

O'Keefe, D. J. (1990). *Persuasion: Theory and research*. Newbury Park, CA: Sage.

O'Keefe, G. J. (1989). Strategies and tactics in political campaigns. In C. T. Salmon (Ed.), *Information campaigns: Balancing social values and social change* (pp. 259—284). Newbury Park, CA: Sage.

Osborne, M. (1967). Archetypal metaphor in rhetoric: The lightdark family. *Quarterly Journal of Speech*, 53(2), 115—126.

Osgood, C. E., & Tannenbaum, P. H. (1955). The principle of congruity in the prediction of attitude change. *Psychological Review*, 62, 42-55.

Paivio, A. (1971). *Imagery and verbal processes*. New York: Holt, Rinehart & Winston.

Pattakos, A. N. (1992). Growth in activist groups: How can business cope? In D. Mercer (Ed.), *Managing the external environment: A strategic perspective* (pp. 107 — 118). Newbury Park, CA: Sage.

Patton, B. R., & Giffin, K. (1981). *Interpersonal communication in action: Basic text and readings* (3rd ed.). New York: Harper & Row.

Pauchant, T. C., & Mitroff, I. I. (1992). *Transforming the crisis-prone organization: Preventing individual, organizational, and environmental tragedies*. San Francisco: Jossey-Bass.

Pavlik, J. V. (1987). *Public relations: What research tells us*. Newbury Park, CA: Sage.

Perelman, C. (1982). *The realm of rhetoric* (W. Klubach, Trans.). Notre Dame, IN: University of Notre Dame Press.

Perry, S. D., Jenzowsky, S. A., King, C. M., Yi, H., Hester, J. B., & Gartenschlaeger, J. (1997). Using humorous programs as a vehicle for humorous commercials. *Journal of Communication*, 47, 20—39.

Persinos, J. F (1994, September). Has the Christian right taken over the Republican party? *Campaigns & Elections*, 21—24.

Peters, T. (1990). Part one: Get innovative or get dead. *California Management Review*, 33, 9—26.

Peterson, P., Jeffrey, D. B., Bridgwater, C. A., & Dawson, B.

(1984). How pronutrition television programming affects children's dietary habits. *Developmental Psychology*, 20, 55—63.

Petty, R. E., & Cacioppo, J. T. (1981). *Attitudes and persuasion: Classic and contemporary approaches*. Dubuque, IA: William C. Brown.

Petty, R. E., & Cacioppo, J. T. (1986). *Communication and persuasion: Central and peripheral routes to attitude change*. New York: Springer-Verlag.

Pfau, M., & Parrott, R. (1993). *Persuasive communication campaigns*. Boston: Allyn & Bacon.

Picard, R. G. (1991). News coverage of the contagion of terrorism. In A. O. Alali & K. K. Eke (Eds.), *Media and terrorism* (pp. 49—62). Newbury Park, CA: Sage.

Plowman, K. D., ReVelle, C., Meirovich, S., Pien, M., Stemple, R., Sheng, V., & Fay, K. (1995). Walgreens: A case study in health care issues and conflict resolution. *Journal of Public Relations Research*, 7(4), 231—258.

Pollay, R. W. (1989). Campaigns, change and culture: On the polluting potential of persuasion. In C. T Salmon (Ed.), *Information campaigns: Balancing social values and social change* (pp. 185—198). Newbury Park, CA: Sage.

Postman, N. (1966). The literature of television. In C. S. Steinberg (Ed.), *Mass media and communication* (pp. 257—277). New York: Hastings House.

Priest, R. F, & Sawyer, J. (1967). Proximity and peership: Bases of balance in interpersonal attraction. *American Journal of Sociology*, 72(6), 633—649.

Privy Council Office. (1989). *Crisis management*. Ottawa, Ontario: Government of Canada, Minister of Supply and Services Canada.

Privy Council Office. (n. d.). *Communications information in the M. C. Memorandum to Cabinet (instructions)*. Ottawa, Ontario: Government of Canada.

Prosser, M. H. (1970). Introduction. In M. H. Prosser (Ed.), *Sow the wind: Reap the whirlwind* (Vol., 1, pp. v-vii). New York: William Morrow.

Prothro, J. W., & Grigg, C. M. (1960). Fundamental principles of democracy: Bases of agreement and disagreement. *Journal of Politics*, 22(2), 276–294.

Ramsey, S. (1993). Issues management and the use of technologies in public relations. *Public Relations Review*, 19(3), 261–275.

Ranney, A. (1983). *Channels of power: The impact of television on American politics*. New York: Basic Books.

Ray, M. L. (1977). When does consumer information processing research actually have anything to do with consumer information processing. In W. D. Perreault, Jr. (Ed.), *Advances in consumer research* (Vol. 4, pp. 372–375). Provo, UT: Association for Consumer Research.

Reagan, J., & Collins, J. (1987). Sources for health care information in two small communities. *Journalism Quarterly*, 64(2/3), 560–563, 676.

Reardon, K. K. (1991). *Persuasion in practice*. Newbury Park, CA: Sage.

Reddin, C. (1998, June). *Communicating for productivity*. Paper presented at the annual meeting of the Canadian Communication Association, Learned Societies, Ottawa, Ontario.

Redding, J. C., & Catalanello, R. F. (1994). *Strategic readiness: The making of the learning organization*. San Francisco:

Jossey-Bass.

Redman, S. , Spencer, E. A. , & Sanson-Fisher, R. (1990). The role of mass media in changing health-related behaviour: A critical appraisal of two models. *Health Promotion International*, 5, 85 —101.

Reese, S. D. (1991). Setting the media's agenda: A power balance perspective. In J. A. Anderson(Ed.), *Communication yearbook 14* (pp. 309—340). Newbury Park, CA: Sage.

Reese, S. D. , & Danielian, L. H. (1989). Intermedia influence and the drug issue: Converging on cocaine. In P. J. Shoemaker (Ed.), *Communication campaigns about drugs: Government, media, and the public* (pp. 29—45). Hillsdale, NJ: Lawrence Erlbaum.

Reeves, B. , Newhagen, J. , Maibach, E. , Basil, M. , & Kurz, K. (1991). Negative and positive television messages: Effects of message type and context on attention and memory. *American Behavioral Scientist*, 34(6), 679—694.

Reid, A. (1988). Public affairs research. In W. J. Wright & C. J. DuVernet, *The Canadian public affairs handbook: Maximizing markets, protecting bottom lines* (pp. 117—146). Toronto: Carswell.

Reilly, A. H. (1991, August). Communication in crisis situations. In J. L. Wall & L. R. Jauch(Eds.), *Academy of Management best papers* (51st annual meeting, Miami Beach, FL). Briarcliffe Manor, NY: Academy of Management.

Rhee, J. W. (1997). Strategy and issue frames in election campaign coverage: A social cognitive account of framing effects. *Journal of Communication*, 47(3), 26—48.

Robert, M. M. (1990). Managing your competitor's strategy.

Journal of Business Strategy, 11(2), 24—29.

Roberts, D. F., & Maccoby, N. (1985). Effects of mass communication. In G. Lindzey & E. Aronson (Eds.), *Handbook of social psychology*: Vol. 11 (3rd ed., pp. 562—568). New York: Random House.

Roberts, M., & McCombs, M. E. (1994). Agenda setting and political advertising: Origins of the news agenda. *Political Communication*, 11(3), 249—262.

Robinson, G. (1990, November). *Post-Oka Communications Symposium* [Transcript]. Symposium conducted by the Department of National Defence, National Defence Headquarters, Ottawa, Ontario.

Robinson, J. P, & Levy, M. (1996). News media use and the informed public: A 1990s update. *Journal of Communication*, 46(2), 129—135.

Roelofs, H. M. (1992). *The poverty of American politics: A theoretical interpretation.* Philadelphia: Temple University Press.

Rogers, E. M., & Dearing, J. W. (1988). Agenda-setting research: Where has it been, where is it going? In J. Anderson (Ed.), *Communication yearbook 11* (pp. 555—594). Newbury Park, CA: Sage.

Rogers, E. M., & Shoemaker, F. F. (1971). *Communication of innovations.* New York: Free Press.

Rogers, E. M., & Storey, J. D. (1987). Communication campaigns. In C. Berger & S. H. Chaffee (Eds.), *Handbook of communication science* (pp. 817—846). Newbury Park, CA: Sage.

Rokeach, M. (1960). *The open and closed mind.* New York: Basic Books.

Rokeach, M. (1968). *Beliefs, attitudes and values.* San Francisco:

Jossey-Bass.

Rokeach, M. (1973). *The nature of human values*. New York. Free Press.

Rokeach, M. (1979). *Understanding human values*. New York. Free Press.

Roper, B. W. (1985, May). *Public attitudes toward television and other media in a time of change*. New York: Television Information Office.

Rose, M. (1991). Activism in the 90s: Changing roles for public relations. *Public Relations Quarterly*, 36(3), 28—32.

Rosnow, R. L., & Robinson, E. J. (1967). Primacy-recency. In R. L. Rosnow & E. J. Robinson (Eds.), *Experiments in persuasion* (pp. 99—104). New York: Academic Press.

Ross, M. W., & Carson, J. A. (1988). Effectiveness of distribution of information on AIDS: A national study of six media in Australia. *New York Journal of Medicine*, 88(5), 239—241.

Rosser, C., Flora, J. A., Chaffee, S. H., & Farquhar, J. W. (1990). Using research to predict learning from a PR campaign. *Public Relations Review*, 16(2), 61—77.

Rossi, P, & Freeman, H. (1989). *Evaluation: A systematic approach*. Newbury Park, CA: Sage.

Rossiter, J. R., & Percy, L. (1983). Visual communication in advertising. In R. J. Harris (Ed.), *Information processing research in advertising* (pp. 83—125). Hillsdale, NJ: Lawrence Erlbaum.

Roth, L. (1990, November). *The "Mohawk Crisis": Reflections on French, English, and Mohawk media coverage*. Paper presented at the Post-Oka Communications Symposium hosted by the Department of National Defence, National Defence Headquarters,Ottawa,Ontario,Canada.

Ruiz,M. S. ,Marks,G. ,& Richardson,J. L. (1992). Language acculteration and screening practices of elderly Hispanic women. *Journal of Aging and Health*, 4(2),268—281.

Ryan,C. , Carragee, K. M. , & Schwerner, C. (1998). Media, movements,and the quest for social justice. *Applied Communication Research*,26(2),165—181.

Salmon,C. T. (1989). Campaigns for social"improvement": An overview of values, rationales, and impacts. In C. T. Salmon (Ed.), *Information campaigns: Balancing social values and social change* (pp. 19—53). Newbury Park,CA:Sage.

Salomon,G. (1987). *Interaction of media, cognition, and learning: An exploration of how symbolic forms cultivate mental skills and affect knowledge acquisition.* San Francisco: Jossey-Bass.

Sandell,K. L. , Mattley,C. , Evarts,D. R. , Lengel,L. , & Ziyati, A. (1993,May). *The media and voter decision-making in campaign 1992*. Paper presented at the annual meeting of the International Communication Association,Miami,FL.

Saussure,F. de(1966). *Course in general linguistics* (W. Baskin, Trans.). New York: McGraw-Hill.

Saxer,U. (1993). Public relations and symbolic politics. *Journal of Public Relations Research*,5(2),127—151.

Scanlon, T. J. (1990, November). *Post-Oka Communications Symposium* [Transcript]. Symposium conducted by the Department of National Defence,National Defence Headquarters, Ottawa,Ontario,Canada.

Schooler,C. , Flora,J. A. , & Farquhar,J. W. (1993). Moving toward synergy:Media supplementation in the Stanford five-city project. *Communication Research*, 20(4), 587—610.

Schultz, D. E. (1990). *Strategic advertising campaigns* (3rd ed.). Lincolnswood, IL: National Textbook.

Schwartz, T. (1974). *The responsive chord*. New York: Anchor.

Seitel, F. P. (1984). *The practice of public relations* (2nd ed.). Toronto: C. E. Merrill.

Sereno, K. K., & Hawkins, G. J. (1967). The effects of variations in speakers' nonfluency upon audience ratings of attitude toward the speech topic and speakers' credibility. *Speech Monographs*, 34, 58—64.

Serini, S. A. (1993). Influences on the power of public relations professionals in organizations: A case study. *Journal of Public Relations Research*, 5, 1—26.

Settle, R. B., & Golden, L. L. (1974). Attribution theory and advertiser credibility. *Journal of Marketing Research*, 11, 181—185.

Shaw, D. L., & McCombs, M. E. (1977). *The emergence of American political issues: The agenda-setting function of the press*. St. Paul, MN: West.

Shelley, J. M. (1991). Evaluation of a mass media-led campaign to increase Pap smear screening. *Health Education Research*, 6(3), 267—277.

Simon, R. (1986). *Public relations: Concepts and practices*. Columbus, OH: Grid.

Simons, H. W., Berkowitz, N. N., & Moyer, R. J. (1970). Similarity, credibility, and attitude change: A review and a theory. *Psychological Bulletin*, 73, 1—16.

Sogaard, A. J., & Fonnebo, V. (1992). Self-reported change in health behaviour after a mass media-based health education campaign. *Scandinavian Journal of Psychology*, 33(2), 125–134.

Solomon, D. S. (1982). Mass media campaigns for health promotion. *Prevention in Human Services*, 2(1/2), 115–128.

Sonnenberg, F. K. (1992). Partnering: Entering the age of competition. *Journal of Business Strategy*, 13(3), 49–52.

Soumerai, S. B., Ross-Degan, D., & Kahn, J. S. (1992). Effects of professional and media warnings about the association between aspirin use in children and Reye'S syndrome. *Milbank Quarterly*, 70, 155–182.

Sponberg, H. (1946). A study of the relative effectiveness of climax and anti-climax order in an argumentative speech. *Speech Monographs*, 13, 35–44.

Standing, L. (1973). Learning 10,000 pictures. *Quarterly Journal of Experimental Psychology*, 25(2), 207–222.

Stephenson, D. R. (1984). Are you making the most of your crises? *Public Relations Journal*, 40(6), 16–18.

Stephenson, W. P. (1967). *The play theory of mass communication*. Chicago: University of Chicago Press.

Sternthal, B., & Craig, C. S. (1973). Humor in advertising. *Journal of Marketing*, 37(4), 12–18.

Stoffels, J. D. (1982). Environmental scanning for future Success. *Managerial Planning*, 3(3), 4–12.

Stuyck, S. C. (1990). Public health and the media: Unequal partners. In C. Atkin & L. Wallack(Eds.), *Mass communication and public health: Complexities and conflicts* (pp. 71–77). Newbury Park, CA: Sage.

Sutton, S. (1982). Fear-arousing communications: A critical examination of theory and research. In J. R. Eiser(Ed.), *Social psychology and behavioral medicine* (pp. 303 — 337). New York:John Wiley.

Swenson,R. A. ,Nash,D. L. ,& Roos,D. C. (1984). Source credibility and perceived expertness of testimony in a simulated child-custody case. *Professional Psychology*,15,891—898.

Synnott,G. ,& McKie,D. (1997). International issues in PR: Researching research and prioritizing priorities. *Journal of Public Relations Research*,9(4),259—282.

Tannenbaum,P. H. ,Macaulay,J. R. ,& Norris, E. L. (1966). Effects of combining congruity principle strategies for the reduction of persuasion. *Journal of Personality and Social Psychology*,3(2),233—238.

Tannenbaum, R. , & Schmidt, W. H. (1958). How to choose a leadership pattern. *Harvard Business Review*,36(2),95—101.

Taylor, S. E. , & Thompson, S. C. (1982). Stalking the elusive "vividness"effect. *Psychological Review*,89(2),155—181.

Thomsen,S. R. (1995). Using online databases in corporate issues management. *Public Relations Review*,21(2),103—122.

Tompkins,P. K. (1984). The functions of human communication in organization. In C. C. Arnold & J. W. Bowers (Eds.), *Handbook of rhetorical and communication theory* (pp. 659—719). Boston:Allyn & Bacon.

Tregoe, B. B. , & Tobia, P. M. (1990). An action-oriented approach to strategy. *Journal of Business Strategy*,11,16—21.

Tuggle, C. (1991). Media relations during crisis coverage: The Gainesville student murders. *Public Relations Quarterly*, 36(2),23—32.

U. S. Department of Health and Human Services. (1997). *Strategic plan*. Washington, DC: Author. (http://aspe. os. dhhs.

gov/hhsplan/intro. htm)

Vasquez,G. M. (1996). *Journal of Public Relations Research*,8, 57—77.

Walker,G. F. (1994). Communicating public relations research. *Journal of Public Relations Research*,6(3),141—162.

Wallack,L. ,Dorfman,L. ,Jernigan,D. ,& Themba,M. (1993). *Media advocacy and public health：Power for prevention*. Newbury Park,CA：Sage.

Wallack, L. , & Sciandra, R. (1990/1991). Media advocacy and public education in the community intervention trial to reduce heavy smoking(COMMIT). *International Quarterly of Community Health Education*,11(3),205—222.

Wallack,L. M. (1983). Mass media campaigns in a hostile environment：Advertising as anti-health education. *Journal of Alcohol and Drug Education*,28(2),51—63.

Walster-Hatfield,E. ,Aronson,E. ,& Abrahams,D. (1966). On increasing the persuasiveness of a low prestige communicator. *Journal of Experimental Social Psychology*,2,325—342.

Wanta,W. ,& Hu,Y. (1994). The effects of credibility reliance and exposure on media agenda setting. *Journalism Quarterly*, 71,90—98.

Warnecke, R. B. , Langenberg, P. , Wong, S. C. , Flay, B. R. , & Cook,T. D. (1992). The second Chicago televised smoking cessation program：A 24-month follow-up. *American Journal of Public Health*,82(6),835—840.

Weaver,D. (1994). Media agenda setting and elections：Voter involvement or alienation? *Political Communication*,11(4),347 —356.

Webster,F. (1980). *The new photography*. London：Platform.

Weiss, W. (1966). Repetition in advertising. In L. Bogart & R. A. Bauer(Eds.), *Psychology in media strategy: Proceedings of a symposium sponsored by the Media Research Committee of the American Marketing Association*. Chicago: American Marketing Association.

Wewers, M. E., Ahijevych, K., & Page, J. A. (1991). Evaluation of a mass media community smoking cessation campaign. *Addictive Behaviors*, 16(5), 289—294.

White, J., & Dozier, D. M. (1992). Public relations and management decision making. In J. E. Grunig(Ed.), *Excellence in public relations and communication management* (pp. 91—108). Hillsdale, NJ: Lawrence Erlbaum.

Wilde, G. J. S. (1993). Effects of mass media communications on health and safety habits: An overview of issues and evidence. *Addiction*, 88(7), 983—996.

Wilhelmsen, F., & Bret, J. (1972). *Telepolitics*. Plattsburgh, NY: Tundra.

Williams, R. M., Jr. (1970). *American society: A sociological interpretation* (3rd ed.). New York: Knopf.

Williams, S. L., & Moffitt, M. A. (1997). Corporate image as an impression formation process: Prioritizing personal, organizational, and environmental audience factors. *Journal of Public Relations Research*, 9(4), 237—258.

Williams, W., & Semlak, W. (1978). Campaign '76: Agenda setting during the New Hampshire primary. *Journal of Broadcasting*, 22(4), 531—540.

Wimmer, R. D., & Dominick, J. R. (1997). *Mass media research: An introduction* (5th ed.). Belmont, CA: Wadsworth.

Windahl, S., & Signitzer, B. H. (with Olson, J. T.). (1992). *U-

sing communication theory. Newbury Park, CA: Sage.

Winski, J. M. (1992, January 20). Who we are, how we live, what we think. *Advertising Age*, pp. 16—20.

Wober, J. M. (1988). Informing the British public about AIDS. *Health Education Research*, 2(3), 19—24.

Yankelovich, D. (1981). *New rules: Searching for self-fulfillment in a world turned upside down*. New York: Random House.

Yankelovich, D. (1991). *Coming to social judgment: Making democracy work in a complex world*. Syracuse, NY: Syracuse University Press.

Yeric, J. L., & Todd, J. R. (1983). *Public opinion: The visible politics* (1st ed.). Itasca, IL: F. E. Peacock.

Yeric, J. L., & Todd, J. R. (1989). *Public opinion: The visible politics* (2nd ed.). Itasca, IL: F. E. Peacock.

Zajonc, R. B. (1980). Feeling and thinking: Preferences need no inferences. *American Psychologist*, 35(2), 151—175.

Zielske, H. A., & Henry, W. (1980). Remembering and forgetting television ads. *Journal of Advertising*, 20, 7—13.

后 记

我和我指导的几位研究生共同翻译此书。具体分工如下：

柯泽翻译第一章、第五章、第七章、第八章、第九章、第十章、第十一章以及绪论和作者简介。

王艳丽翻译第二章、第六章；张丽娟翻译第三章、第十三章；蒋万宇翻译第四章、第十二章。由我负责对全书进行校对和审核，并对全书进行了文字润色。此外，我指导的另外两位研究生陈寅嵩和张元英在若干章节翻译过程中做了一些基础性的工作。

感谢中国传媒大学出版社李唯梁编辑在本书翻译和出版过程中给予的大力支持。

值此译作出版之际，对六年前邀请我访问渥太华大学的谢瑞教授以及渥太华大学人文艺术学院副院长 Denis Bachand 教授表示诚挚谢意。

柯 泽
2016 年 2 月于西安

图书在版编目（CIP）数据

传播策划:综合路径/(加)弗格森著；柯泽等译
—北京:中国传媒大学出版社,2016.8
(传播学"源流·新知"译丛)
ISBN 978-7-5657-1042-1

Ⅰ.①传… Ⅱ.①弗… ②柯… Ⅲ.①传播学—研究
Ⅳ.①G206

中国版本图书馆CIP数据核字（2014)第125483号

Communication Planning: An Integrated Approach
English language edition published by SAGE Publications Inc., A SAGE Publications Company of Thousand Oaks, London, New Delhi, Singapore and Washington D. C., ©[1999] by SAGE Publications, Inc.
Simplified Chinese translation copyright © 2016 by Communication University of China Press

传播策划:综合路径
CHUANBO CEHUA: ZONGHE LUJING

著　者	〔加〕谢瑞·德弗罗·弗格森	
译　者	柯　泽　等	
责任编辑	李唯梁	
封面设计	拓美设计	
责任印制	曹　辉	
出版发行	中国传媒大学出版社	
社　址	北京市朝阳区定福庄东街1号	邮编:100024
电　话	86-10-65450532 或 65450528	传真:010-65779405
网　址	http://www.cucp.com.cn	
经　销	全国新华书店	
印　刷	北京泽宇印刷有限公司	
开　本	880 mm×1230 mm　　1/32	
印　张	8.75	
版　次	2016年8月第1版　2016年8月第1次印刷	
书　号	ISBN 978-7-5657-1042-1/G·1042　定　价　46.00元	

版权所有　　翻印必究　　印装错误　　负责调换